한국사회와의 대화
정근식 칼럼집(1992-2022)

진인진

한국사회와의 대화-정근식 칼럼집(1992-2022)

초판 1쇄 발행 | 2023년 3월 3일

지은이 | 정근식
편   집 | 배원일, 김민경
발행인 | 김태진
발행처 | 진인진
등   록 | 제25100-2005-000003호
주   소 | 경기도 과천시 별양상가 1로 18 614호(별양동 과천오피스텔)
전   화 | 02-507-3077-8
팩   스 | 02-507-3079
홈페이지 | http://www.zininzin.co.kr
이메일 | pub@zininzin.co.kr

ⓒ 정근식 2023
ISBN 978-89-6347-552-3 93300

* 책값은 표지 뒤에 있습니다.

차례

책머리에 ……………………………………………………………… 9

제1장 　**한국사회의 민주화를 위하여** ……………………………… 13
· 총선 표밭에 서서: 연설따로 청중따로 ………………………… 15
· 더 깊고 멀리 흐르는 광주: 대선 길목에서 …………………… 18
· 정치드라마의 의의와 한계 ……………………………………… 21
· 국회개원과 양비론의 극복 ……………………………………… 25
· 언론으로부터의 '해방' …………………………………………… 29
· 시대착오와 철학의 빈곤 ………………………………………… 33
· 위기의 정치, 정치의 위기 ……………………………………… 36
· 선거 계절병 북풍 ………………………………………………… 38
· 잊혀지지 않는 가을 ……………………………………………… 41
· 비뚤어진 富와 권력세습 ………………………………………… 44
· 한국형 낙관주의를 위하여 ……………………………………… 47
· 자기결정의 중요성 ……………………………………………… 50
· '불법 정치자금' 단숨에 깨자 …………………………………… 53
· 다시 광복절을 맞으며 …………………………………………… 56
· 대중저항을 가볍게 여긴 대통령의 끝 ………………………… 59
· 영화〈남산의 부장들〉이 남긴 씁쓸함에 대하여……………… 62
· 벽오동 심은 뜻은 ………………………………………………… 65

제2장 　**5.18 광주 민주화운동을 되새김** ……………………… 69
· 잠들수 없는 망월동/진정한 민주화로 5월항쟁 계승을 ……… 71
· 5.18묘지 성역화사업 유감 ……………………………………… 74
· 21세기 '5월'을 생각하며 ………………………………………… 77

- 5월 '광주로의 초대' ··· 80
- 역사왜곡 의원들 '5.18 성명' ·· 83
- 5.18 민주항쟁 30주년에 부쳐 ·· 86
- 민주성지에서 인권도시로 - 광주인권헌장 선포에 부쳐 ····················· 89
- 서유진과 5월운동 ··· 92
- 낮은 연단 아래에서 ··· 95

제3장 전쟁유산과 화해로 가는 길 ·· 99

- 북한 기아상태와 한국정치 ·· 101
- 패러디의 사회학 ··· 104
- 평양감사 불놀이 ··· 107
- 정치권이 버려야할 유산 ·· 110
- 화해 그리고 양심의 문제 ·· 113
- DMZ와 접경지 관광, 체감할만한 매력 만들기 ································ 116
- 광복절에 다시 생각하는 '보훈'의 과제들 ··· 119
- 김정은의 연말 게임 ··· 122
- 엄마 품 동산에서 ·· 125
- 평화를 위한 전쟁기억의 딜레마 ·· 128
- 화해로 가는 길, 골령골에서 ·· 131
- 보리밥나무의 추억과 안식 기도 ·· 134
- 새해의 소망 ·· 137
- 백장미와 공작초 ··· 140
- 다시 위령비를 세우며 ··· 143

제4장 동아시아와 세계시민 ··· 147

- '동티모르 학살'과 세계시민 ·· 149
- 킬링필드와 앙코르 유적 ·· 152
- 북·일수교와 과거청산 ··· 155
- 전쟁의 그림자와 평화 ··· 158
- 국제사회 일원이 된다는 것 ··· 161

- 이라크 전쟁, 우리의 전쟁 …………………………………… 164
- 분노의 바그다드박물관 …………………………………… 167
- 동북아 평화번영의 방일외교를 ………………………… 170
- 미-일의 원폭 상징정치 …………………………………… 173
- 2019년 시민적 평화운동의 현주소 …………………… 176
- 8월 6일의 히로시마를 생각하며 ……………………… 179
- 아, 슈리성, 불타버린 류큐왕국의 혼 ………………… 182
- 우산과 가면 ………………………………………………… 185
- 베를린의 쇼네바이데에서 ……………………………… 188
- 한국관광산업의 경쟁력 ………………………………… 191

제5장 균형발전과 지역문화 ……………………………… 195
- 지역개발, 표가 왕이다 ………………………………… 197
- 서울론, 부산론 …………………………………………… 200
- 사할린 한인 정책과 지방정부 ………………………… 203
- 재벌개혁과 지역주의 …………………………………… 206
- 문화도시 만들기 허와 실 ……………………………… 208
- 선진적 문화도시를 위하여 …………………………… 211
- 지방대, 지방혁신의 핵으로 …………………………… 214
- 5월문화운동의 성과를 위하여 ………………………… 217
- 참된 지방시대를 위하여 ……………………………… 220
- 3대 개혁특별법과 지역의 비전 ……………………… 223
- 문화도시 광주, 소프트파워 키워야 ………………… 226

지역 언론 기사 ……………………………………………… 229

제6장 인권 수호를 위한 쟁점들 ………………………… 241
- 정상회담과 장기수 송환 ……………………………… 243
- 인권법, 대통령 결단내려야 …………………………… 246
- 역사의 희생자 소리 들어줄 때 ……………………… 249

- 1971년 봄을 회상하며 ·· 252
- 인권도시헌장의 4대 원칙 ····································· 256
- 민주인권기념관 건립을 구상하면서 ······················ 259
- 진실과 화해로 가는 길 ·· 262
- 전쟁 유복자들이 간절하게 부르는 이름, 아버지 ······ 265
- 서산개척단, 그 배후에 있는 폭력을 생각하며 ········· 268
- '복지'라는 이름의 진실 앞에서 ······························ 271
- 그 많던 친구들은 어디로 갔을까? ·························· 274

제7장 소록도를 생각하며 ··· 277
- 소록도 80년과 부끄러운 시대 ······························· 279
- 日한센병 인권운동의 교훈 ··································· 282
- 문화유산으로 바라보는 소록도 ····························· 285
- 역사박물관, 소록도를 다시 보며 ···························· 288
- 소록도를 생각하며 쿨리온 섬을 걷다 ····················· 291
- 한센 인권의 날 제정을 제안하며 ···························· 294

제8장 평등하고 건강하고 안전한 사회를 위하여 ········ 297
- 한-약 분쟁과 미래의 삶 ······································· 299
- 화해문화 찾아가기 ··· 302
- '의료폐업' 냉소를 넘어서 ···································· 305
- 反권위와 예의 사이에서 ······································ 308
- 질병재난 극복을 위한 사회적 제언 ························ 311
- 코로나 사태와 저활성 사회가 남길 숙제들 ············· 314
- 사회적 거리두기 유감 ··· 317
- 코로나총선, 민심이 말해준 사실과 충고 ················· 320
- 포스트 코로나, 세 가지 쟁점 ································ 323
- 재난 취약성과 회복탄력성 ··································· 326
- 잔인했던 8월의 마지막 열흘 ································ 329
- 제2차 코로나 파도와 사회의 지구력 ······················ 332

· 손흥민과 그의 시대 ·· 335

제9장 교육문제를 생각하며 ··· 339
　· 대학 입시제도의 '폭력성' ··· 341
　· 서열주의와 적재적소 ·· 344
　· 미국 박사 위주 교수채용 바람직한가 ·· 347
　· 학생운동의 시대는 다시 오는가 ·· 350
　· 지성의 전당서도 외국인 따돌리나 ·· 353
　· 학자가 꿈인 사회, 우리에게는 불가능한가? ·· 356
　· 조국 태풍이 휩쓸고 간 자리에서 ··· 359

에필로그: 〈영혼의 순례길〉과 봄을 기다리는 마음 ···························· 363

저자 약력 ·· 367

기간별/매체별 기사 목록 ··· 379

· · · · ·

책머리에

학자들의 글쓰기는 학술지 논문, 단행본, 그리고 일간지나 주간지의 시평이나 칼럼 등으로 구성된다. 학계에서는 종종 논문이나 책이 아닌 시평이나 칼럼을 '잡문'으로 간주하기도 하지만, 꼭 그렇게만 생각할 필요는 없다. 논문이나 책이 주로 학계 연구자들과의 소통을 지향하고 있다면, 시평이나 칼럼은 시민들과의 보다 직접적인 소통방식이기 때문이다. 근래에는 유투브나 인스타그램 등을 통하여 사회와 소통하는 것이 중요한 것으로 여겨지고 있다.

필자의 경우, 1992년 3월, 동아일보의 공명선거 감시단의 일원으로 위촉되어, 구례에서 열렸던 총선거 유세를 듣고 이에 대한 감상을 쓴 것이 최초의 시론이었는데, 그 무렵에 필자는 '한국현대사사료연구소'의 젊은 연구진들과 함께 광주일보에 〈광주전남 현대사〉를 짧은 인물사 형식으로 상당기간 연재하고 있었으므로, 짧은 글이 갖는 무게와 사회적 영향력은 조금은 인식하고 있었다.

1996년에 이르러 필자는 〈한겨레 21〉의 논단에 고정 필진으로 위촉되어 시평을 썼고, 이것이 인연이 되어 광주의 여러 지방지들을 통해 사회와 호흡할 수 있었다. 이의 일환으로 1997년 광주매일신문의 '아침세평' 필진으로 활동하였다. 1999년에는 부산일보의 의뢰를 받아 '부일시론' 필자로 활동하였는데, 당시 영호남 지역교류의 맥락에서 어떤 글이 필요한가를 고심했던 기억이 새롭다. 대구 매일신문에서도 유사한 방식으로 의뢰를 하였는데, 여기에 게재했던 글은 찾을 수 없다.

필자가 가장 오랫동안 일간지 칼럼을 썼던 시기는 2000년부터 2003년까지였다. 경향신문에서 의뢰를 했고, 5.18 20주년을 기념하는 시론으로 시작했다. 그 후 일본에 체류하던 1년을 기간을 제외하고, 2003년까지 꾸준하게 기고를 하였다. 2003년에는 한국일보에서도 요청이 있어서 시평을 연재하였고, 광주의 〈시민의 소리〉에도 글을 기고하였다. 바로 그 무렵에 필자는 전남대학교에서 서울대학교로 옮겼는데, 당시 광주의 여러 언론에서 이에 대하여 많은 관심을 보여주었고, 특히 지방학계의 공동화를 우려하는 보도가 있었기 때문에 상당한 부담을 갖지 않을 수 없었다. 2004년부터는 변화된 환경에 적응할 필요가 있고, 대학 일들도 많아져서 한동안 짧은 글 쓰기를 주저했지만, 필요한 경우 드물게 기고를 하였다.

2010년 5.18 30주년을 계기로 전남일보의 요청을 받아 다시 시평을 썼지만, 곧 중단하였고, 2019년에 이르러 아주경제의 제안으로 시평을 다시 쓰기 시작하였다. 이 해에는 다산연구소의 제안도 있었다. 일간지 칼럼과는 달리 다산포럼에 기고한 글은 다산연구소 회원들에게 직접 보내지는 것이어서 의미가 달랐다. 코로나19로 인한 거리두기와 비대면 소통은 이런 글 쓰기의 필요성을 증가시킨 듯 하다. 2021년부터 필자는 진실화해위원회에서 일을 하였기 때문에 위원회의 활동을 시민들께 알려드리기 위하여 이행기 정의와 연관된 주제로 한정하여 글을 썼다. 다산포럼에 기고한 글은 광주일보 지면을 통하여 일반 독자들도 접할 수 있도록 연구소측에서 배려하였다.

지금도 다산포럼에 가끔씩 짧은 시평을 쓰고 있으므로 이런 시평쓰기는 중간중간 끊어지기도 하였지만 30년간 비교적 꾸준하게 지속된 셈이다. 주제별로는 5.18을 비롯한 광주문제와 소록도를 중심으로 하는 한센병 관련 글이 많고, 일반적인 정치사회비평도 상당하다. 코로나 방역이나 이행기 정의와 연관된 글들은 모두 최근의 상황을 반영하고 있다. 물론 찾지 못한 글도 있지만, 110편이 넘는 글들을 한데 모아 모두 8개의 주제로 묶었고, 발표연도 순으로 책을 엮었다. 다시 읽어보니 당시에 고심했던 흔적이 곳곳에 배어있다. 어떤 글들은 곧바로 정부의 정책에 반영되기도 했고, 어떤 것들은 여전히 해결되지 않은 채 현재의 과제로 남아 있기도 하다. 한국 현대사 30년 동안 변한 것과 변하지 않은 것이 시야에 들어올 뿐 아니라 그때그때 독자들이 격려했던 글보다는 비판했던 글들이 필자를 부끄럽게 한다.

이 글들은 목탁도 아니고 칼도 아닌 것이 분명하지만, 그럼에도 불구하고 대학 교수로서의 정년을 맞아 지금까지의 삶의 한 편린들을 정리하고 싶어서 용기를 냈다. 비록 짧은 글들이지만, 이를 이끌어간 생각들의 실마리에는 틀림없이 이름없는 수많은 분들이 있었다는 것을 뒤늦게 깨달으면서, 자극과 영감을 준 많은 분들께 감사하지 않을 수 없다. 아울러 우둔한 사람에게 관대하게 지면을 제공해주고, 이들을 모아 책으로 출판하는 것을 허락해 준 모든 분들께 감사드린다.

2023년 2월 정근식 씀

1장
한국사회의 민주화를 위하여

총선 표밭에 서서: 연설따로 청중따로

13일 전국 최초의 합동연설회가 열린 구례로 가는 길에는 유난히도 짙은 안개가 끼어 있었다. 그렇지 않아도 아름다운 섬진강에 물안개까지 피어 오르고, 노고단 봉우리가 성큼 다가와 합동연설회를 맞아주었다.

구례는 지난 13대 선거와 달리 선거구 변동이 있었던 곳이다. 즉 승주와 함께 하나의 선거구를 이루다가 이번에는 곡성과 함께 하나의 선거구를 구성하였다. 이번 선거에서 입후보자는 단출하게 3명, 민자당 후보와 민주당 후보, 그리고 국민당 후보다. 민자당 후보는 오랜 야당 경력을 가진 인물이고, 민주당 후보는 해군 장성출신이며, 국민당 후보는 현대의 테니스 감독 출신이다. 지금까지의 통상적 관념으로 보면 여야후보가 뒤바뀐 것이 아닌가하는 느낌을 줄 수 있는 경력들이다. 출신지역은 곡성이 2인, 구례가 1인.

합동연설회는 구례 중앙국민 학교에서 오전 10시부터 열렸다. 청중은 약 2,000명, 농촌이라서 그런지 중씰한 연령층이 주류를 이루었는데, 청중 대열의 맨 앞에는 노인들이 진을 치고 앉았다. 마침 읍내 장날이라 볼 일 보러 나온 사람들도 눈에 띄었다. 여느 선거와 달리 후보자의 이름을 연호하는 일도 없이 매우 조용하게 후보자들이 입장을 하였다. 공정한 경쟁을 다짐하는 약속의 표시로 후보자 3인이 손을 맞잡고 포즈를 취했다.

연설 순서를 정하는 제비뽑기의 결과에 따라 맨처음 등단한 후보는 테니스 국가대표와 감독을 역임했던 국민당 후보. 그는 테니스 라켓을 들고 등단하였다. 고향에 아무 한 일도 없기 때문에 처음에는 출마를 거절했다는 그의 겸사에 몇몇 노인들이 고개를 끄덕이기도 하였다. 그의 주된 비판의 표적은 3당합당과 여당 대표위원의 정치행태였다. 민주당 후보를 겨냥한 듯, '정치군인'도 언급하였다. 재정자립도가 16%밖에 안되는 지역사회를 현대 그룹의 막강한 자금력으로 발전시키겠다는 것이 그의 공약이었다. 이어 민주당 후보의 연설이 시작되자 녹색 잠바차림의 운동원들 20명이 자리를 잡았다. 그는 군 장성의 야당참여 변과 함께 지역차별문제, 이곳 출신인 서울대 대학원생 고 한국원(韓國垣)씨를 언급하였는데, 정치 초년병답게 주민의 정서와는 약간 거리가 있는 연설로 일관하였다. 운동원들의 박수는 청중들의 호응을 유도했지만, 오히려 서먹한 분위기만 연출하였다. 민자당 후보가 연설을 시작하자 이번에는 넥타이 차람의 운동원들이 민주당 운동원들의 자리를 대신하였다. 그는 통일과 번영을 내세웠고, 정치적 안정이 필요하다고 역설하였다. 여당의 농촌정책에 관해서는 내세울 것이 없었는지 궁색한 말로 때우고 넘어갔다. 여당 후보의 연설이 중반에 이를 무렵, 많은 사람들이 자리를 떴다. 운동원들의 어색한 호응은 청중들에게는 구경거리로만 남았다.

다행히 후보자들 상호간의 인신공격은 없었다. 어쩌면 그럴 필요가 없었는지도 모른다. 지역사회와 관련된 정책적 쟁점이 없고, 후보자들 모두가 현역 의원들이 아니기 때문에 그동안의 공과에 대한 논란의 여지도 없었다. 이번 선거의 중요성과는 전혀 어울리지 않게 연설회는 싱겁게 끝났다. 후보들은 자신에게 할당된 30분간의 연설이 힘에 겨운 듯 했고, 청중들은 무덤덤해 했다. 미처 박수를 칠 기회도 가질 수 없었다. 농촌의 어려움에 대해 모두 동의하면서도 피폐한 농촌경제를 어떻게 살릴 것인가는 누구도 설득력있게 말하지 못했다. 농민들은 우리 사회에서 국회의원이 할 수 있는 일의 한계를 알고 있었다. 오히려 청중들의 관심을 끌었던 것은 '여당' 후보가 유세에서 자신의 오랜 야당 경력을 말할 때 떨어진 한 취객의 야유였다. 자신의 조그만 이해에 따라 쉽게 정치적 입장을 뒤바꾸는 세태는 취객의 눈에도 용납되지 않는 듯 했다.

연설회가 끝난 뒤 돌아가는 농민들의 발걸음은 가슴에 맺힌 응어리를 속 시원히 털어내지 못한 탓인지 몹시도 무거워보였다. 대안없는 정치를 연출한 기성 정치인들에게 가차없는 철퇴를 내려야하는데, 연설만 듣고는 판단이 안서는 눈치였다. 연설회에 참석한 한 유권자는 선거를 불과 10여일 앞둔 최근에도 주민들 사이에 선거에 대한 관심이 별로 없다고 말했다. 유권자의 반응이 유난히도 냉담한 이번 선거의 결과가 어떻게 될지 한편으로는 매우 걱정스럽다는 것이다. 실제로 민주주의의 기초가 투표권의 성실한 행사일진대, 이러한 연설회가 유권자의 발걸음을 투표장으로 향하게 할 것인지 걱정되지 않는 바가 아니었다. 역시 투표장에서의 최종적인 판단은 6공화국에서 전개된 정치경제적 흐름의 커다란 줄기가 어떠했는가를 기준으로 해야 한다는 생각이 절실하였다.

앞으로 더 뜨겁게 진행될 연설회에서 입후보자들은 별로 자랑스럽지도 않은 자신들의 경력이나 가당치도 않은 공약을 낯 두껍게 주워 섬기는 일은 삼가야 할 것으로 보인다. 이번 연설회를 통하여 유권자들은 한국정치의 현실을 정확하게 알고 있으며, 우리의 시대적 고민을 솔직하게 토로하고 그 해결방안들을 함께 모색하려는 자세를 후보자들에게 요구하고 있기 때문이다.

섬진강에 피어 오르는 물안개처럼 이 봄은 주민들의 의사를 진정으로 대변하는 민주주의로 그들을 안내할 수 있을 것인가, 희망의 정치는 어떻게 해야 가능할 것인가.

동아일보 1992.3.14.

더 깊고 멀리 흐르는 광주: 대선 길목에서

지난 13대 대통령 선거 때의 일이다. 지금은 허용되지 않지만, 당시에는 투표의 결과를 예측하기 위한 전국적 규모의 여론조사를 비교적 쉽게 실시할 수 있었다. 마침 기회가 있어서 대학생들을 조사원으로 하여 광주전남지역을 조사한 적이 있었는데, 특정 후보에 대한 지지도가 필자의 예상을 훨씬 뛰어넘는 수준으로 집계되었다. 다른 지역을 맡은 공동연구자들이 이를 어떻게 받아들일까 은근히 걱정이 되면서 애꿎은 조사원들만 (정확하게 조사했는가) 나무랐는데, 웬걸 실제 투표결과는 이 조사결과보다 더 높은 집중도를 보여 주었다. 때때로 일반 국민들은 정치가나 학술연구자들이 생각하는 것 이상으로 더 멀리 내다보고 더 깊게 생각하는 측면이 있다는 것을 깨달았다.

대자적 정치의식의 출현

선거일이 다가오면서 다른 지역의 분위기는 어떤가에 대한 관심이 높아지고 있다. 현재까지의 선거유세에서 나타난 광주를 비롯한 호남지역의 가장 두드러진 특징은 시민들이 비교적 차분하고 냉정한 자세를 견지하고 있다는 것이다.

최근 몇 년동안 광주의 정치적 분위기는 누구나 쉽게 알 수 있을 정도로 뚜렷한 것이 특징이었다. 지난 대선 때의 시민들의 흥분과 열정, 3당합당 때 누구나 갖고 있었던 고립감과 허탈함, 지난 총선 때 보여주었던 이른바 시민후보에 대한 명확한 찬반 표시 등이 그것이었다. 그러나 이번 대통령 선거 국면에서는 후보들에 대한 뚜렷한 찬반의 표시를 드러내지 않고 있다. 지난 13대 대통령 선거 때 보여준 반응이 1980년 '광주사태'에 대한 직접적 반응이었다면, 이번 선거에서의 신중함은 1987년 선거에 작용하였던 지역감정의 족쇄를 어떻게 이겨나갈 것인가에 대해 숙고한 결과로 보인다. 다시 말하면 광주의 유권자들에게는 광주의 동향이 전국의 유권자들에게 어떤 영향을 줄 것인가에 관하여 일상적으로 생각하고 내면화된 측면이 존재한다. 여기에는 지역정치의 민주화라는 명제보다는 전국적 수준의 민주화라는 과제가 더 중요하고 큰 과제라는 것에 대한 동의가 덧붙여져 있다.

그러나 이러한 분위기가 형성되고 있다고 해서 이 지역주민들이 정치적으로 무관심하거나 민주화에 대하여 체념하고 있는 것은 아니다. 많은 시민들은 지금까지 당선권에 가장 가까이 있다고 말해지는 후보들이 과연 지도자로서의 자질을 갖추고 있느냐에 많은 관심을 가지고 유세장에 나타났다. 누구인가를 가리지 않고 가슴에 와 닿는 말을 하는 후보에게는 박수를 보내지만, 여전히 민주화에 대한 구체적인 청사진을 제시하는 후보에게 또는 그것이 표현될 때 가장 많은 호응을 보냈다. 그것은 아직도 시민들의 가슴에 3당 합당의 충격이 깊은 상처로 남아 있기 때문이다. 시민들은 아직도 그것이 '호남 배제를 통한 정치권력의 재생산'을 노골적으로 선언했던 사건으로 본다.

이번 선거국면에서 광주시민들이 궁금하게 생각하는 것이 있다면, 그것은 첫째 이번 선거의 쟁점에서 정치문제가 소홀히 다뤄지고 있는데, 과연 그럴 정도로 우리 사회가 민주화되었는가하는 것이고, 둘째는 후보자의 식견을 비교하기 위하여 텔레비전 토론을 해야한다는 주장이 제기된지 오래 되었는데, 왜 아직도 그것이 이루어지지 않느냐는 것이다.

가슴 아프게 하는 것들

다른 한편으로 이번 선거에서 광주시민들이 가슴 아프게 생각하는 것들이 몇가지 있다. 첫째는 선거 때만 되면 어김없이 불거지는 '색깔논쟁'이다. 북한까지 다녀 온 후보는 사상의 자유를 거리낌 없이 이야기하고, 어떤 사람들은 북한의 부총리까지 데려다가 생산현장 곳곳을 보여주어도 아무렇지도 않은데, 어떤 정치인은 색깔이 이상하다는 굴레가 씌워져 선거 때마다 노심초사하는 현실에 대해 무엇이라고 해야 할 것인가, 둘째는 한 언론사의 논설위원이 제기한 이른바 '정주영 변수론', 곧 세 명의 유력한 후보들이 경쟁하면서 상황에 따라 이해가 일치하는 묘한 선거구도에서 특정 후보를 지지하면 제3자가 어부지리를 얻게 된다는 논리에 대해 매우 착잡한 심정을 가지고 바라본다는 점이다. 따지고 보면, 광주시민들이 가슴 아프게 생각하는 것들, 그리고 궁금하게 생각하는 것들은 우리나라의 충분히 이성적인 국민들, 깨어 있는 모든 유권자들의 공통 관심사이기도 하다. 아무쪼록 '녹음된 박수'를 들려주면서 하는 정치는 더 이상 없기를 간절히 바란다.

한겨레신문 1992.12.13.

정치드라마의 의의와 한계

흥미위주 역사접근, 대리만족 전락위험

오늘날 텔레비전의 화면은 일상적 정치투쟁이 진행되는 핵심적 장소이다. 국민들의 여가시간에서 텔레비전이 차지하는 비중이 커질수록 더욱 그렇다. 텔레비전은 때때로 정치로 사람들의 관심을 끌어모으기도 하고 적당하게 탈정치화시키기도 한다. 보다 교묘하게 문제의 핵심을 비켜나가거나 핵심적 의제를 바꾸어 놓음으로써 영향력을 행사하기도 한다. 정치드라마는 더 직접적으로 이런 기능을 수행한다.

현재 방영되고 있는 대표적인 정치드라마, 〈제4공화국〉과 〈코리아게이트〉는 숨가쁘게 진행되고 있는 노 전대통령 비자금 및 1992년 대선자금 사건과 맞물려 국민들의 대단한 관심속에서 이런 영향력을 행사하고 있다. 진행중인 프로그램이기 때문에 섣불리 평가하는 것은 적절하지 않은 측면이 있지만, 국민들의 역사인식에 미치는 정치적 효과가 매우 크고 현재의 단기적 정치정세와 밀접히 연관된다는 점에서, 현재까지 방영된 부분에 대한 잠정적 평가가 필요하다.

80년 정치상황 제시 '성공적'

이 두 드라마는 1979년부터 1980년까지의 정치상황을 보다 분명하게 보여주는데 일단 성공하고 있는 것으로 보인다. 지금까지 우리가 공식적으로는 보지 못했던 몇 가지 중요한 사실들이 TV화면에 등장했다. 한국정치에서 미국 CIA등 고위인사들의 개입사실을 의제로 삼았으며, 정치군인들의 생태를 적나라하게 보여주었고, 5·18의 실상을 부분적으로나마 전 국민에게 보여주었다. 그만큼 언론의 자유가 신장되었음을 보여준 것이며,

방송에서의 금단의 영역이 허물어졌다는 평가를 해야 할 것이다.

방영된 시기적 맥락도 유의미한 것이었다. 1995년은 5월 학살자 처벌요구가 전국민적으로 확산되고, 지방선거에서 민자당이 참패한 시기이다. 그러나 현재의 정국의 초점은 5월 특별법 제정이 아니라 노태우 전대통령 부정비리사건이다. 엄밀하게 말하면 최초의 국민적 요구를 벗어난 것이며, 의제변경을 통한 국민적 요구 비켜가기의 국면이라는 측면이 있는 것이 사실이다. 그럼에도 불구하고 이 두 프로그램은 1979-80년 상황의 중요성을 계속 잊지 않도록 하는 역할을 하고 있다.

그러나 우리는 이 드라마들의 한계를 지적하지 않을 수 없다. 가장 큰 문제는 역사적 사실이 밝혀져 있지 않은 조건에서 이루어지는 드라마의 이야기 전개는 시청자로 하여금 이것이 곧 진실이다는 느낌을 갖게 한다는 것이다. 이를 통해 역사적 진실규명의 목소리가 커질 수도 있지만 반대로 대리만족, 또는 가상적 만족을 조장할 위험이 있다.

현 집권세력 테두리서 전개 '한계'

또 다른 위험은 드라마의 내용상 현재의 지배세력의 의도를 적극적으로 반영하는 것이 아니라하더라도 적어도 그들이 용인할 수 있는 경계를 넘기 어렵다는 것이다. 신군부가 1980년 5월 당시에 세 김씨를 왜 다르게 다루었는가. 한 사람은 내란의 수괴로 사형을, 다른 한 사람은 부정부패로 구금을 했던 데 비해 나머지 한 사람은 가택연금으로 처리했던 배경은 무엇이었는가를 극 중에서 묻지 않은 것은 이런 예에 속한다.

드라마의 주요 줄거리를 대체로 별들의 갈등으로 표현한 부분도 지적될 수 있는 대목이다. 이것은 시청자들로 하여금 무의식 중에 역사가 몇몇 지도자들이 '다르게 행동했더라면' 달라졌을 것이라는 인식을 심어준다. 그러나 당시 지배집단내의 갈등에 초점을 맞춤으로써, 보다 적극적으로 유신체제나 최규하 과도체제를 비판하거나 저항했던 사람들의 고뇌는 실종됐다. 1980년의 상황은 지배집단내 갈등 뿐만 아니라 일부 지배집단과 민주화를 원하는 다수 국민의 말없는 전쟁이었다. 그것은 지금도 마찬가지이다. 지금은 몇몇 '영웅'들을 창조해야 할 때가 아니라 국민들의 준엄한 심판과 무서운 힘을 보여주어야 하는 때이다.

또한 정치군인들에 저항했던 보다 많은 충직한 중견 장교들을 보여주는데 실패하였다. 그들은 장군의 반열에 오르지 못하고 그 아래 계급들에서 예편해야 했지만, 그 장군들 못지 않게 훌륭한 군인들이었다. 사실 유신체제하에서 장군에 올랐던 사람들은 충직한 군인들이 전혀 없었던 것은 아니었지만, 오히려 대부분은 정치군인의 범주에 들어가는 것이다.

마지막으로 많은 시청자들은 왜 그 프로들이 이 시점에서 거의 동시에 경쟁적으로 만들어졌나에 대해 궁금해한다. 오직 역사의 진실을 밝히려는 사명감의 발로라고 생각하기에는 석연치 않은 점이 있다. 궁극적으로 이 드라마들은 아직도 해결되지 못한 유신체제의 진정한 청산으로 국민들을 나아가게 할 것인가, 아니면 또 하나의 왜곡을 낳을 것인가에 답해야 하겠지만, 해묵은 잘못된 역사의 청산을 위해서는 해결의 순서를 잘 잡아야 한다는 요구에 대해서도 외면할 수 없다.

미디어 오늘 1995.11.29.

논단

국회개원과 양비론의 극복

정근식/ 전남대 교수·사회학

양비론이 진정한
비판으로 전환되려면
사회의 부정적 요인들이
재생산되는 근본적인
원인이 무엇이며,
그것을 만들어낸 세력이
누구인지를 다시
생각해보아야 한다.

국회 법정 개원일이 훨씬 지났는데도 국회의 문은 열리지 않고 있다. 이를 두고 여야를 싸잡아서 비판하는 목소리가 많다. 한쪽에서는 이유 불문하고 법은 지켜야 하며, 민생문제가 급하므로 빨리 국회를 열어야 한다고 주장한다. 다른 쪽에서는 선거결과를 아무런 정치적 쟁점 없이 인위적으로 왜곡했으므로 원상으로 회복해야 한다고 하면서, 만약 여기서 양보하면 앞으로도 계속 밀리기만 할 것이라고 주장하였다. 이런 주장들이 오랫동안 평행선을 달리다보니 대부분의 국민들은 "똑같은 친구들"이라고 하면서 이들 모두를 비난할만도 하다.

지배세력의 보이지 않는 무기

이것이 아니더라도 언제부터인가 우리 사회에서는 양비론이 많이 돌아다니고 있다. 이런 현상의 원인에 대하여, 어떤 사람들은 그동안 우리 사회를 규정해온 민주대 반민주라는 틀이 무너졌기 때문이라고 말하고, 또 어떤 사람들은 다원주의가 형성되는 조짐이라고 말하기도 한다.

사회에 양비론이 널리 퍼져 있다는 것은 제3세력이 있다는 것을 의미한다. 현실을 구성하는 커다란 두개의 세력들이 지극히 부정적일 때, 양비론자들은 진정한 창조적 혁신 세력일 수도 있다. 그러나 이것이 실현되려면 이에 걸맞은 힘을 가져야 한다. 따라서 양비론이 현실적인 힘의 근거를 갖지 못할 경우엔 양비론자들이 회의주의로 빠져들거나 소극적 소시민주의, 또는 냉소주의로 흘러가게 된다.

결국 양비론은 도전하는 세력보다는 지배하는 세력에 우세하게 작용하게 된다. 이 경우 양비론은 언제나 지배세력의 보이지 않는 무기 중 하나로 된다. 동일한 언어로 표현되더라도 객관적인 모순을 드러내는 살아 있는 언어일 수도 있고 그것을 은폐하는 죽어 있는 언어일 수도 있다.

우리 사회에서 대표적인 양비론의 형태는 지역주의 문제와 관련된 것이다. 특정 지역을 고립시킨 지역연합을 통해 집권한 정치세력에 대해 도전세력이 똑같은 지역연합 방식으로 도전할 조짐을 보이자 많은 사람들이 그것도 한낱 또하나의 지역주의일 뿐이라고 비판하고 있다. 지역주의에 대한 양비론이 진리가 되기 위해서는 지역주의를 만들어낸 구조적 원인들이 해소되었는지를 먼저 물어야 할 것이다.

지역적으로 불균등한 구조가 여전히 지속되는데도 지역주의적 도전을 무조건 비판하는 것은 관념적 이상주의로 떨어질 수 있다. 동일한 것같이 보이는 지역주의가 그 내용상에서 다른 것이라면 진정한 비판의 대상과 방법이 어떻게 달라져야 할 것인지 생각해보아야 하지 않겠는가.

지난번 월드컵 공동개최를 위해 한·일 정상회담이 열렸을 때 미래를 위해 과거를 묻어두자는 논리로 과거에 대한 언급을 생략하였다. 과거사를 서로 언급하지 않는 것이 공평한 것 같지만 실제로는 그렇지 않은 것이다. 과거는 동등한 관계가 아니라 한쪽은 지배하고 다른 한쪽은 억압당한 관계였으며, 한쪽은 사과하고 다른 한쪽은 사과받아야 하는 관계였다. 지나가는 김에 말한다면, 월드컵 문제는 대통령이 담당했고, 민족사적 매듭은 장관이 담당하였는데 이것은 거꾸로 되었다고 생각한다. 반대로 대통령은 민족사적 매듭을, 월드컵 문제는 장관이 담당해야 하지 않았을까.

대통령이 국회개원 앞장서야

보도된 바에 따르면 국회개원 협상 결과 이견이 많이 좁혀졌는데, 최종적인 야당 요구로 검찰과 경찰을 중립화하고, 수적 우위를 통하여 국회에서 날치기를 할 것이 우려되므로 이것을 하지 않겠다고 약속할 것을 내세웠다고 한다. 그럼에도 여당은 이를 받아들이지 않고 있다는 것이다.

여당에서 우려하는 것은 검찰과 경찰의 중립이라는 요구가 통치권력을 무력화시킬 수 있다는 것이다. 그러나 이는 궁색한 논리일 뿐이다. 실제로 다음 대통령 선거를 우려하기 때문이라고 한다. 설사 그것이 사실이라고 할지라도 당연한 요구는 받아들여져야 한다. 그것이 민주주의이고 사회발전이다. 대통령은 할 일이 많기 때문에 국회는 여당 대표가 알아서 처리하라고 지시하였다고 한다. 그러나 더 크고 중요한 일에 대한 판단 감각이 잘못된 것으로 생각된다. 대통령이 국회개원 문제 해결에 앞장서야 한다.

양비론이 진정한 비판으로 전환되려면, 사회의 부정적 요인들이 재생산되는 근본적인 원인이 무엇이며, 그것을 만들어낸 세력이 누구인지를 다시 생각해보아야 한다는 평범한 진리가 거듭될 수밖에 없다.

국회개원과 양비론의 극복

국회 법정 개원일이 훨씬 지났는데도 국회의 문은 열리지 않고 있다. 이를 두고 여야를 싸잡아서 비판하는 목소리가 많다. 한쪽에서는 이유 불문하고 법은 지켜야 하며, 민생문제가 급하므로 빨리 국회를 열어야 한다고 주장한다. 다른 쪽에서는 선거결과를 아무런 정치적 쟁점 없이 인위적으로 왜곡했으므로 원상으로 회복해야 한다고 하면서, 만약 여기서 양보하면 앞으로도 계속 밀리기만 할 것이라고 주장하였다. 이런 주장들이 오랫동안 평행선을 달리다보니 대부분의 국민들은 "똑같은 친구들"이라고 하면서 이들 모두를 비난할만도 하다.

지배세력의 보이지 않는 무기

이것이 아니더라도 언제부터인가 우리 사회에서는 양비론이 많이 돌아다니고 있다. 이런 현상의 원인에 대하여, 어떤 사람들은 그동안 우리 사회를 규정해온 민주 대 반민주라는 틀이 무너졌기 때문이라고 말하고, 또 어떤 사람들은 다원주의가 형성되는 조짐이라고 말하기도 한다. 사회에 양비론이 널리 퍼져 있다는 것은 제3세력이 있다는 것을 의미한다. 현실을 구성하는 커다란 두개의 세력들이 지극히 부정적일 때, 양비론은 진정한 창조적 혁신 세력일 수도 있다. 그러나 이것이 실현되려면 그에 걸맞은 힘을 가져야 한다. 따라서 양비론이 현실적 힘의 근거를 갖지 못할 경우 양비론자들이 회의주의로 빠져들거나 소극적 소시민주의, 또는 냉소주의로 흘러가게 된다. 이 경우 양비론은 도전하는 세력보다는 지배하는 세력에 우세하게 작용한다. 이 경우 양비론은 언제나 지배세력의 보이지 않는 무기 중 하나로 된다. 동일한 언어로 표현되더라도 객관적 모순을 드러내는 살아 있는 언어일 수도 있고 그것을 은폐하는 죽어 있는 언어일 수도 있다.

우리 사회에서 대표적인 양비론의 형태는 지역주의 문제와 관련된 것이다. 특정 지역을 고립시킨 지역연합을 통해 집권한 정치세력에 대해 도전세력이 똑같은 지역연합 방식으로 도전할 조짐을 보이자 많은 사람들이 그것도 한낱 또 하나의 지역주의일 뿐이라고 비판하고 있다. 지역주의에 대한 양비론이 진리가 되기 위해서는 지역주의를 만들어낸 구조적 원인들이해소되었는지를 먼저 물어야 할 것이다. 지역적으로 불균등한 구조가 여전히 지속되는데도 지역주의적 도전을 무조건 비판하는 것은 관념적 이상주의로 떨어질 수 있다. 동일한 것같이 보이는 지역주의가 그 내용상에서 다른 것이라면 진정한 비판의 대상과 방법이 어떻게 달라져야 할 것인지 생각해보아야 하지 않겠는가.

지난번 월드컵 공동개최를 위해 한-일 정상회담이 열렸을 때 미래를 위해 과거를 묻어두자는 논리로 과거에 대한 언급을 생략하였다. 과거사를 서로 언급하지 않는 것이 공평한 것 같지만 실제로는 그렇지 않은 것이다. 과거는 동등한 관계가 아니라 한쪽은 지배하고 다른 한쪽은 억압당한 관계였으며, 한쪽은 사과하고 다른 한쪽은 사과받아야 하는 관계였다. 지나가는 김에 말한다면, 월드컵 문제는 대통령이 담당했고, 민족사적 매듭은 장관이 담당하였는데 이것은 거꾸로 되었다고 생각한다. 반대로 대통령은 민족사적 매듭을, 월드컵 문제는 장관이 담당해야 하지 않았을까.

대통령이 국회개원 앞장서야

보도된 바에 따르면 국회개원 협상 결과 이견이 많이 좁혀졌는데, 최종적인 야당 요구로 검찰과 경찰을 중립화하고, 수적 우위를 통하여 국회에서 날치기를 할 것이 우려되므로 이것을 하지 않겠다고 약속할 것을 내세웠다고 한다. 그럼에도 여당은 이를 받아들이지 않고 있다는 것이다. 여당에서 우려하는 것은 검찰과 경찰의 중립이라는 요구는 통치권력을 무력화시키는 것이라는 궁색한 논리를 내세우고 있다. 그러나 실제로는 다음 대통령 선거를 우려하기 때문이라고 한다. 설사 그것이 사실이라고 할지라도 당연한 요구는 받아들여져야 한다. 그것이 민주주의이고 사회발전이다. 대통령은 할 일이 많기 때문에 국회는 여당 대표가 알아서 처리하라고 지시하였다고 한다. 그러나 더 크고 중요한 일에 대한 판단 감각이 잘못 된 것으로 생각된다. 대통령이 국회개원 문제 해결에 앞장서야 한다.

양비론이 진정한 비판으로 전환되려면, 사회의 부정적 요인들이 재생산되는 근본적인 원인이 무엇이며, 그것을 만들어낸 세력이 누구인지를 다시 생각해보아야 한다는 평범한 진리가 거듭될 수밖에 없다.

한겨레21/116호 1996.07.11. 논단

언론으로부터의 '해방'

정근식/ 전남대 교수 · 사회학

재벌언론이나 언론재벌
양자 모두 족벌적 경영,
권력유착적 경영으로부터
떨어져 나와야 한다는 것은
21세기에 맞는 언론 기초이다.
활성화된 언론감시조직의
비판과 감시가 이를
가능하게 할 것이다.

현대 사회에서 언론은 게임에 참여하는 선수인가, 아니면 게임을 이끌어가는 심판인가. 이제 이런 고전적인 질문은 엄청난 현실의 변화에 밀려 거의 의미없는 것이 되었다. 재벌이 언론사업에 뛰어든 지 오래이고, 언론이 재벌화된 지도 오래다. 수년 전부터는 지방언론도 거의 지방의 유력한 건설자본이나 부동산자본에 의해 점령되었다. 우리의 언론사들은 한편으로는 '서로 봐주기' 관행에 의해 배타적인 영역을 구축했고, 다른 한편으로는 한정된 언론시장의 장악을 위한 '피 튀기는' 경쟁을 계속해왔다.

'문민정부'와 언론의 변화

그러나 독자 확보를 위한 무한경쟁이 급기야 '칼부림'으로 현실화되면서 그동안 '봐주기' 관행이 일시적으로 깨졌다. 재벌신문 진영과 신문재벌 진영으로 나뉘면서 보수언론은 일시에 '급진화' 되었다. 이 과정에서 삼성그룹은 표적이 되었다. 그룹 총수가 IOC 위원으로 선출되는 등 개인적 영예를 얻었지만, 그런 영예를 무색하게 하는 각종 비리들, 즉 노동조합 탄압문제나 군사기밀의 산업정보화 등이 '새삼스럽게' 불거져 잘 관리되던 이미지가 먹칠을 당했다. 위기를 벗어나기 위하여 〈중앙일보〉는 삼성그룹과의 분리의사가 있다는 것을 밝혔다.

현대사회가 복잡해지고 지구촌화되면서 언론이 다루어야 할 범위가 넓어지고 다양해졌다. 성격이 비슷비슷한 언론사업체들은 살아남기 위하여 대규모 조직과 시설이 필요했으며, 이런 점에서 재벌의 언론 진출은 불가피한 측면이 있다. 그러나 재벌언론은 재벌의 눈으로 사물을 인식하고 의제를 선택하며 평가한다. 그래서 언제나 경제위기를 강조하고, 중소기업의 입장을 홀대하며 노동의 요구를 비합리적인 것으로 몰아간다. 경쟁이 되는 기업을 비방하고, 경제를 공정하게 관리해야 할 국가에 대하여 여론을 위장한 압력을 가한다. 이것이 곧 언론의 이익집단화 과정이면서 민주주의의 위기를 초래하는 기본적인 메커니즘이다.

언론의 재벌화 현상 또한 심각하다. 언론의 재벌화는 상업주의화를 통해, 그리고 국가권력과의 유착을 통해서 이루어졌다. 아무리 불법적으로 탄생하였고 도덕적으로 타락한 정권이라 하더라도 언론은 정권을 앞장서서 수호하고 '약자죽이기'에 동참하여 왔다. 한국 보수정치의 중요한 일각을 담당해온 것이 언론재벌이었다. 우리 언론들이 5공과 6공 아래서 얼마나 국민들의 민주적 요구를 왜곡하고 정권의 수호에 앞장섰는지를 잘 기억하고 있는 사람은 너무 많다.

문민정부 들어서서 우리 언론이 바뀐 것이 무엇인가. 문민정부가 들어서고 5, 6공 최고 책임자들이 구속되자 언론은 전혀 과거에 대한 자기반성 없이 태도를 돌변했다. 잃어버린 방송기구를 되찾기 위한 것인지, 아니면 변화하는 정치적 지형 속에서 피해자로서의 이미지 관리를 통해 변화한 정치적 환경을 헤쳐 나가려는 전략의 소산인지 분명하지 않지만, 재벌신문은 1980년 언론 통폐합 문제를 꾸준히 거론해왔다. 신문재벌 또한 자신들이 옹호했던 5, 6공 인사들의 비리 문제를 '과거에는 전혀 몰랐던 것처럼' 가차없이 비판했다. 만약 이런 비판을 자신들을 향해 했더라면 시민들의 냉소주의는 일거에 해결되고 한국의 민주화 수준은 지금보다 훨씬 높아졌을 것이다.

사실 문민정부 출범 이후 언론의 힘은 더 커져서 정권을 만들어내고 아예 이를 주도할 생각까지 갖는 것은 아닌지 의구심이 들 정도다. 정치개혁, 교육개혁과 함께 언론개혁의 필요성이 끊임없이 제기되었지만 막강한 힘 앞에 감히 누구도 손을 댈 수 없었다. 정권의 입장에서도 언제나 자신을 옹호하는 언론을 개혁의 대상으로 삼을 필요가 거의 없었다. 1980년대 후반부터 국민들은 언론감시운동을 펴 왔지만, 그 목소리는 조그맣고 초라했다. 오죽 했으면 벌통과 언론은 건드리지 말라는 말이 생겨났을까.

벌통과 언론은 건드리지 말라?

재벌의 언론지배, 그리고 언론의 일방적인 사회지배를 방지하려면, 무엇보다도 국민들의 언론감시조직이 활성화되어 끊임없이 비판과 감시를 수행해야 한다. 그러나 동시에 내부적으로는 언론노동조합이 활성화되고 일선 기자들의 발언권의 강화를 통해 내부적인 견제와 비판이 있어야 한다. 재벌언론이나 언론재벌 양자 모두 족벌적 경영, 권력유착적 경영으로부터 떨어져 나와야 한다는 원칙은 21세기에 걸맞는 언론의 기초이다. 국회에서 논의가 이루어지고 있지만, 지금까지의 언론비리에 면죄부를 주는 결과를 낳지 않도록 해야 할 것이다. 이 시점에서의 최소 요구는 시민들에게 신문의 자유로운 선택권을 되돌려주어야 한다는 것이다. 뜻있는 시민들의 '언론주권 선언'이 활성화되기를 바라마지 않는다.

언론으로부터의 '해방'

현대 사회에서 언론은 게임에 참여하는 선수인가, 아니면 게임을 이끌어 가는 심판인가. 이제 이런 고전적인 질문은 엄청난 현실의 변화에 밀려 거의 의미없는 것이 되었다. 재벌이 언론사업에 뛰어든 지 오래이고, 언론이 재벌화된 지도 오래다. 수년 전부터는 지방언론도 거의 지방의 유력한 건설자본이나 부동산자본에 의해 점령되었다. 우리의 언론사들은 한편으로는 "서로 봐주기" 관행에 의해 배타적인 영역을 구축했고, 다른 한편으로는 한정된 언론시장의 장악을 위한 "피 튀기는" 경쟁을 계속해왔다.

"문민정부"와 언론의 변화
그러나 독자 확보를 위한 무한경쟁이 급기야 "칼부림 사건"으로 현실화되면서 그동안 "봐주기" 관행이 일시적으로 깨졌다. 재벌신문 진영과 신문재벌 진영으로 나뉘면서 보수적인 언론은 일시에 "급진화"되었다. 이 과정에서 삼성그룹은 표적의 대상이 되었다. 그룹의 총수가 IOC 위원으로 선출되는 등 개인적 영예를 얻었지만, 그런 영예를 무색하게 하는 각종 비리들, 즉 노동조합 탄압문제나 군사기밀의 산업정보화 등이 "새삼스럽게" 불거져 잘 관리되던 이미지가 먹칠을 당했다. 위기를 벗어나기 위하여 〈중앙일보〉는 삼성그룹과의 분리의사가 있다는 것을 밝혔다.

현대사회가 복잡해지고 지구촌화되면서 언론이 다루어야 할 범위가 넓어지고 다양해졌다. 성격이 비슷비슷한 언론사업체들은 살아남기 위하여 대규모 조직과 시설이 필요했으며, 이런 점에서 재벌의 언론 진출은 불가피한 측면이 있다. 그러나 재벌언론은 재벌의 눈으로 사물을 인식하고 의제를 선택하며 평가한다. 그래서 언제나 경제위기를 강조하고, 중소기업의 입장을 홀대하며 노동의 요구를 비합리적인 것으로 몰아간다. 경쟁이 되는 기업을 비방하고, 경제를 공정하게 관리해야 할 국가에 대하여 여론을 위장한 압력을 가한다. 이것은 곧 언론의 이익집단화 과정이면서 민주주의의 위기를 초래하는 기본적인 메커니즘이다.

언론의 재벌화 현상 또한 심각하다. 언론의 재벌화는 상업주의화를 통해, 그리고 국가권력과의 유착을 통해서 이루어졌다. 아무리 불법적으로 탄생하였고 도덕적으로 타락한 정권이라 하더라도 언론은 정권을 앞장서서 수호하고 "약자죽이기"에 동참하여 왔다. 한국 보수정치의 중요한 일각을 담당해온 것이 언론재벌이었다. 우리 언론들이 5공과 6공 아래서 얼마나 국민들의 민주적 요구를 왜곡하고 정권의 수호에 앞장섰는지를 잘 기억하고 있는 사람은 너무 많다.

문민정부 들어서서 우리 언론이 바뀐 것이 무엇인가. 문민정부가 들어서고 5, 6공 최고 책임자들이 구속되자 언론은 전혀 과거에 대한 자기반성 없이 태도를 돌변했다. 잃어버린 방송기구를 되찾기 위한 것인지, 아니면 변화하는 정치적 지형 속에서 피해자로서의 이미지 관리를 통해 변화한 정치적 환경을 헤쳐나가려는 전략의 소산인지 분명하지 않지만, 재벌신문은 1980년 언론 통폐합 문제를 꾸준히 거론해왔다. 신문재벌 또한 자신들이 옹호했던 5, 6공 인사들의 비리 문제를 "과거에는 전혀 몰랐던 것처럼" 가차없이 비판했다. 만약 이런 비판을 자신들을 향해 했더라면 시민들의 냉소주의는 일거에 해결되고 한국의 민주화 수준은 지금보다 훨씬 높아졌을 것이다.

벌통과 언론은 건드리지 말라?

사실 문민정부 출범 이후 언론의 힘은 더 커져서 정권을 만들어내고 아예 이를 주도할 생각까지 갖는 것은 아닌지 의구심이 들 정도다. 정치개혁, 교육개혁과 함께 언론개혁의 필요성이 끊임없이 제기되었지만 막강한 힘 앞에 감히 누구도 손을 댈 수 없었다. 정권의 입장에서도 언제나 자신을 옹호하는 언론을 개혁의 대상으로 삼을 필요가 거의 없었다. 1980년대 후반부터 국민들은 언론감시운동을 펴 왔지만, 그 목소리는 조그맣고 초라했다. 오죽 했으면 벌통과 언론은 건드리지 말라는 말이 생겨났을까.

재벌의 언론지배, 그리고 언론의 일방적인 사회지배를 방지하려면, 무엇보다도 국민들의 언론감시조직이 활성화되어 끊임없이 비판과 감시를 수행해야 한다. 그러나 동시에 내부적으로는 언론노동조합이 활성화되고 일선 기자들의 발언권의 강화를 통해 내부적인 견제와 비판이 있어야 한다. 재벌언론이나 언론재벌 양자 모두 족벌적 경영, 권력유착적 경영으로부터 떨어져 나와야 한다는 원칙은 21세기에 걸맞는 언론의 기초이다. 국회에서 논의가 이루어지고 있지만, 지금까지의 언론비리에 면죄부를 주는 결과를 낳지 않도록 해야 할 것이다. 이 시점에서의 최소 요구는 시민들에게 신문의 자유로운 선택권을 되돌려주어야 한다는 것이다. 뜻있는 시민들의 "언론주권 선언"이 활성화되기를 바라마지 않는다.

한겨레21/120호 1996.08.08. 논단

논단

시대착오와 철학의 빈곤

정근식/ 전남대 교수·사회학

한총련 학생들의 연세대 시위가 진압되던 날, 강남에서 몹시 흥분한 택시기사를 만났다. "그것이 정치입니까. 법은 있으나마나 아니오. 도대체 철학이 없어요. 내가 해도 그것보다는 잘하겠오." 누구를 비난하는지 몰라서 감히 대꾸도 못 하고 있다가 마지막 말을 듣고 겨우 숨통이 트였다. "글쎄 마지막 말은 좀 심한 것 같네요. 그나저나 선거 때 잘 찍어야지, 지금 그래야 힘이 없지 않습니까." 그는 약간 당황해했다. "오랫동안 고생도 하고, 국회의원도 수십년 하여 국민들 사정을 잘 아는 줄 알었지."

진짜 독불장군은 누구인가

수많은 사람들이 한탄하는 '이 시대에 철학이 없다'는 말, 도대체 그것이 무슨 의미인가? 근래의 텔레비전 뉴스나 일간신문들을 살펴보면 사람들이 왜 그런 한탄을 하는지 그 이유를 알 수 있다. 하루는 대학생들이 전경을 짓밟는 화면을 내보내고, 다음날은 학생들이 탈진하여 누워 있는 사진을 내보냈다. 경찰은 집으로 돌아가겠다는 학생들을 절대 내보내지 않고 모조리 잡아들이겠다고 지키고 있는데, 국무총리는 학생들의 자진해산을 호소하고 있었다. 한총련을 이적단체로 규정하고 총기사용 운운하는 뉴스가 끝나자마자 이번에는 북한의 식량난을 해결하기 위해 철원지역에서 벼와 옥수수 종자개량을 하고 있다는 소식을 전하였다. 그리고 나서 대통령의 광복절 담화에 국민들이 찬성한다는 여론조사 결과를 전했다. 동일한 시간대의 뉴스에서조차 '적'이 지원대상이 되고 상급기관과 하급기관이 서로 다른 말을 하는 것을 보면서 누가 철학이 있다고 느낄 것인가. 보통 사람들이 말하는 철학의 빈곤감은 바로 일관성의 부재에서 오는 것이며 이것은 작은 이익을 탐하거나 무엇인가로부터 쫓기기 때문이다.

한명의 의경이 죽고, 대학이 엄청난 피해를 입고, 수천명의 대학생이 연행되고 수백명이 구속된 이번 사태의 원인은 무엇인가. 직접적인 비난의 화살은 한총련에게 돌아간다. 실제로 일부 대학생들의 북한인식은 매우 관념적이다. 그러나 근래에 '운동권' 학생들 사이에서도 북한의 실상이 조금씩 알려지면서, 북한을 대안적인 체제로 생각하는 경향은 많이 사라졌으며, 학생운동진영 안에서도 범민련 중심의 활동노선을 비판하고 반대하는 목소리가 커지고 있다는 것을 잊어서는 안 된다. 작년의 광복절 행사가 평화적으로 끝났던 것과 비교해볼 때, 올해 사태가 이렇게 커진 것은, 정부가 한총련 지도부의 시대착오를 바로잡는다고 이보다 훨씬 더한 '시대착오' 적인 방법으로 대처했기 때문이다. 정보공개와 대화, 설득의 방식이 아니라 "끝까지 쫓아가 잡아오는" 강경진압 방식은 문민시대 자체를 부정하는 또하나의 시대착오다. '총기사용 운운' 하는 것만큼이나, 현실을 일방적으로 부풀리거나 매도하는 언론의 일사불란한 태도 속에서 언뜻언뜻 군부독재시절의 섬뜩함이 보이기조차 한다. 최근 우리가 겪은 수많은 시행착오와 사회문제들이 모두 한총련 때문에 일어난 듯한 느낌을 강요하고 있다. 이렇게 말하면 대학은 아무런 책임이 없느냐고 반문할 것이다. 물론 책임이 있다. 그러나 불행하게도 대학은 정보와 자율성의 측면에서 학생들을 설득할 만한 충분한 힘이 없다.

이런 시행착오가 되풀이되는 근본 이유는 통일논의의 정부독점주의에 있다. 대통령의 말대로 독불장군은 미래가 없다. 그것은 민주주의에 반하는 것이기 때문이다. 우리는 자칭 정의와 개혁의 주체들이 개혁의 대상으로 전락하는 현상을 너무 많이 보아왔다. 그들은 모든 것을 자기가 결정하려고 했던 독불장군들이었다. 오늘날 진짜 독불장군이 누구인가.

'민주주의의 가을' 수확할 게 없구나

철학적으로 관념론은 첫째, 몸담고 있는 현실에 대한 불만, 대안에 대한 동경, 그리고 대안에 대한 정확한 정보부재에 근거를 두고 있다. 일부 학생들의 관념론을 극복하고 올해와 같은 한총련 사태가 다시 발생하지 않으려면 정책의 일관성, 신뢰할 수 있는 정보 공개, 논의의 구조적 다원화가 가능한 제도가 마련될 필요가 있다. 그러나 가장 중요한 것은 통일 논의를 정략적으로 이용한다는 의혹을 불식해야 한다. 민주주의와 개혁을 소리높여 외치던 정부가 '비리와 화해' 하고, 관변단체를 다시 끌어들이며, 창 끝을 돌려 학생들을 겨냥하는 것에 대하여 많은 사람들이 '선거가 가까워졌나보다' 는 푸념을 하고 있는 현실을 직시해야 한다.

요즘 만나는 많은 사람들의 얼굴에는 이렇게 쓰여 있다. 예상하지 못한 일들을 많이 당한 이번 여름은 정말 피곤했다고. 가을은 수확의 계절이라고 하는 말이 현대사회에서도 유효하다면, 민주주의로 가는 도정에서 수확할 것이 별로 없는 이 가을은 얼마나 쓸쓸할 것인가.

시대착오와 철학의 빈곤

한총련 학생들의 연세대 시위가 진압되던 날, 강남에서 몹시 흥분한 택시 기사를 만났다. "그것이 정칩니까. 법은 있으나마나 아니오. 도대체 철학이 없어요. 내가 해도 그것보다는 잘 하겠소." 누구를 비난하는가 몰라서 감히 대꾸도 못 하고 있다가 마지막 말을 듣고 겨우 숨통이 트였다.

"글쎄 마지막 말은 좀 심한 것 같네요. 그나저나 선거 때 잘 찍어야지 지금 그래야 힘이 없지 않습니까." 그는 약간 당황해했다. "오랫동안 고생도 하고, 국회의원도 수십년 하여 국민들 사정을 잘 아는 줄 알았지."

진짜 독불장군은 누구인가

수많은 사람들이 한탄하는 "이 시대에 철학이 없다"는 말, 도대체 그것이 무슨 의미인가? 근래의 텔레비전 뉴스나 일간신문들을 살펴보면 사람들이 왜 그런 한탄을 하는지 그 이유를 알 수 있다. 하루는 대학생들이 전경을 짓밟는 화면을 내보내고, 다음날은 학생들이 탈진하여 누워 있는 사진을 내보냈다. 경찰은 집으로 돌아가겠다는 학생들을 절대 내보내지 않고 모조리 잡아들이겠다고 지키고 있는데, 국무총리는 학생들의 자진 해산을 호소하고 있었다. 한총련을 이적단체로 규정하고 총기사용 운운하는 뉴스가 끝나자마자 이번에는 북한의 식량난을 해결하기 위해 철원지역에서 벼와 옥수수 종자개량을 하고 있다는 소식을 전하였다. 그리고나서 대통령의 광복절 담화에 국민들이 찬성한다는 여론조사 결과를 전했다. 한명의 의경이 죽고, 대학이 엄청난 피해를 입고, 수천명의 대학생이 연행되고 수백명이 구속된 이번 사태의 원인은 무엇인가. 직접적인 비난의 화살은 한총련에게 돌아간다. 실제로 일부 대학생들의 북한인식은 매우 관념적이다.

그러나 근래에 "운동권" 학생들 사이에서도 북한의 실상이 조금씩 알려지면서, 북한을 대안적인 체제로 생각하는 경향은 많이 사라졌으며, 학생운동진영 안에서도 범민련 중심의 활동노선을 비판하고 반대하는 목소리가 커지고 있다는 것을 잊어서는 안 된다. 작년의 광복절 행사가 평화적으로 끝났던 것에 비교해볼 때, 올해 사태가 이렇게 커진 것은, 한총련 지도부의 시대착오를 바로잡는다고 이보다 훨씬 더한 "시대착오"적인 방법으로 대처했기 때문이다. 정보공개와 대화, 설득의 방식이 아니라 "끝까지 쫓아가 잡아오는" 강경진압 방식은 문민시대 자체를 부정하는 또하나의 시대착오다. "총기사용 운운" 하는 것만큼이나, 현실을 일방적으로 부풀리거나 매도하는 언론의 일사불란한 태도 속에서 언뜻언뜻 군부독재시절의 섬뜩함이 보이기조차 한다. 최근 우리가 겪은 수 많은 시행착오와 사회문제들이 모두 한총련 때문에 일어난 듯한 느낌을 강요하고 있다. 이렇게 말하면 대학은 아무런 책임이 없느냐고 반문할 것이다. 물론 책임이 있다. 그러나 불행하게도 대학은 정보와 자율성의 측면에서 학생들을 설득할 만한 충분한 힘이 없다.

이런 시행착오가 되풀이되는 근본 이유는 통일논의의 정부독점주의에 있다. 대통령의 말대로 독불장군은 미래가 없다. 우리는 자칭 정의와 개혁의 주체들이 개혁의 대상으로 전락하는 현상을 너무 많이 보아왔다. 그들은 모든 것을 자기가 결정하려고 했던 독불장군들이었다. 오늘날 진짜 독불장군이 누구인가.

"민주주의의 가을" 수확할 게 없구나

철학적으로 관념론은 첫째, 몸담고 있는 현실에 대한 불만, 대안에 대한 동경, 그리고 대안에 대한 정확한 정보부재에 근거를 두고 있다. 올해와 같은 한총련 사태가 다시 발생하지 않으려면 정책의 일관성, 신뢰할 수 있는 정보 공개, 논의의 구조적 다원화가 가능한 제도가 마련될 필요가 있다. 그러나 가장 중요한 것은 통일 논의를 정략적으로 이용한다는 의혹을 불식해야 한다. 민주주의와 개혁을 소리높여 외치던 정부가 "비리와 화해"하고, 관변단체를 다시 끌어들이며, 창 끝을 돌려 학생들을 겨냥하는 것에 대하여, 많은 사람들이 "선거가 가까워졌는가 보다"는 푸념을 하고 있는 현실을 직시해야 한다.

요즘 만나는 많은 사람들의 얼굴에는 이렇게 쓰여 있다. 예상하지 못한 일들을 많이 당한 이번 여름은 정말 피곤했다고. 가을은 수확의 계절이라고 하는 말이 현대사회에서도 유효하다면, 민주주의로 가는 도정에서 수확할 것이 별로 없는 이 가을은 얼마나 쓸쓸할 것인가.

한겨레21/124호 1996.09.05. 논단

위기의 정치, 정치의 위기

지금은 영어의 몸이 되어 있는 노태우 전대통령은 재임 시에 '믿어주세요'라는 말을 자주 반복하곤 했다. 이 말은 정치코미디에서 그를 나타내는 상징어가 되기도 했는데, 그가 이 말을 하는 할 수밖에 없었던 나름대로의 이유가 있었을 테지만, 지금 와서 생각해보면 차라리 이 말은 하지 않는 것이 좋았을지도 모른다. 이 말은 그에 대한 비판이 정치적 평가를 넘어서서 그의 인간됨 자체에 대한 비난으로 이어지는 꼬투리가 되었기 때문이다.

이제는 별로 의미없게 된 이 말에 대한 기억을 신년 벽두에 꺼낸 이유는 정치에서 말이 얼마나 중요한 것인지를 일깨워주기 때문이다. 최근 신한국당의 노동법과 안기부법 날치기 처리 이후 이에 반발하는 노동자들의 파업이 새로운 단계로 접어들고 있는데, 이런 상황에서 이루어진 대통령의 연두 기자회견이 문제 해결에 도움이 될 것인지 의문을 가지게 된다. 대통령이 밝힌 5가지 국정지표, 그 중에서도 특히 '경제체질 개선', '평화통일 기반구축', '부정부패의 지속적 척결'이라는 표현은 공허하게 반복되는 구호라는 생각을 부추기고, 나아가 위기를 진단하는 시각이 근본적으로 현실과 유리되었다는 느낌을 주고 있다. 많은 사람들의 우려와 반대에도 불구하고 정부 여당은 지난 해에 경제협력개발기구(OECD) 가입을 강행하고 나서 대통령이 '민주주의를 지키기 위한 최소한의 조치, 그리고 경쟁력 확보를 위한 필수조치'로써 안기부법과 노동법을 개정했다고 말했기 때문에 설득력을 갖기가 매우 어렵게 되었다.

사실 지난 연말과 신년 초의 노동자들의 파업의 기세는 전부 여당의 예상을 넘어서는 것이다. 1987년 7-8월의 이른바 노동자 대투쟁 이후 10년만에 이렇게 큰 노동자들의 반발이 일어난 이유는 무엇인가. 우선 개정된 노동법의 내용 자체가 문제의 근본 원인이지만, 여당이 날치기 방식으로 이를 처리했다는 점이 더 크게 작용한 것으로 생각된다. 이것이 정치적 성격이 강한 안기부법과 함께 처리되었다는 점에서 노동법 개정이 개악이라는 인식을 강화하였다. 이 때문에 개정된 노동법이 노사개혁위원회의 안이나 원래의 정부안보다 훨씬 후퇴한 것이라는 인식을 강화시켰다.

이런 것들이 상황판단에 관한 것이라면, 좀더 장기적인 국면에 관한 판단은 어떤가. 현재는 지난 4년간의 김영삼 정권의 개혁정책에 대한 결산이 이루어지기 시작하는 국면이다. 그동안 대통령이 자신의 정부를 문민정권이라고 포장해왔는데, 이런 이념적 표방이 노동자들의 공공연한 불만 표출을 억제해온 효과가 있었던 것은 사실이다. 그러나 최근의 개혁정책의 후퇴 또는 실패는 불만의 표출을 용이하게 하였다. 이번 파업사태는 노동정책에 대한 일시적 반응이라기보다는 개혁정책 전반에 대한 불신의 의미가 포함되어 있다.

현재 국면에서 뜻있는 인사들은 진정으로 우려하는 것이 있다. 불황 국면에서 자본과 노동의 구조적 대립이 커지는 것은 당연하지만, 더 큰 문제는 정치권의 이해갈등 조정능력이 현저하게 감소되고 있다는 사실이다. 이럴 경우 정부 여당의 정책은 정권의 위기를 넘어서서 국가의 기본틀을 훼손하는 의도하지 않은 결과. 즉 국가의 위기를 초래할 수 있다.

국제적 맥락에서 이번 날치기 파동은 한국의 정치문화적 이미지를 크게 실추시켰다. 외신이 전하는 바에 따르면, 미국과 독일, 프랑스의 언론 모두 한국의 정치문화에서 날치기가 되살아난 것에 대하여 매우 비판적이다. 우리의 국제경쟁력을 경제적 측면에서의 상품의 가격경쟁력만을 의미하는 것으로 생각하는 우를 범해서는 안된다. 훼손된 정치문화적 이미지를 회복하려면 엄청난 노력과 시간이 필요하다. 정치가 위기의 원천을 제대로 진단하지 못할 때 이는 정치자체의 위기를 낳는다.

광주매일 1997.1.8.

선거 계절병 북풍

엊그제 한 일간지에 활짝 핀 매화 사진이 실렸다. 눈길이 사진 속의 매화에 가는 순간, 왈칵 반가운 마음이 들었던 것은 지난 겨울이 몹시도 추웠던 탓이리라. 생각해보면 그야말로 깜깜한 겨울이 아니었던가. 크리스마스 다음날 새벽, 여당의 날치기로부터 시작해 한보그룹 부도, 대만 핵폐기물의 북한 이전계획, 그리고 황장엽 망명, 이한영 피격으로 이어지는 굵직굵직한 사건들에 직면하여 우리 국민들이 어디 제대로 숨이라도 쉴 수 있었는가.

대통령이 자기 아들 건에 대해 국민에게 사과하고, 화합을 내세워 호남 출신 총리를 임명했음에도 불구하고 속이 시원해지지 않는 이유는 무엇일까. 오늘날 우리가 겪는 경제적 불황과 정치적 시행착오들이 일회성 사건이 아니라는 점에서 국민들은 우울하다. 국민들의 우울감을 더 하는 것은 그런 어려움들 자체가 아니라 그것을 헤쳐나가는 방식이다.

언제부터인가, 우리에게는 선거용 북풍이라는 말이 생겼다. 그것은 대통령 직접선거가 부활된 1987년부터 사용되기 시작하였다. 당시 대통령 선거 직전에 항공기가 추락하고 범인이 잡혀 왔다. 그 후 선거철이 되면 꼭 대규모 간첩사건이 터지거나 북한의 도발이 이루어졌다. 1992년 대통령 선거에서도 북풍의 힘은 막강했다.

곰곰 생각해보면 북풍이라는 말은 없었지만 그와 유사한 사건들은 훨씬 오래 전부터 있었다. 1963년 대통령 선거에서의 후보들간의 사상논쟁, 유신체제 출범 직전의 남북공동성명, 유신체제하의 대통령 부인 저격사건, 5공 출범 초기의 아웅산 테러까지 헤아릴 수 없을 정도로 많다.

사회적 경험을 통해 일반화된 법칙을 정립하려는 사회과학자들 뿐 아니라 이성을 가진 국민들은 아무 때나 북풍이 불어오는 것이 아니라 주로 정권이 위기에 처하거나 선거를 앞두고 불어온다는 것을 예사롭게 생각하지 않는다. 북풍의 강도는 권력의 위기와 비례한다는 점 또한 중요한 가설에 속한다. 특히 1990년대에 이런 현상이 뚜렷해졌다.

세계적으로 냉전체제가 붕괴되고, 이데올로기의 시대가 경제적 문화적 경쟁의 시대로 급속하게 바뀌고 있지만, 한반도의 정세는 아직까지는 예외적인 것처럼 보인다. 얼마전까지 대통령의 주도하에 세계화 담론이 휩쓸었고, 이제는 우리 사회에서도 냉전적 분단 이데올로기가 맥을 추지 못할 것이라고 생각했다가 이번 겨울을 지내면서 그런 판단을 수정하지 않을 수 없게 되었다. 지금도 국회에서는 한보철강 청문회의 증인 채택을 둘러싸고 티격태격하고 있을 뿐 아니라 황장엽 망명사실의 보도시점과 북한의 입장선회 배경을 둘러싸고 말이 많다. 야당이 정부나 여당을 비판하면, 여당은 야당 총재의 사상문제를 걸고 나오는 광경이 전혀 낯설지 않다.

지금까지 역대 정권은 위기에 처할 때마다 이런 북풍에 기대거나 그것을 의도적으로 조장하는 방식으로 위기관리를 해온 측면이 있다. 우리가 겪는 고통과 아픔을 분단시대에 태어나 분단체제 속에서 살아야 하는 사람들의 업이라고 체념하다가 때때로 현재의 분단체제가 종식되고 통일로 나아가고 있다고 희망적 관측을 할 수 있는 것은, 국민들이 이제 느낌으로 북풍의 실체를 알아가고 있다는 점 때문이다.

우리가 극복해야 할 분단체제는 적대적 공존의 체제이다. 이 체제는 상대방의 존재 자체를 부정하고, 긴장과 적대를 본질적 요소로 삼고 있지만, 동시에 그런 적대적 관계가 궁극적으로 자신의 체제 유지에 기능적이라는 모순을 안고 있다. 그것이 더 큰 성장과 발전을 제약하고 있다는 인식이 싹틀 때 비로소 우리는 이를 넘어설 수 있는 기회를 갖게 될 것이다.

사실, 지금도 수많은 사람들의 가슴 속에 '아, 정말 한국사회를 떠나고 싶다'고 외치고 싶은 마음이 자리잡고 있는 것이 눈에 보이는데, 다시 다가올 대통령 선거에서 북풍성 유언비어가 난무하게 되면, 이런 마음이 또 도지지 않을까 걱정스럽다. 올 한해동안 국민들에게 가해질 북풍 스트레스를 생각하면 아찔하다. 이것은 진실로 국민들을 피곤하게 하고 국가 경쟁력을 뿌리채 뽑아버리며 민족 전체의 역량을 소진시키는 일이 될 것이다. 국가안보와 관련하여 이제 임기를 1년 남겨놓은 문민 대통령이 해야 할 일은 근거없는 북풍으로부터 국민들의 자유를 지키는 일이다.

광주매일 1997.3.5.

잊혀지지 않는 가을

그 해 가을은 참 우울했고 분노했으며 놀랐고 그리고는 안개 같은 희망이 시작된 계절이었다. 지금으로부터 20년 전, 필자로 보면 대학 4학년 때였다. 9월 어느날 절친한 친구가 아침 일찍 찾아와 자기는 오늘 조기졸업한다고 말했다. 그리고는 낮에 유신철폐를 외치면서 시위를 하다 1분만에 개같이 끌려갔다. 그날 많이 울었다. 그러면서 역사가 젊은이들을 부르는 소리를 들었다.

8월에 이뤄진 YH 여공들의 뜨거운 투쟁은 9월 학생들의 민주화 투쟁 의지를 일깨웠고 10월의 시작과 더불어 야당총재였던 김영삼씨의 국회의원직 제명이 이루어졌다. 당시 정부는 야당총재를 제명하면서 북한의 땅굴을 언급했다. 그러나 10월 16일 부산대 학생들의 유신철폐와 독재정권 퇴진을 내세운 시위는 부산 시민들의 분노로 이어졌고 그 다음에는 마산에서 대규모 시위가 이루어졌다. 비상계엄령과 위수령에 의해 시위진압차 내려온 공수부대의 몽둥이질은 그야말로 야만적인 것이었다. 며칠 후에는 대구의 대학생들이 들고 일어났다. 서울에서는 대규모 시위의 물결이 대구 광주 대전을 거쳐 곧 서울로 들이닥칠 것이라는 기대 섞인 불안감에 휩싸이고 있었다.

그러나 서울에서의 대규모 시위는 그 해 10월에 일어나지 못하고 10.26 사건이 터졌다. 사건의 충격이 컸기 때문에 부마 시민들의 승리감은 내면으로 침잠했다. 최고 권력자의 죽음은 곧 유신 체제의 철폐로 생각되었다. 그러나 부산에서 보였던 공수부대의 몽둥이질은 정확하게 7개월 후에 광주에서 재현되었다. 부마에서의 몽둥이질이 최고 권력자 개인의 죽음을 몰고 왔다면 광주에서의 그것은 수백명의 죽음이라는 더 큰 비극을 몰고 왔다.

　이제 부마항쟁 20주년이 되는 10월을 맞으면서 그 잊을 수 없는 가을을 다시 생각한다. 1979년 이래 민주화를 위한 숨가쁜 분투 그리고 1987년 이래 우리를 단단히 옭아맸던 지역주의의 그물망 속에서 부마항쟁 10.26 서울의 봄 광주항쟁으로 이어지는 역사적 국면의 의미 그리고 이 사건들의 상호관계를 충분히 음미하지 못했다는 반성을 하지 않을 수 없다.

　1979~80년의 시기는 흔히 유신체제로 불리는 한국의 전기 군부 권위주의 체제가 5,6공으로 불리는 후기 군부 권위주의 체제로 넘어가는 과도기였다. 부마항쟁은 이 시기를 여는 기폭제였다. 그 항쟁은 최고 권력자를 제거하도록 고무했지만 체제 자체를 바꾸지는 못했다. 유신정권의 종식이 최종적으로 권력내부의 암투로 인한 최고 권력자의 제거 방식으로 이루어졌다는 것은 더 큰 항쟁과 희생을 필요로 하게 된다는 것을 의미했다. 그 희생은 광주에서 치러졌다. 그렇지만 1980년의 광주가 1979년의 부마 없이 가능했겠는가. 문민 정부가 "국민의 정부"에 의해 대체된 이후 부산 마산의 시민들은 새로운 지역 정체성을 구성하기 위해 박차를 가하고 있다. 실패한 문민정부의 기억과 부담을 떨쳐내면서 "민주화의 도시"라는 정체성을 회복하려는 노력은 "시민의 날"을 개정하자는 논의나 민주기념관의 건립을 통해 잘 드러나고 있다. 그러나 이런 "역사적 전통의 회복"을 위한 노력들은 제대로 평가를 받지 못하고 있는 듯이 보인다. 그 이유는 무엇일까.

　한국 현대사에서 역사적 대사건들에 대한 인식은 어느 지역에서나 그렇듯 지배 이데올로기들, 즉 분단체제를 재생산하는 반공 이데올로기와 지역주의에 의해 왜곡되어 있었다. 자기지역의 경험은 일반적으로 절대화되는 반면, 타 지역의 경험은 폄하되거나 아예 이질적인 것으로 간주되는 경향도 있었다. 주민들의 자기 정체성은 과거 속에서 자기 긍정적 방향으로 구성되는 경향이 있는 반면, 타지역으로부터의 규정은 현재적 지평에서 이뤄지기 쉽다. 역사적 사건들에 대한 자기만족적 해석을 넘어서려면 비교의 시각과 동시에 전체 속에서의 부분의 역할이나 위상에 관한 종합적 안목, 역사적 균형감각이 필요하다. 이번 10월에 광주의 시민단체는 부산·마산지역을 방문한다고 한다. 지역주의를 극복하는데 있어서 역사적 감각의 공유보다 더 좋은 것은 없는 듯이 보인다.

부산일보 1999.9.30. 부일시론

비뚤어진 富와 권력세습

세상에서 한국인들처럼 열심히 일을 하는 사람도 별로 없다고 말한다. 한때는 칭찬으로 들었지만 이제는 꼭 칭찬만은 아닌, 어떻게 들으면 삶의 가치가 전도되었다는 힐난으로 들릴 듯한 말이다. 수년 전부터 열심히 일을 하려고 해도 일할 기회조차 주어지지 않는 경우가 비일비재한 사회가 되었지만, 그래도 악착 같이 일을 하려고 하는 주관적 심성구조는 별로 변하지 않았다. 한국인들은 왜 그렇게 일 중심적 인간이 되었을까.

사회학적 관심에서 기회 있을 때마다 주변의 사람들에게 물어보면 백이면 백, 거의 대부분의 사람들이 자식을 들먹인다. 자식이 어리면 어린대로 남 하는 만큼 가르치기 위해서, 자식이 컸으면 큰대로 남 부끄럽지 않게 혼수라도 장만해준다거나 집이라도 한 채 물려주기 위해서 일해야지요 라고 답한다. 한국사회의 중요한 특징 중의 하나가 바로 이 자녀지향성이다. 자식을 위해서라면 사회적 범죄조차 정상참작이 되고, 행위자 스스로도 자기합리화를 여기에서 찾는 경우가 흔하다.

자녀를 위해 모든 것을 바친다는 것은 한때는 미덕이었지만, 이제는 꼭 미덕만은 아닌 시대가 되었다. 자아실현을 스스로 유예하고, 좌절된 자기 실현을 자녀를 통해 대신 실현하려는 태도는 이기적 심성의 연장이요, 가부장제적 유습일 수 있기 때문이다. 지나친 자녀지향적 태도는 부나 시간의 사회환원을 억제하며, 불법 상속과 탈법적 세습의 원천이기도 하다.

최근 또 다시 우리 사회의 중요한 쟁점들로 부각된 재벌이나 언론사,

일부 사학의 세습경영을 보면서 아직까지 굳건하게 남아있는 봉건적 세습과 상속관행이 오늘날의 한국사회를 어지럽히는 근원이라는 생각을 굳히게 된다.

사실 부모가 하는 일을 자녀가 세습하는 것은 사회적 자본이론으로 설명할 수 있다. 어려서부터 부모가 하는 일을 자녀들이 보고 듣고 배우며 안면과 노하우가 자연스럽게 전수되기 때문에 사회적 경쟁에서 여러 가지 유리함을 갖게 된다. 그러나 이것이 부와 권력의 영역으로 옮겨가면 사정이 달라진다. 흔히 부와 권력의 세습에는 탈법과 부정이 수반되기 때문이다. 실제로 오늘날 문제를 일으키는 현장에는 거의 틀림없이 정의롭지 못한 부와 권력의 상속 욕망이 뱀처럼 똬리를 틀고 있다.

지난 반세기, 해방과 전쟁 그리고 산업화 과정에서 수많은 사회적 역사적 모순과 정치적 억압이 있었음에도 불구하고 한국사회가 나름대로 사회적 통합을 유지해온 이면에는 역동적인 사회이동이 가능했다는 요인이 크게 작용했다. 그러나 한국경제가 구조적 불안정의 단계로 진입하면서 점차 사회이동의 통로가 막히고 있다. 이제는 바뀌어야 한다는 민초들의 간절한 소망이 좌절되면서 사회해체의 징후들이 조금씩 나타나고 있다. 시대에 어울리지 않는 부의 탈법적 상속의 저편에는 빈곤을 세습당하는 사람들의 절망이 있다. 특히 탈세나 변칙상속은 요즘처럼 경쟁이 강조되는 시대에는 사회적 박탈의 원천이 되고 있다. 이들은 절망을 분노로 바꿀 준비를 하고 있는지도 모른다.

자녀를 향한 대리적 욕구실현구조가 한국문화의 본질적 구성요소가 아니라 단지 지난 50년간의 정치경제적 고난 때문에 형성된 망탈리테(집합심성)라면, 이제 자아실현의 틀은 사회적 공공성을 향해 좀더 개방적으로 변화되어야 한다. '부와 권력, 그리고 명예'가 아니라 '부나 권력, 또는 명예' 어느 하나만을 추구하는 사회가 되도록 사회정의의 이름으로 비뚤어진 욕망을 순화시키는 것, 이것이야말로 사회의 질을 근본적으로 향상시킬 수 있는 가장 중요한 과제이다. 조세정의가 확립되고 부의 사회적 환원이 강화되는 것, 이것이 자아실현구조의 변화를 촉진하는 외부적 조건이다.

경향신문 2001.3.14. 〈정동칼럼〉

한국형 낙관주의를 위하여

2002년이 저물어간다. 대선이 끝난지 열흘, 그것이 가져다 준 메시지를 충분히 음미할 틈도 없이, 갈수록 심각해지는 북핵 문제로 어수선하다. 마지막 남은 하루를 아직도 해결되지 못한 미선이 효순이 문제를 위하여 보내려는 사람도 있고, 차분하게 한 해를 정리하려는 사람도 있지만, 분명히 올해 마지막 날의 분위기는 회한이나 절망보다는 희망과 기대가 큰 것이 사실이다.

나는 2002년 우리 사회의 변화를 한마디로 한국형 낙관주의의 형성이라고 요약하고 싶다. 이의 핵심적 요소는 그동안 짓밟혀온 민족적 자존심을 회복하고 평화통일을 우리가 주도할 수 있다는 자신감을 회복한 것이다. 이런 낙관주의가 형성된 최초의 계기는 2년 전의 남북 정상회담이었지만, 올해에 우리가 성취한 월드컵 4강과 대통령 선거의 드라마 같은 결과는 이런 낙관주의의 구체적 내용을 채워주었다. 다시 돌이켜 생각해보더라도 월드컵 4강은 우리가 미처 의식하지 못한 채 다가온 기적 같은 현실이었다. 그것은 '붉은악마'와 함께 왔다. 당시만 하더라도 '붉은악마 현상'을 두고 맹목적 민족주의의 위험성을 지적하는 의견이 없지 않았지만, 이것이 '젊은 한국'을 지향하는 개혁적 에너지임을 확인하고 안도할 수 있게 되었다.

한편 우리는 지난 선거를 통하여 '낡은 정치'를 청산하고 개혁을 선택했으며, 미국의 한반도 정책을 일방적으로 추종하지 않고 한단계 진전된 우리 나름의 평화통일 정책을 추진할 수 있는 근거를 마련하였다. 북·미간 갈등에서 중재자 역할을 하겠다는 노무현 후보의 발언에 대해 딴지를 걸었던 사람들도 있지만, 새롭게 우리 사회의 주류로 성장하는 사람들은 그 발언이 제대로 방향을 잡은 것이며, 또 그렇게 행동해야 한다고 판단하였다. 너무도 당연하게 탈냉전은 열전으로 가는 것이 아니라 평화와 화해, 공동 번영으로 나아가는 것이다. 이를 거스르려는 사람들에게는 누구나 예외없이 따끔하게 한마디 할 수 있다는 자신감을 얻었다는 것 또한 올해의 커다란 수확이다. 지난 한해동안 우리는 부시 정권의 오만과 패권주의적 행동을 '안하무인'으로 평가할 수 있게 되었으며, 반미와 호혜를 구분할 수 있게 되었다. 촛불시위를 통해 할 말은 해야 하고 또 이를 행동으로 실천할 수 있다는 귀중한 경험을 얻었다. 미국의 그런 위협과 압박에도 불구하고 우리가 별로 흔들리지 않고 중심을 잡을 수 있었던 데에는 남북 정상회담, 그리고 월드컵 4강이 가져다준 시각의 트임과 자신감의 업그레이드 효과가 작용하고 있다.

우리는 또한 조금은 무모하게 보이는 북한의 행동을 염려하지만, 그것조차 기존 시각과는 다르게 볼 수 있는 여유를 갖게 되었다. 우리 젊은이들은 미국의 대북 적대정책의 포기와 중유 공급 재개, 한·미 주둔군 지위협정(SOFA) 개정을 요구하고 있으며, 이와 동시에 북한의 무모한 핵 개발 또한 중단되어야 한다는 것을 요구하고 있다. 생존권을 위한 자위적 행동을 이해하지만 그것의 한계도 명백하고, 국제사회의 일원으로서의 책임도 무시할 수 없기 때문이다.

우리는 또 대통령 선거 결과로부터 정치·경제·사회의 모든 영역에서 탈권위주의와 반기회주의의 요구가 봇물처럼 터져 나오고 있음을 확인하였다. 노무현 대통령당선자는 이런 변화와 개혁의 대세를 나타내는 상징이었다. 그의 가능성과 열정은 엊그제 발표된 대통령직 인수위원들의 면모에서도 잘 드러난다. 그러나 그 또한 불원간 지지와 성원으로부터 감시와 비판의 대상으로 전화될 수밖에 없다는 것을 젊은 세대들은 잘 인식하고 있다.

이번 선거를 통해 확인된 '젊은 한국'의 힘으로 현재 우리에게 부과되고 있는 국내외적 도전들을 극복한다면, 한국형 낙관주의는 2003년에 더욱 더 탄탄한 기반을 마련할 수 있을 것이다. 이것은 곧 새해의 새로운 사회지표가 평화·호혜·개혁이 되어야 한다는 것을 의미한다. 주목할 것은 '젊은 한국'은 단지 '젊은 세대'의 열정뿐 아니라 아름답게 퇴장할 줄 아는 '지난 세대'의 지혜도 필요로 하고 있다는 점이다.

경향신문 2002.12.30 시론

자기결정의 중요성

민주주의 사상의 발전과정에서 오랜 쟁점 중의 하나가 직접 민주주의와 대의제간에 존재하는 긴장과 갈등이었다. 사회의 규모가 커지고 복잡해지면서 대표를 뽑아 주권자인 시민들의 권한을 일정기간 위임하는 대의제가 불가피한 선택으로 받아들여지고 있지만 그렇다고 해서 직접 민주주의를 이상적인 것으로 생각하는 흐름 자체가 사라진 것은 아니다. 직접 민주주의를 구성하는 다양한 요소인 주민발안, 주민투표, 주민소환은 단지 민주주의 교육의 첫 페이지에 나오는 장식물이 아니라 언제든지 사회적 조건이 충족되면 실현하고 싶은 근본적 욕망의 표현이라고 할 수 있다. 행정자치부가 내년부터 제한적으로 도입하겠다고 밝힌 주민투표제에 대하여 여러 가지 의견이 제시되고 있다. 중앙정부에 집중된 권한의 분권과 분산이 실제로 진행되는 경우, 가장 시급하게 마련되어야 할 것이 갈등조정 메커니즘과 책임정치의 구현이라면, 직접 민주주의적 요소의 도입은 불가피하다. 그러나 일부 언론에서는 그것을 도입하는 정치적 저의를 의심하거나 그것이 가져올 부정적인 효과에 대하여 많은 강조를 하고 있는 듯 하다.

예컨대 국책사업 표류의 책임을 국민에게 떠넘기려는 의도가 있는 것이 아니냐든가, 주민투표가 지역이기주의를 심화시킬 뿐이라든가, 중우정치를 초래하고 지역갈등을 고조시킬 공산이 크다든가하는 우려이다. 그러나 현재 제안된 주민투표는 일단 국책사업에는 적용되지 않으며, 지역이기주의나 중우정치의 우려는 사실 주민투표에만 적용되는 것이 아니라 선거제도 그 자체의 문제에 관한 것이다.

현재의 주민투표법안에 따르면, 자치단체 고유 권한에 속하는 사안만을 투표대상으로 하고 있고, 투표형식은 찬반 또는 양자택일 형식만을 허용하고 있는데, 문제는 여기에서 발생할 가능성이 있다. 실제로 중요한 문제들은 자치단체간에 발생하는 경향이 있다. 타협과 조정의 과정 없이 무조건 주민투표로 넘겨 책임을 회피하거나 지역이기주의적 선동을 어떻게 방지할 것이냐의 문제도 중요하다. 주민투표를 내세워 다수의 소수에 대한 지배의 합리화가 나타날 위험이 전혀 없는 것이 아니기 때문에, 투표를 해야 할 사안을 뚜렷하게 정하고, 또한 투표 범위의 결정에서 당사자나 소수자 보호를 위한 장치를 마련해야 한다. 현재 우리 사회의 분위기로 보면 소지역주의에 기인하는 지역간 경쟁이 과도하게 분출되므로 이를 완화할 장치와 함께, 투표전 토론이나 공청회가 충분히 보장되어야 한다. 이런 조건이 충족된다면, 원칙적으로 주민투표제는 민주주의의 질을 심화시키는 제도임에 틀림없다.

주민투표제와 함께 또 하나의 직접 민주주의적 요소가 주민소환제이다. 우리는 지방자치제 실시이후, 지방정부의 수장이나 자치단체장이 비리로 구속되어 업무가 마비되었음에도 정작 주민들은 아무런 조치도 취할 수 없는 상황을 여러 번 경험했다. 그러나 이런 주민의 '선거후 무력함'의 상황을 극복하려는 분위기도 우리 주변에서 감지되고 있다. 광주의 한 자치구에서는 '공직사회개혁과 부패척결'을 내세운 한 시민단체가 부인의 인사청탁비리로 구속된 자치단체장의 사퇴를 요구하는 투표를 실시하여 압도적 찬성을 이끌어냈다.

현대사회에서는 개인적인 삶이나 집단 생활에서 자기결정의 원리가 갈수록 중요해지고 내용이 풍부해지는 방향으로 전개되고 있다. 우리 사회에서도 동원에서 참여로, 형식적 참여에서 실질적 주체로 거듭 나려는 시민적 욕구가 확실히 커지고 있다. 사실 주민투표제와 주민소환제는 단기적인 정쟁의 대상이라기보다는 한국 민주주의의 한단계 진전을 위한 필연적 제도로 보아야 한다. 현실적 여건을 무시하지 않으면서 건설적인 방향으로 주민투표제가 실시되고 나아가 정치개혁의 맥락에서 제한적이나마 주민소환제를 도입할 수 있는 방안에 대해 행정부나 국회 정치개혁 특위가 더 노력을 해야 할 것이다.

한국일보 2003.7.31. 아침을 열며

'불법 정치자금' 단숨에 깨자

LG로부터 1백50억원, 나아가 삼성, 롯데 등 대기업으로부터 받은 한나라당의 불법 대선자금이 최소 7백억원이라는 사실이 밝혀지면서 인터넷 토론방마다 아우성이다. SK비자금 1백억원 수수 사실에 대한 이회창씨의 사과나 최병렬 대표의 단식투쟁 등이 모두 코미디였다는 인식이 커지고 있다. 점잖은 충고와 비판이 도대체 먹혀들지 않다보니 이제는 온갖 비난과 욕설로 가득차 있다. 한나라당을 지지했던 시민들조차 현재의 정치판, 그리고 한나라당의 미래에 대해 근본적으로 회의하기 시작했다. 그대로 두면, "다음 선거에서는 컨테이너로 돈을 받을 것"이라는 말이 한갓 비아냥으로만 들리지는 않는다.

정치문화의 변화 읽기

최근 검찰 수사결과를 보면, 한국의 선거자금과 관련된 정치문화가 어떻게 변화되고 있는가를 읽을 수 있다. 첫째, 대선자금 규모가 일반 시민들이 짐작하는 것보다 훨씬 크다. 이미 10여년 전 김영삼씨가 대통령에 당선된 후 "이러다가 나라 망하겠다"고 말한 바 있지만, 정치자금이 그때보다 훨씬 불어났으며, 이것이 국민경제에 미치는 악영향 또한 무척 커졌다. 둘째, 기업의 정치자금 제공방식이 바뀌고 있다. 과거에는 확실한 여당 후보에게 정치자금을 제공했지만, 이제는 누가 당선될지 모르고 일방적인 보험의 위험성이 커져 다른 쪽에도 폭로예방용 보험이 또 필요해졌다. 썬앤문 수사에서 나타나듯 국회 권력을 움켜쥔 야당이 대통령 측근비리를 밝혀내기 위해 수사를 촉구했지만, 결국 부메랑이 되어 자신에게 날아오는 칼날, 이런 현상은 이런 침묵의 카르텔 구조가 어떻게 만들어지고 또 얼마나 취약한지를 잘 보여준다.

셋째, 불법 정치자금의 수수는 후보간 경쟁의 우열이 가시화되는 선거 한달 전쯤 정점에 달하며, 이때 조성된 자금은 별도로 비축됐다가 선거 후 정당운영이나 당내 선거에 활용된다. 정당의 물적 기반 자체가 불법으로 조성된 자금인 것이다. 넷째, 정치자금 수수방식이 교묘해지고 있다. 지난 대선에서는 불법적 정치자금 조달을 위해 안기부를 활용하더니 지난 선거에서는 화물자동차 갈아타기 수법이 활용됐다. 정치보험의 불안정성은 보험금의 상승을 낳고 흔적을 남기지 않으려는 노력을 증대시킨다. 다섯째, 과거에는 적어도 정권이 존속하는 5년 동안은 대선자금 제공이 정치보험으로 기능했으나 이제는 1년도 제대로 지탱하지 못하고 있다. 양다리 걸치기식 정치보험의 안정성도 크게 떨어지고 있다. 이것은 시민사회의 성장, 검찰의 제자리 서기 등에 기인하지만, 현재의 상황은 정치투쟁이 이전투구식으로 진행되면서 생긴 자업자득의 결과이다.

현재의 정치자금 제도는 근본적으로 바뀌어야 한다. 사실 이런 필요성은 정치인 자신들로부터, 그리고 기업으로부터 나온다. 정치인들은 여야 할 것없이 공멸의 위기상황에서 총체적 불신으로부터 벗어날 대책을 마련할 필요성을 크게 느낄 것이다. 그러나 그들 스스로는 이를 해낼 수 없다. 그들은 자신들에게 맡겨두면 언제 그랬는가 하면서 얼버무리는 것이 습성화된 체질이기 때문이다. 대선자금 비리가 드러나자 기껏 '야당탄압론'이나 '대선자금 특검론'을 들먹이는 사람들에게 어떻게 결자해지의 희망을 찾을 수 있겠는가. 정치권에서 상대를 인정하지 않고 싸울수록 기업이 제공해야 할 정치자금의 소요가 커지며, 따라서 기업 입장에서는 별 효과도 없는 현재의 정치자금 제도를 바꿀 필요성이 커진다. 과도한 정치자금의 부담은 시장경쟁력을 약화시키며, 기업의 투명한 실적공개를 어렵게 한다.

다음 선거에서의 심판을 기다리기에는

나는 정치개혁이 점진적으로 이뤄져야 한다고 믿고 있지만, 최근의 상황은 혁명적 전환이 불가피한 것으로 만들어지고 있는 듯하다. 시민들은 이번 사태의 진전을 지켜 보면서 대통령 측근비리 특검을 재의결하고 승리의 축배를 들었던 200여명의 국회의원들은 도대체 무슨 생각을 하는 사람들인지, 허탈하다 못해 분노하고 있다. 이 분노는 어디로 향할 것인가. 다음 총선에서의 심판을 운운하기에는 너무 상황이 심각하다. 5·6공 시절부터 국민들 위에 군림하면서 정치문화를 오염시킨 정치인들의 완전한 퇴출은 물론이고, 고비용 선거제도의 전환과 비리정치인들의 참호가 되어버린 기성정당의 해체 등도 이미 가시권에 들어오고 있다.

경향신문 2003.12.11 시론

다시 광복절을 맞으며

다시 광복절이다. 우리의 8·15는 해방과 독립, 그리고 분단이라는 세가지 서로 다른 의미를 동시에 상징하는 날이어서 항상 광복절을 기념하는 방식은 정치적 입장에 따라 강조점이 조금씩 달랐다. 탈냉전시대 광복절은 대체로 분단상황을 염두에 두고 남북관계를 진전시키기 위한 의미있는 정부정책이 발표되곤 했지만, 지난 3년처럼 올해도 평화통일에 한발짝 더 다가가지 못하고 아까운 시간만 지나가고 있다고 느끼고 사람들이 많다.

광복절을 맞을 때마다 식민지배가 남긴 문제를 점검하는 의례성 논의도 제기되었다. 그러나 올해는 탈식민을 향한 또 한 걸음을 내딛기보다는 거꾸로 일본 자민당 의원들의 울릉도 방문 문제로 오히려 우리가 시달리는 형국이 만들어졌고, 아직도 그것이 남긴 파문이 가라앉지 않았다. 탈식민의 측면에서는 거꾸로 가고 있고, 탈냉전의 측면에서는 별다른 진전이 없는 가운데, 내년으로 다가온 총선과 대선을 둘러싼 정치인들의 샅바잡기가 요란스러운 것이 오늘의 현실이다.

우리의 광복절은 기본적으로는 1945년 광복을 기념하는 것이지만, 그에 못지않게 1948년의 대한민국 정부가 출범한 것을 기념하는 날이기도 하다. 한 때 뉴 라이트라고 불리는 사람들이 건국론을 제기하기도 했는데, 이것이 건국인지 정부수립인지를 둘러싸고 아직도 이에 관한 확실한 합의는 이루어지지 않았다. 1948년 8월 15일, 민주공화국으로서의 대한민국의 출발을 좀더 분석적으로 생각해보면, 이 사건은 한국이라는 국호, 공화주의와 민주주의라는 통치의 원리들이 서로 결합하여 만들어진 것이다.

근대 이후 우리의 국호는 조선, 한국, 그리고 코리아라는 영문명으로 불려왔다. 우리는 한국이라는 국호를 사용하는 반면, 북한은 조선이라는 이름을 사용하고 있다. 원래 대한민국이라는 국호는 광무개혁에서 탄생한 대한제국으로부터 기원했다. 그 직전, 1893년 시카고 박람회에서는 "대조선국"이라는 국호가 사용되었다. 비록 제국다운 제국은 아니었으나 한국이라는 명칭은 대한제국에서 역사적으로 탄생하였다. 그러나 일제는 한국을 식민지화하면서 다시 조선이라는 명칭으로 돌아갔다.

대한제국과 대한민국을 견주어 보면, 여기에는 제정으로부터 공화정으로의 변화가 개재되어 있고, 이 변화는 기본적으로 1919년 3.1운동과 이에 근거하여 성립한 대한민국 임시정부에 의해 마련된 것이라고 할 수 있다. 그런 점에서 3.1운동은 일종의 헌법제정권력의 출현이었고, 이 운동에 참여한 사람들은 근대민족국가 창출을 구상한 주체들이었다고 할 수 있다.

한국의 헌법제정권력은 이들과 함께 1948년 제헌의회 선거를 통해 출현했다고 할 수 있다. 한국의 헌법에는 주권이 국민에게 있고, 국민으로부터 나온다고 규정하고 있으나 이 때부터 1987년까지는 국민의 직접 보통선거권이 보장되기도 하고 실질적으로 박탈되기도 하는 불안정한 시기였다. 4월혁명, 5.18 광주민주화운동, 그리고 6월항쟁이라는 밑으로부터의 투쟁에 의해 비로소 확고한 것이 되었다고 보는 것이 옳은 듯하다. 그런 점에서 우리의 국가형성기를 약 40년간의 국면으로 설정하는 것이 옳은 것이 아닐까. 물론 앞으로 통일된 민족국가가 성취된다면 국가형성기는 2중적으로 규정될 가능성이 있다. 그렇다면 우리는 중기 국가형성기와 장기 국가형성기를 구분해야 될 것이다.

내년은 87년체제가 성립된 이후 약 24년만에 총선과 대선이 한 해에 치러지는 해이다. 내년을 계기로 일부에서는 87년체제의 한계를 극복한 새로운 한국, 즉 2012년 체제를 만들어야 한다는 주장을 제기한다. 이런 논의가 실제로 얼마나 중요한 의미를 갖게 될지는 아직 예측할 수 없으나, 만약 그런 혁신이 이루어진다면, 그것은 무엇보다도 '건전한 상식이 지배하는 정치공동체', '주변국들과 진실된 협력을 하면서 때때로 그게 아니라고 말할 수 있는 정부', '모든 시민에게 공정경쟁의 기회가 주어지는 사회'라는 세가지 조건이 충족되어야 할 것이다.

전남일보 2011.8.15. 전일시론

대중저항을 가볍게 여긴 대통령의 끝

부마민주항쟁과 대통령에 대한 기억

지금으로부터 40년 전, 그러니까 1979년 7월 1일, 카터 대통령은 한·미 정상회담을 마치고 공항으로 가는 차 안에서 박정희 대통령에게 남북 교차승인에 관한 의견을 물었고, 박 대통령은 이에 동의하였다고 한다. 정상회담에서 주한미군 철수나 긴급조치 9호 해제를 둘러싸고 설전을 벌인 것과는 달리, 이 문제에서는 두 정상의 의견이 일치했던 것이다.

  1979년은 미·중 수교와 이란혁명이라는 두 가지 세계사적 사건으로 시작된 해였다. 당시 한·미 간에는 안보문제와 인권문제를 둘러싸고 팽팽한 긴장이 흐르고 있었다. 카터 대통령은 미·중 수교에 따른 후속조치로 주한미군 철수와 남·북·미 3자 회담을 추진하고 있었으며, 이란혁명과 같은 사태가 한국에서 반복되지 않도록 정치 자유화를 강력히 주문하고 있었다.
  당시 한국사회에서는 강력한 검열 때문에 밖으로 표출되지는 않았지만, 유신체제에 대한 반감이 상당했다. 재야로 불렸던 급진 민주주의자들은 유신헌법 폐지와 대통령 하야를 요구하였고, 야당의 온건 민주주의자들은 긴급조치 9호와 양심수들의 석방을 요구하였는데, 카터 대통령과 미국의 고위 인사들도 기회 있을 때마다 인권 개선을 요구했다. 그러나 박 대통령은 끝까지 긴급조치 9호를 해제하지 않았다.
  주지하다시피, 한·미 정상회담이 끝난 후 넉달도 채 되지 않은 시점에서 박 대통령이 사망하는 사태가 발생했다. 9월에 접어들어 대학생들의 시위가 시작되고, 10월 초에 김영삼 신민당총재를 국회의원직에서 제명하자, 유신체제에 대한 잠재적인 불만은 집단적인 저항으로 변하기 시작하였다. 그것이 바로 부마민주항쟁이다. 부산과 마산에서 차례로 일어난 학생들의 저항은 시민들의 합세로 대규모 시위로 변했고, 박 대통령은 이를 계엄령과 위수령으로 막았다. 현장을 직접 목격한 김재규 중앙정보부장은 당시의 상황을 폭풍전야와 같다고 느꼈다. 미국의 정보보고서도 항쟁이 정치적 불만에 경제적 박탈감이 더해지고 있다고 기록하고 있었다. 만약 박 대통령이 그때 계엄령 대신 긴급조치 해제를 선택했더라면 어땠을까? 그의 불행은 자신의 자존심에 너무 집착했기 때문이었다.

돌이켜보면, 1979년은 한국전쟁으로 시작된 미·중 적대가 화해와 협력으로 전환되는 시점이었다. 그는 이런 시대적 변화를 충분히 읽지 못했고, 대중들의 불만과 저항을 가볍게 생각했다. 그 결과는 '대통령의 불행'이었다. 그의 후임 대통령들도 김영삼 대통령과 김대중 대통령을 제외하면, 이런 불행을 반복했고 오늘날까지도 지속되고 있다.

오래전에 그레고리 헨더슨은 한국정치를 소용돌이의 정치라고 표현했다. 우리는 이보다는 민주주의와 인권의 역동적 발전이라는 표현을 더 선호하지만, 그럼에도 불구하고 역동성 뒤에 잠재하고 있는 하나의 위험, 즉 관용의 문제를 좀 더 심각하게 생각해봐야 한다. 반복되는 대통령의 불행은 독선과 함께 상대방에 대한 관용이 거의 없었기 때문이다.

물론 한국의 정치를 규정하는 구조적 요인에는 미·중 관계가 자리한다. 적대적 국면에서 화해협력의 국면을 지나 치열한 경쟁의 국면에서 접어든 미·중 관계에서 가장 어려움을 겪는 나라가 한국이다. 정치군사적으로 미국에, 경제적으로 중국에 의존하는 구조가 불가능해지고 있다. 중대한 변화의 기로에서 한국의 시민사회는 머리를 맞대고 이런 난국을 어떻게 극복할 것인가를 토론해야 하는데, 배타적 불관용의 정치는 이런 기회를 국민들로부터 빼앗아가고 있다.

40년 만에 부마민주항쟁이 국가기념일이 되었다. 10·26과 1980년의 소용돌이 때문에 잊혔던 부마민주항쟁의 기억이 제자리를 찾고 있어서 다행이다. 다만 과거에 대한 기억이 집착으로 전락하지 않았으면 좋겠다.

아주경제 2019.9.19.

영화 〈남산의 부장들〉이 남긴 씁쓸함에 대하여

설날 연휴에 이병헌·이성민·곽도원·이희준 등이 열연한 우민호 감독의 영화 〈남산의 부장들〉을 보았다. 벌써 300만 명 관객을 돌파한 이 영화는 10·26 사건을 포함한 박정희 대통령 최후의 40일을 다루고 있다. 한데 당시 중앙정보부장 김재규와 경호실장 차지철의 권력투쟁을 다루고 있을 뿐 아니라 미스터리 김형욱 실종 사건을 포함하고 있어서 흥미롭다. 이 영화는 배우들의 뛰어난 연기뿐 아니라 2005년 개봉했던 임상수 감독의 '그때 그 사람들'보다 훨씬 더 정사에 가까운 대본에 바탕을 두고 있어서 정제되고 깔끔한 느낌을 준다. 하지만, 그럼에도 불구하고 많은 사람이 영화를 본 뒤 씁쓸해하는 듯하다.

이 씁쓸함의 정체는 무엇일까?
첫째, 이 영화는 10·26 사건의 직접적인 배경으로 신민당 김영삼 총재 문제와 부마민주항쟁에 대한 평가 및 대응 방식을 둘러싼 의견의 차이를 다루고 있다. 차지철은 계엄령과 공수부대 동원을 통한 강경 진압을 주장하였고 박정희는 이런 의견에 동조하였는데, 김재규는 이런 방식에 동의할 수 없었다. 그의 결심에 가장 큰 영향을 미친 것은 정치적 의견의 차이에 더한 심리적 분노였던 것으로 보인다. 경호실장의 월권과 자신에 대한 모욕에 대해 그는 분노하고 있었다. 그가 대통령에게 마지막으로 한 말은 "대국적으로 정치를 하라"는 것이었다.

　이 영화에서는 거사 직전에 김재규가 그의 부하들에게 그의 결심을 전달하는 장면이 있다. 그들은 김재규의 인격을 믿고 그의 명령에 따랐다고 알려져 있다. 하지만 그들의 대화를 보면 당시 경호실의 월권이나 대통령의 판단에 대한 불만을 공유하고 있는 상태였다. 그런 점에서 10·26 이전에 김재규의 민주주의에 대한 신념을 밝히거나 부하들과 공유하는 장면이 있었으면 하는 아쉬움이 있다. 부산이나 마산 시민들도 이 영화에서 부마민주항쟁이 좀 더 많이 그리고 자세히 다루어지기를 기대했을 것이다.

둘째, 이 영화에서 박정희 대통령은 그의 정치 철학보다는 사람을 다루는 기술을 더 잘 보여 주었다. "각하, 제가 어떻게 하길 원하십니까"라는 질문에 그는 항상 답을 말하지 않고 "임자 하고 싶은 대로 해. 임자 옆에 내가 있잖아"라고 말한다. 그를 따르던 최고위급 부하들은 그런 무한 신뢰의 언사 속에 토사구팽이라는 독이 들어 있다는 것을 잘 알고 있었다.

이 영화는 또한 대통령의 통치자금이 중앙정보부조차 잘 모르는 다른 인물이나 조직에 의해 관리되고 있었다는 것을 강력히 시사하고 있다. 이 영화가 보여 주듯이 유신체제의 골칫거리 중 하나가 미국 의회 청문회에서 박정희 체제를 정면으로 비판한 김형욱을 어떻게 처리할 것인가였다. 이 영화에서 김형욱은 파리 근교의 양계장에서 10·26이 일어나기 약 2~3주 전에 살해된 것으로 묘사되어 있는데, 그의 죽음에 관한 다른 주장들은 다루어지지 않았다. 김재규는 전임 정보부장 김형욱의 운명을 지켜보면서 자신도 이런 운명에 직면할 것이라는 불안감에 시달렸을 것이다.

김형욱이 정보부장으로 일하던 시기는 세계적 냉전과 함께 남북 간 체제 경쟁이 극심하게 진행되던 시기였다. 그와 관련된 재미있는 에피소드가 있다. 1966년 7월, 북한이 런던월드컵에서 이탈리아를 이기고 8강에 진출하자 정부 당국자들은 큰 충격을 받았다. 중앙정보부장 김형욱은 특별조사반을 구성하여 진상 조사를 벌이면서, 축구협회 지도자들과 상의하여 축구단을 직접 만들어 운영하기로 하였다. 음지에서 일하면서 양지를 지향한다는 슬로건을 따라 이름을 '양지'라고 정했다. 이제는 한국 축구의 전설이 된 선수들이 핵심 멤버였다. 1967년 봄부터 1970년까지 활동한 이 축구팀은 1968년에 만들어진 실미도 부대와 함께 김형욱의 주요 작품이었다. 그만큼 그는 저돌적이었지만, 토사구팽의 운명을 피할 순 없었다.

셋째, 이 영화에서는 10·26 사건과 김재규 거사의 중요한 배경으로 갈등이 심했던 한미 관계를 다룬다. 이 영화에서는 카터 대통령의 주한미군 철수나 남북 대화 제안을 둘러싼 문제, 특히 1979년 6월 말에 이루어진 한미 정상회담은 다루지 않는다. 대신 9월부터 심화된 정치적 위기에 관한 의견 교환, 특히 주한 미국 대사의 박정희 대통령에 대한 거부감을 통해 미국의 한국 정치의 민주화에 대한 희망과 압력이 전달되고 있다. 미국의 대한 정책은 한국 현대사를 다루는 영화가 늘 봉착하는 블랙홀이다. 국정원 과거사위원회에서도 이 문제를 시원하게 해결하지 못했다.

역사가 남긴 어두운 그림자

이 영화의 주인공 김재규는 1980년 광주 5·18이 한창이던 1980년 5월 24일 사형이 집행되었다. 그는 광주 시민들의 민주항쟁을 알고 갔을까? 이 영화는 한국현대사에서 아직도 밝혀지지 않은 많은 문제가 존재한다는 것을 보여 주고 있다. 굴곡진 한국현대사와 1960~70년대 경제 성장 및 권위주의 독재가 남긴 어두운 그림자가 이 영화가 주는 씁쓸함의 원천인 것을 깨닫기 위해서는 더 많은 시간이 필요하다.

다산포럼 **2020.01.28.**

벽오동 심은 뜻은

많은 분들이 음유시인이자 가수인 김도향을 좋아한다. 특히 그가 부른 '벽오동 심은 뜻은'이라는 노래를 잘 기억한다. 그의 노래는 경박하지 않고 우울하지도 않으면서 뛰어난 음악성과 함께 폐부를 찔러 오는 풍자가 압권이다. 삶의 철학이나 비판적인 상상력을 은밀하게 자극하고 있다. 이 노래는 원래 그가 투 코리안스라는 팀으로 활동할 때 발표되었는데, 1970년대 중반의 엄혹한 시절을 거치면서도 용케 살아남았고, 오늘날까지도 변함없이 사랑을 받고 있다.

이 노래의 가사는 1970년대의 산물이 아니라 조선 시대의 전통 시가에서 기원한 것이다. 많은 시인이나 묵객들이 자주 언급하였기 때문에 자연스럽게 벽오동 담론이 만들어졌는데, 여기에서 핵심은 봉황을 보고 싶은 욕망의 보편성, 즉 누구나 태평성대가 오기를 고대하는 것이었다. 이 노래가 발표되기 전인 1964년, '벽오동 심은 뜻은'이라는 제목의 영화가 최은희, 신영균 주연으로 만들어진 바가 있었다. 이 영화는 암행어사인 아버지와 의적이었던 아들간의 운명적 만남을 그리고 있는데, 당대 일급 배우들의 연기에도 불구하고, 벽오동 담론의 핵심을 꿰뚫지 못하여 큰 대중적 인기를 누리지 못한 듯하다.

용이나 호랑이가 아닌 봉황
벽오동은 오동과는 다른 종류의 나무이다. 오동은 빨리 자라고 가구나 악기를 만드는데 유용하기 때문에 자녀 혼사를 준비하기 위해 또는 동네 축제를 위해 심었던 나무이다. 벽오동은 이에 비해 실용적 쓸모는 뒤지지만 상징의 세계에서 좀 더 풍부한 상상력을 제공하는 나무이다. 누구나 오기를 고대하는 태평성대의 상징이 용이나 호랑이가 아닌 봉황인 것이 흥미롭다. 용의 상서로움이나 호랑이의 용맹과는 달리 봉황은 그 자체가 음양의 공존과 조화를 나타낸다. 용이나 호랑이는 혼자 있지만, 봉황은 늘 둘이 함께 있다. 봉황의 눈에는 살기나 없고 자비로움이 서려 있다. 부처님의 눈이다. 늘어뜨린 꼬리는 고귀한 품격을 보여준다. 봉황은 흥이 나면 노래를 부르고 날개와 꼬리로 상생의 춤을 춘다.

벽오동 담론이 주는 교훈은 현실이 언제나 그런 꿈이나 기대를 배반한다는 점을 깨우쳐준다는 점이다. 아무리 기다려도 오지 않는 봉황, 희망이 좌절로 바뀌는 상황에서 벽오동을 심은 주체가 취하는 태도는 자조적 체념이고, 그것의 상징은 허공에 걸린 명월이다. 병와가곡집에 나오는 이야기다. 이를 송강 정철은 한시 飜曲題霞堂碧梧로 번역하였고, 조선 후기의 서예가 마성린(馬聖麟)도 이를 한시로 번역했다.

이 시가의 다른 버전, 즉 이세보(李世輔)가 지은 박씨본(朴氏本)에는 봉황은 오지 않고 오작(烏鵲)만 날아드니 이들을 모두 날려 보내라는 표현이 있다. 자조적 체념보다는 좀더 적극적인 행위를 수반하고 있다. 두 가지 버전 모두 벽오동을 심은 주체는 엘리트 사족들이지만, 실제 현실에서는 행동양식이 서로 다른 그룹이 존재한다는 것을 보여준다. 김도향은 한발 더 나아가 차라리 하늘에 있는 뭇별들이 한꺼번에 쏟아져 내리기를 노래했다.

봉지와 죽실

봉황 전설이 있는 곳에는 어김없이 봉지가 있다. 이들이 날라와 목을 축이고 즐겁게 놀 수 있는 연못을 마련해주는 것이다. 이것은 우리의 선조들이 자연과 소통하는 방식을 보여준다. 그런데 이상하게도 봉지 옆에 죽전을 특별히 조성했다는 말은 들어보지 못했다. 전설의 새 봉황은 벽오동에 집을 짓고 대나무 열매를 먹고 산다. 따라서 봉황을 오게 하려면 벽오동만 심어서는 안되고 인근에 대나무 숲이 있어야 한다는 것은 당연한 이치인데 왜 그것은 누락되었을까?

    우리 국민들 대부분은 지난 대통령 선거에서 안녕과 번영을 위하여 벽오동을 심듯이 투표를 했다. 진실화해위원회에 진실 규명을 신청한 한국전쟁 유족들이나 인권침해의 피해생존자들은 더 간절한 마음으로 벽오동을 심었고 나아가 대나무 숲도 조성했다. 이들은 모두 전통적인 시가나 김도향의 노래와는 달리 꿈이 꼭 이루어지기를, 현실이 희망을 배반하지 않기를 바란다. 지금은 나무를 심고 가꾸는데 정성을 다해야 하는 계절이다.

다산포럼 2022.04.05.

2장
5.18 광주 민주화운동을 되새김

잠들수 없는 망월동/진정한 민주화로 5월항쟁 계승을

광주항쟁이 일어난 지 12년이 흘렀다. 5·18을 둘러싸고 처음 7년간은 억압과 강제 속에서, 그후 5년간은 요구와 타협 속에서 사회적 긴장이 관리되어 왔지만, 해마다 이루어지는 개미들의 5월 축제는 한국현대사를 끌어가는 역사적 기관차였다. 이제 직접적인 정치적 대결은 한고비를 넘긴 듯하다. 5·18과 관련한 청문회도 열리고 '광주민주화운동 관련자 보상 등에 관한 법률'도 제정되었다. 형식적이기는 하지만 책임자 문책도 전혀 없었다고는 말할 수 없다. 민주적 시민군의 진영에 있던 사람도 국회의원으로 활동하였고, 시의원으로도 당선되었다. 그럼에도 광주보상법에서 말한 '국민화합과 민주발전에 이바지한다'는 목적은 달성되지 않았으며, 여전히 5·18문제가 꺼지지 않은 불처럼 사회적·정치적 쟁점으로 남아 있다는 것은 단지 시대에 뒤떨어진 사람의 둔감한 느낌인가. 5월 영령들이 잠들어 있는 망월동묘지에 가면 지금도 볼 수 있는 광경이 하나 있다. 전임 대통령이 재직 시절에 인근 어떤 마을에 들렀다는 것을 기념하는 비가 주민들에 의해 옮겨져 깨진 채 망월동묘지를 찾는 참배객들의 발에 짓밟히고 있는 것이다. 그런 종류의 형벌은 죄많이 지은 사람이 지옥에나 가서 받는 형벌의 하나이리라. 참배객들은 전 국가원수 모독죄에 해당할 만한 일들을 일상적으로 행하는 셈이 되지만 6공의 보통대통령은 이들을 그런 이름의 죄로 다스리지 못했고, 그 기념비를 다시 일으켜 세우지도 못했다. 다만 '다행'스러운 것은 그가 전 대통령과 달리 자신의 기념비를 세우려 들지는 않았고 그럼으로써 재임중에 기념비가 깨지는 수모를 당하지는 않았다는 점이다.

　　광주문제를 본질적으로 해결하려고 하는 사람들에게는 이른바 5대

원칙이 있다. 진상규명, 책임자 처벌, 관련자 명예회복, 배상, 정신계승의 원칙이 그것이다. 이미 해결된 것 같은 이 문제들을 하나하나 뜯어보면, 이 중 어느 것도 적절하고 유효하게 해결된 게 없다는 것이 이들의 대답이다. 이들은 반대로 '광주보상법'을 제정함으로써 5·18문제는 대충 해결되었다고 생각하는 사람들에게 다음과 같은 질문을 던진다. "왜 1980년대의 두 대통령은 망월동묘지에 가지 않았는가? 아니 왜 가지 못했는가?"

6공화국이 들어서자마자 5·18의 진상규명을 위해 청문회가 열렸음은 국민 모두가 다 아는 바이다. 이를 통해 장막 속에 가려졌던 것들이 어느 정도 드러나기도 하였다. 그러나 실제 진상은 직접적으로는 증언자들의 뻔뻔함에 의해, 좀더 높은 수준에서는 청문회의 구조적 제약성을 통해 가려졌다. 증언자로 선정된 사람들이 진짜 증언해야 할 씨알이 굵은 몇몇 인사들의 주변에 있던 사람들이라는 지적이 그것을 말해준다. 그렇게 된 이유는 그 정국이 여소야대였지만, '여소야대의 장'인 국회는 우리 사회에서 부차적인 권력의 장일 뿐이기 때문이다. 5·18 당시 무자비한 진압군의 정치적 진영에 있던 사람들도 얼굴색 하나 바꾸지 않고 질의자로 참가한 청문회였다.

두번째 문제인 책임자 처벌에 관하여는 약간 애꿎은 구석이 없지 않은 인사가 총대를 멘 감이 있다는 말로 요약이 된다. 진상규명이 충분하지 않은 마당에 책임자 처벌을 위한 과녁이 어찌 정조준될 수 있겠는가. 우리가 알다시피 5공청산이라는 이름의 축제를 5공을 계승한 여당과 세 야당이 참여한 들쥐들의 축제라 한다면 작은 실례가 되겠지만, 그 축제는 광주문제에 실질적 책임을 가진 자들에게 법률적 면죄부를 제공하는 자리였다. 축제가 끝나자마자 여당은 두 야당을 끌어들여 3당합당을 하면서 '구국의 결단'으로 포장하였다. 또하나의 야당은 법안의 날치기통과를 내세움으로써 책임을 회피하려는 경향이 있지만, 야합의 빛깔을 띤 옷을 입고 축제에 참가한 것은 사실이었다. 속은 것은 일반 국민들도 마찬가지이므로 어느 정도 눈감아줄 마음도 없지 않으나 국민들보다 더 현명해야 할 정치적 지도자의 덕목 문제까지도 유야무야 덮이는 것은 아니다. 하여튼 국민들은 아직 광주문제의 책임자들에게 정치적 면죄부를 주지 않았으며, 역사적 면죄부는 더욱더 발행하지 않았다. 그럴 의사도 별로 없는 것으로 보인다.

소위 '폭도'들의 명예회복 문제나 배상 문제도 마찬가지다. 민주화운동이라는 이름으로 명예회복을 시켰지만, 5·18 참여자들의 부정적 이미지가 완전히 해소된 것 같지 않으며 여전히 그들을 폭도로 보도록 하는 기제가 현재의 정치문화 속에 살아 있다고 할 수 있다. 또한 원래의 요구인 배상이 보상으로 왜곡되었고, 엄격히 말하면 5·18의 주체도 흐릿해졌다.

광주문제를 본질적으로 해결하려고 하는 사람들에게는 위에서 언급한 원칙들 외에 실질적인 고민이 하나 있다. 5·18의 '지역화'이다. 정권담당자들은 민주화의 요구를 특정지역이나 특정집단의 요구로 왜곡하고 부분화시킴으로써 그것을 피해가려 한다. 이런 지역분할통제 정책은 1980년 5월 당시에도 그랬고 그 이후에도 줄곧 사용되었다. 이것은 정치적으로 반호남 정치연합으로 표현되면서 3당합당을 계기로 거의 완벽한 형태를 갖추게 되었다. 그러나 그것의 진리는 그것이 내포하고 있는 모순들로 인하여 해체되어갈 수 밖에 없다는 사실이다. 물론 우리 사회를 관통해온 지역 간 불균형발전이 산업경제나 정치권력구조 뿐만 아니라 지역주민들의 정치적 사고에서도 나타나고 민주화를 위한 역량도 지역적으로 차이가 있지만, 우리 국민들은 90년대의 정치를 한단계 끌어올릴 수 있는 역량을 충분히 갖추었다고 본다. 각 정당이 대통령후보 선출 문제로 시끄러운 이번 5월은, 5월정신의 진정한 계승은 민주화의 달성을 위한 단결뿐이라는 인식을 더욱 절실하게 한다.

한겨레신문 1992.05.21.

5.18묘지 성역화사업 유감

한보그룹 부도문제로 전국이 들끓고 있는 가운데 우리 지역에서는 5·18 망월동묘지 성역화사업이 마무리 단계로 접어들고 있다. 아직 5.18묘지의 국립묘지화와 5.18의 국가기념일 지정문제가 남아 있지만, 5.18묘역 관리를 위한 조례가 마련되고 있다.

그동안 가장 큰 쟁점은 신묘역에 안장될 사람들의 범위에 관한 것이었다. 지금까지 비공식적으로 알려진 바에 따르면, 신묘역의 안장범위는 첫째, '광주민주화운동 보상 등에 관한 법률'에 따라 보상받은 자 전원(3,433명), 둘째 '시국관련자' 32명 중 선별 심사에서 통과한 자, 셋째 사망 전 금고 이상의 실형을 받은 자 제외 등이다.

광주의 '민주화 성지'라는 이미지는 실로 망월동 묘지에 응축되어 있다. '망월동'은 투쟁 속에서 생겨나고 지켜졌으며, 역사적으로 미래에 열려 있는 동적인 공간이었다. 많은 사람들이 현재 진행되고 있는 사업을 성역화사업이라고 부르고 있지만, 정확하게 말하면 망월동은 이미 지난 민주화투쟁 과정 속에서 성역화되었고, 현재의 사업은 성역화의 제도화과정이라고 해야 옳다.

우리는 지난 십수년간의 5월운동의 전개과정에서 무척 많은 어려움을 겪었다. 가장 큰 어려움은 1980년대에는 정권에 의한 직접적 탄압이었고, 1990년대에는 5.18정신의 전국화를 가로 막는 지역주의였다. 그러나 현재 우리가 겪고 있는 어려움을 외부에 의한 것이라고만 치부할 수는 없다. 두가지 어려움이 지역 내부로부터 발생하였다. 하나는 사회심리학에서 말하면 '악대차(밴드 왜건) 효과'이고, 다른 하나는 '당사자주의'이다. 전자는 어렵고 힘든 상황에서는 눈치만 보거나 방관하다가 무엇인가 될 것 같으면 그 이익에 편승하기 위해 몰려드는 현상이고 후자는 굳이 말하지 않아도 다 알 수 있는 직접 관련자가 아닌 사람들을 배제하려는 현상이다. 이 두 가지 어려움을 극복하고 객관적으로 5.18을 자리매김하려면 역사적 균형감각이 필요하다.

첫 번째 쟁점과 관련하여 필자는 성역화 사업이 혹시나 그 반대인 '세속화'로 귀결되지는 않을지 우려하고 있다. 성지는 일차적으로 일상적이고 평범한 삶에 대비되는 죽음을 통해, 이차적으로 범상하고 세속적인 것으로부터 멀리 떨어진 고귀한 의식이나 행동을 통해 의미를 획득한다. 아무나 성지에 묻히고 아무나 성지에 드나들 수 있다면 그것은 성지로서의 의미를 상실하는 것이다. 우리는 5월운동 과정에서 늘 '죽은 자'에 대한 '산 자'의 부끄러움을 고백해야 했고, 그것을 바탕으로 하여 민주화투쟁에 매진할 수 있었다. 필자는 이번 안장범위에 관한 소식에 접하면서 비록 일부일지망정 자신도 모르게 균형감각을 상실하고 세속적 명예욕에 물들지 않았는지 우려하는 마음을 갖게 되었다.

5월운동은 1980년 당시의 시민적 저항과 그 이후 5.18의 진상을 밝히기 위하여 군부정권과 싸웠던 민주화투쟁으로 구성되어 있다. 양자 모두 5월운동의 핵심적 요소이다, 따라서 후자를 단순히 '시국관련자'로 분류하여 배제하는 것은 잘못이다. 망월동 묘역에 묻혀 있는 이들이야말로 망월동을 박제화되고 죽어 있는 공간이 아니라 역사와 함께 살아있는 공간으로 만든 주역들이다. 이 영령들의 상당수는 민주화투쟁에서 자신들을 희생했고, 수 차례의 장례투쟁을 통해 망월동을 전국적인, 나아가 세계적인 민주화의 상징공간으로 만들어낼 수 있게 한, 5.18의 진정한 후예들이었다.

생각해보라, 이들을 5.18묘지에서 배제할 때 오늘을 고민하고 내일을 향해 뛰는 사람들이 과연 5.18묘지를 찾을 것인가. 오로지 과거를 추억하는 사람들만이 이 묘역을 찾는 것은 아닐까. 5.18묘지는 4.19묘지와 달리 역사적으로 열려 있는 공간이었다. 끝으로 성역화사업을 통한 상징의 제도화는 상징의 체계적인 재생산이 가능해진다는 점과 함께 역사를 새롭게 만들어가는 힘의 약화를 가져온다는 모순을 지적해둘 필요가 있다.

광주매일 1997.2.5.

21세기 '5월'을 생각하며

5.18 묘역의 성역화가 마무리되는 이번 5월에는 우리가 어디에 와 있는가를 점검해보고 21세기의 5월은 어떻게 전개되어야할 것인가를 차분하게 짚어 볼 필요가 있다.

지금까지의 5.18의 위상은 정치지형과 5월운동이라는 두 가지 요인의 종속변수였다. 5.18에 관한 공식적 해석과 정부의 정책은 정치지형이 바뀔 때마다 조금씩 달라져 왔다. 1987년 6월항쟁과 대통령선거, 1990년의 3당합당, 1993년 문민정부의 출범, 그리고 1995년 두 정직대통형의 구속등이 5.18의 위상에 영향을 미친 정치적 변수였다. 이런 정치적 사건들은 5월운동의 활성화에 영향을 미쳤고, 반대로 영향을 받기도 했다.

사회운동이 활성화될수록 5.18이 현대사를 이끌어가는 힘은 증대했다. 우여곡절을 겪으면서도 5.18은 명예회복을 꾸준히 실현해왔는데, 그럴수록 역사를 만들어가는 힘은 약화되어간 것도 사실이다. 운동은 점차 기념으로 전환되었다. 이것은 5·18이 불가피하게 현실정치에서 역사적 영역으로 편입되는 것을 의미한다. 그렇지만, 이런 제도화의 추세가 꼭 정당한 방식으로 진행된 것은 아니다. 법정기념일 지정에도 불구하고 광주의 분위기가 가라앉아 있는 것은 이 문제가 정치세력간의 경쟁과 갈등의 영역에서 다루어져 왔다는 것, 그에 따라 5.18이 제기한 주요 문제 중의 하나인 지역간 불균등발전의 구조가 근본적으로 해소되지 않고 있으며, 지역 대중의 이익을 옹호하는 정권교체를 이루지 못했기 때문이다.

5.18이 법정기념일로 지정되었지만, 타지역 주민들이 과연 그에 걸맞는 역사인식과 정서를 가지고 있는가도 의문이다. 이런 맥락에서 광주시장이 전국 언론사에 5.18의 진상을 규명하는 프로그램을 방송해줄 것을

요청했는데, 이는 시의적절한 요청이었다. 경제의 불균등발전 못지 않게 정치의식의 불균등 발전 또한 중요한 해결과제이기 때문이다.

지역사회의 민주화, 그리고 민주화를 위한 전국적 연대에서 광주가 직면하고 있는 가장 큰 어려움은 사회운동산업의 비경쟁적 구조, 즉 일종의 내부시장이 존재한다는 점이다. 지역내에서는 시민운동단체와 5월운동단체들이 제대로 소통하지 못하고 특히 5월문제에서는 5월단체들이 거의 발언권을 독점하고 있는 현상이 지속되고 있다. 성역화사업의 진행과정에서는 지나친 향토중심주의가 드러나기도 했다. 국민들은 민주화 문제에서 광주가 지나치게 독점하려는 현상에 대해 비판적으로 바라보고 있다는 사실을 늘 염두에 두어야 한다.

기념사업의 추진과정에서 나타난 하나의 딜레마는 5월단체간의 의견이 다르고, 5월단체와 시민들의 의견이 상당히 달랐다는 점, 그리고 이를 합리적으로 조정할 수 있는 주체가 취약했고, 시민단체의 5월문제에 대한 발언 의지도 매우 약했다는 점이다. 이런 현상은 광주의 내부 민주화를 위한 필요성과 방향을 제시하고 있다. 이런 점에서 5월단체와 시민단체의 소통에 기초한 연대를 만들어내야 한다. 5월단체들은 자신들의 활동을 보다 보편적인 민주주의적 원리에 바탕하여 시민운동의 영역으로 들어 올 필요가 있다.

이런 과제 이외에 우리가 스스로 해결할 수 있는 매우 중요한 과제가 있다. 지금까지 5월운동을 통해 만들어낸 시민문화를 세계적인 자원으로 만들 수 있는 방안을 적극적으로 강구할 필요가 있다. 현재 광주는 매년 이루어지고 있는 5월행사와 격년으로 개최되는 비엔날레가 독자적으로 진행된다. 양자는 대립과 보완 사이에서 긴장을 겪어 왔다. 양자의 기본정신을 살리고 목표를 더 효율적으로 달성하려면 이들을 유기적으로 묶는 방안을 적극적으로 검토해야 할 것이다. 내실있는 역량 배양과 함께 그 표현은 좀더 집약적으로 이루어져야 할 것이다. 올해의 두 번째 비엔날레 행사가 끝난 후 이를 검토하는 기회가 있어야 한다. 개인적으로 2000년 5월에는 5.18 20주년 행사와 제3회 비엔날레가 같은 시기에 이루어졌으면 하는 바래이다. 20주년을 이끌어갈 보편적 가치를 모색할 필요가 있다.

광주매일 1997.5.8.

5월 '광주로의 초대'

이제 다시 오월이다. 우리 사회에서 한때 오월은 젊은이들의 축제가 이루어지는 계절의 여왕이었다. 그러나 언제부터인가 오월은 젊음을 만끽하고 칭송하는 계절이 아니라 슬픔과 고통, 회한의 계절이 되었다. 우리 사회가 이른바 5월 증후군을 앓게 된 것은 정확하게 20년 전, 그때 5월이 무참하게 짓밟히고, 하고 싶은 말과 행동이 권력에 의해 봉쇄당하고 나서부터였다. 지난 20년간 먼저 간 자들에 대한 죄스러움과 부끄러움을 느끼지 못했던 사람은 어쩌면 역사 밖에서 살았던 사람들이었으리라. 지난 20년은 한편으로는 한국 민주주의가 온갖 역경을 딛고 걸어온 승리의 시간이었지만, 다른 한편으로는 영화 '박하사탕'에서 보듯이 굴곡과 패배의 시간이기도 했다. 여기에서 보듯이 우리 사회는 학살, 고문, 투쟁, 지역갈등, IMF사태를 겪으면서 육체와 정신이 망가질 대로 망가진 사람들을 많이 만들어냈다. 주인공의 아름다운 사랑은 광주항쟁을 계기로 엇나가기 시작하여 결국 그를 죽음으로 몰아갔다. 순수함의 시원은 엄청난 비극이 일어나기 전인 1979년 가을로 설정되고 있다. 사실 1979년 가을의 순수함은 단지 개인적인 것이었지, 사회적 억압과 고통이 없는 시간은 아니었지만, 광주의 학살과 항쟁이 일어나기 전의 시간, 그것은 아무 때이건 한국의 30, 40대에겐 순진무구한 최초로 설정될 만하다.

처음으로 돌아가 아름다움과 순수함을 회복하고 싶은 욕망은 누구에게나 있으며, 그것이 바로 축제정신이다. 그것은 사람들로 하여금 일상에서 벗어나 자신을 성찰하게 하며, 삶을 위한 활력을 제공한다. 냉철하게 돌아보면 우리의 20세기는 축제다운 축제를 상실한 시대였다. 우리 땅을 남에게 빼앗기고 남북이 갈라진 마당에 무슨 신명이 나서 축제를 할 것인가. 또한 근대화라는 역사적 과제의 실현에 짓눌려 성찰과 여유를 상실했던 시대에 무슨 축제다운 축제가 가능했겠는가. 오히려 우리 사회에서 진정한 축제는 민주의 제단에 꽃다운 넋들을 바치고 이들에게 영원한 안식처를 주기 위한 장례투쟁 형태로 존재했다. 이 장례투쟁은 어둠의 축제였던 셈이다. 이제 우리 사회도 어둠의 축제가 아니라 밝음의 축제, 빛의 축제를 회복해야 할 상황이다. 밝음의 축제는 처음으로 돌아가 만나고 싶은 사람들을 만나고, 맺혔던 것을 하나하나 풀어내 새로운 것을 창조할 수 있는 힘을 얻는 것이다.

우리에게는 이념적 갈등이나 지역적 갈등으로 인해 억압되었던 것들을 함께 쏟아내고, 분단의 고통과 아픔을 녹여내 희망으로 연결시키는 사회적 장치가 필요하다. 그렇다면 이 밝음과 빛의 축제를 어디로부터 구할 것인가, 바로 이것이 21세기 한국사회가 고민해야 할 진정한 화두가 아닐까.

오월항쟁 20주년을 맞아 광주에서는 얄팍한 상혼이 묻어나는 축제가 아니라 역사를 만들어가고 아픈 자들과 고통을 함께 하는 빛과 생명의 축제를 기획하고 있다. 지역간 오해를 씻고, 이념의 멍에를 벗고, 죽음으로 이별한 사람들까지도 불러내 못다한 회포를 푸는 한 마당, 한국현대사를 내리눌렀던 제주의 아픔, 부산.마산의 함성, 광주의 횃불이 한데 어울릴 수 있는 자리, 국내적으로 뿐 아니라 동아시아 전체의 평화정착을 위한 시민들의 장이 필요하다는 인식에서이다.

과거의 식민주의 지배로부터 억압받았던 고통이나 전후 냉전질서 아래에서 자행되었던 국가폭력에 희생당했던 공통의 경험을 바탕으로 한 자리에 모여 서로를 위로하고 형제애를 나눌 수 있는 기회는 참 값진 것이 될 것이다. 과연 광주정신이 '천년의 빛'이 될지 모르지만, 80년 오월항쟁을 재현하고 평화 및 인권과 관련된 현재의 이슈들을 국내외적으로 제시할 20주년 행사의 전야제는 밝음의 축제로 나아가는 전기가 될 수 있을 것이다. 비록 모자란다 해도 그 정신은 우리가 사줄 만하다. 남도의 오월로 오시라.

경향신문 2000.5.2. 시론

역사왜곡 의원들 '5.18 성명'

지난 22일 '바른 통일과 튼튼한 안보를 생각하는 국회의원 모임'은 '광주 민주화 운동자만이 유공자인가'라는 성명서를 발표하였다. 이 성명서에 서명한 52명의 의원들은 국회에서 계류중인 '민주화유공자 예우법'이 국가의 기강을 뿌리부터 뒤흔드는 것이라고 규정하고 이 법의 제정에 반대했다. 이 성명서에 따르면, 이 법의 제정시도는 "김대중 대통령이 자기 지역 챙기기에 몰두하는 증거이며, '광주'만을 예우함으로써 결국 국민들을 편 가르고 분열시키려는 것"이라고 규정했다. 이들은 5·18 민주화운동을 특정지역만의 행위로, 이 법을 특정지역 주민을 위한 조치로 인식하고 있다.

정치인들이 자신의 정치적 입장을 발표하는 것은 자유이지만, 어떤 논리에 입각하여 시민들을 설득하는가는 정치문화의 발전에서 매우 중요한 문제이다. 어떤 형태이든 '유공자'들이 증가하면 국가의 재정 부담이 느는 것은 사실이고, 또 분단국가의 형성과정에서 발생한 '국가유공자'와 민주화과정에서 발생한 '민주유공자'를 어떻게 균형잡으면서 대우할 것인가는 참 어려운 문제이다. 그러나 이런 주장을 지역 선동적 방식으로 제기해서는 곤란하다. 우리 사회에는 정의나 인권에 관한 문제를 지역의 문제로 몰아가는 일종의 정치폭력에 의해 고통받고 있는 사람들이 너무 많다.

우리는 이 성명을 통해 여전히 1980년 당시의 '신군부'가 민주화를 요구하던 사람들에게 행했던 심리전 차원의 낙인찍기를 아직도 계속하는 사람들이 한국정치의 중심에 버젓이 살아있음을 확인하게 된다. 90년 당시 광주보상법을 날치기로 통과시키면서 돈으로 진실을 희석시키려 했던 사람들, 그리고 다시 10년 후 민주화운동에 대한 예우의 문제를 '국가안보'

의 논리로 호도하는 사람들, 이들은 모두 얼굴은 조금씩 달라도 결국 같은 사람들이라는 것도 안다. 그러나 진실로 중요한 것은 이들을 누가, 어떻게 비판하면서 한국정치문화를 개혁하고 화해를 달성할 수 있는가의 문제이다.

사실 김대중 대통령 취임 이후 '광주'는 끙끙 앓아왔다. 수십년간 누적된 불균형의 해소라는 과제와 현실적인 경제여건 사이에서 고뇌했다. 노골적인 지역선동을 일삼는 일부 보수적 언론과 수구적 정치인들의 황당한 지역폄하를 보면서도, 지역화합의 명분과 개혁을 위한 최소한의 정치적 안정 논리에 갇혀 꼼짝 못하고 있다. 또한 애정과 연민으로 인하여 정부 여당에 대한 비판을 '광주'가 제대로 수행하지 못함으로써 한국의 정치개혁이 더디게 된 것도 사실이다. 이 과정에서 우리는 제대로 된 정치비판은 항상 특정 정치집단의 지지기반인 지역에서 제시될 때만 의미가 있다는 사실을 배웠다. 지역균열이 구조화된 상황에서 첫째, 자신이 속한 지역을 기반으로 한 정당에 대한 비판은 지극히 어렵고, 둘째, 지역기반이 다른 정당에 대한 비판은 그것이 아무리 좋은 것이라하더라도 왜곡되어 들리기 쉽다. 한국정치에서 비판은 무엇을 비판하는가의 문제보다 누가 비판하는가가 더 중요한 문제가 된 지 오래다.

사회적 낙인에 의한 정신적 고통을 그러한 낙인찍기를 일상적으로 행하는 사람들은 이해할 수가 없다. 그 상처는 워낙 속 깊은 것이어서 어지간한 명예회복이나 화합조치에도 쉽게 지워지지 않는다. 화해가 아닌 대립과 갈등을 부추겨 이를 정치적 연명수단으로 삼는 사람들의 영향력을 차단하고 제대로 된 정치문화를 만들기 위해서는 타자에 대한 비판이 아닌 자기 비판이 절실하다. 특정 정당과 특정 지역의 보호-후원관계가 버려야 할 과거의 유산이라면, 지식인들의 정치적 비판은 지역간 유기적 분담체제 속에서 행해져야 할 필요가 있다. 이런 원칙은 지역간 화해에도 적용되고 남북간 민족적 화해에도 적용된다.

경향신문 2001.4.30. 정동칼럼

5.18 민주항쟁 30주년에 부쳐

30년전 오늘, 한국의 현대사는 새로 쓰여지기 시작하였다. 아무도 예측하지 못했던 엄청난 사건이 발생하고, 평소에는 전혀 경험하지 못했던 공동체적 질서가 펼쳐지고, 또 이루 말할 수 없는 비극적 방식으로 사태가 끝났을 때, 우리는 비로소 우리가 살고 있는 '민주공화국'이 무엇인지, 또한 '정의'가 무엇인지를 고뇌하기 시작하였다. 광주시민들은 도청에서 산화한 시민군들에게, 서울과 다른 지방에 살았던 양심적 시민들은 '광주'에 대해 커다란 채무감을 느끼게 되었고, 이를 바탕으로 하여 우리 사회는 민주주의를 향한 지난한 행진을 시작했다.

민주 향한 지난한 행진의 시작
'1980년 5.18'은 무엇보다도 1972년부터 1979년까지 지속된 유신체제의 운명과 연관짓지 않고는 그 의미를 이해할 수 없다. 유신체제란 대통령의 말과 행동이 곧 법인 정치체제였는데, 대통령이 사망한 상황에서 유신체제의 운명은, 낡은 껍데기를 걷어 내고 환골탈태의 새로운 정치공동체를 만들어갈 것인가, 아니면 낡은 정치체제의 틀을 그대로 유지하면서 권력자 개인의 교체로 나아갈 것인가의 갈림길에 있었다. 만약 유신체제의 종말이 좀더 대중적인 방식이었다면 1980년 광주의 비극은 없었을 지도 모른다. 1980년 '서울의 봄'이 다른 방식으로 꽃을 피웠다면 한국사회는 전혀 다른 민주화의 길을 갔을지도 모른다.

    유신헌법 철폐를 둘러싼 갈등과 투쟁은 지금 와서 생각하면 유신체제 속에서 자라난 사적 권력이 취약했던 시민권력을 일방적으로 짓밟고 또 다른 제헌권력으로 등장하는 과정이었다. 오늘날의 관점에서 보면, 너무

나 당연하고 상식적인 해답이 있었지만, 당시의 정치현실은 이를 허용하지 않았다. 정치군인들의 입장에서 보면 자유민주적 헌정질서로 돌아간다는 것은 자신들이 누리던 특권과 욕망을 버려야하는 것이었다. 당시 군부 내에서도 자유민주주의의 회복을 원하는 사람들이 있었으나 20년간 최고권력의 비호를 받으며 성장한 파워집단의 힘을 감당할 수 없었다.

광주시민들의 항쟁이 일단 실패로 돌아간 뒤에 온 정치투쟁은 '정의'를 둘러싸고 진행되었다. '광주의 진실'은 비록 그것이 우리의 지방 대도시의 한복판에서 대낮에 일어난 일들이었음에도 불구하고 철저한 언론 통제로 인하여 일반 국민들은 알지 못했다. '진실'을 밝히기 위한 투쟁은 불행하게도 수많은 젊은 생명들을 요구하였다.

지난 30년간, 광주의 영혼들은 세 번의 결정적인 시기에 자신들이 죽은 것이 아니라 시퍼렇게 살아 있음을 보여주었다. 한번은 1987년, 다른 한번은 1995년, 그리고 마지막은 2002년이었다. 1987년 6월, 넥타이부대라고 불리던 시민들이 주체가 된 민주항쟁이 한창일 때 전두환정부는 이를 무력으로 진압할 것인가를 놓고 고민했지만, '광주의 악몽' 때문에 이를 실현할 수 없었다. 김영삼정부가 광주를 역사의 심판에 맡기자고 제안했을 때, 시민들은 이를 거부하고 시민학살의 책임을 두 '전직 대통령'에게 물었다. 1997년과 2002년의 대통령 선거에서 민주정부가 수립될 수 있도록 하는 결정적인 힘의 원천은 광주의 희생으로부터 왔다.

지금도 미완의 공동체의 꿈

민주화가 이루어지고 심지어 민주주의가 공고하게 되었다고 말해진지 벌써 10년, 그러나 우리는 지금도 30년전의 진실을 다 알지 못한다. 서울의 봄 시기에 이루어진 서울역의 학생들의 대규모 시위의 전말, 광주의 실상을 제대로 보도하지 않았던 언론의 과오, 국민들에게 무한책임을 지고 있던 정치지도자들의 안이한 현실인식, 항쟁기간에 죽음을 맞이해야 했던 김재규 전 부장의 사형집행 등의 문제들은 그동안 '1980년 광주'에 가려 충분히 논의되지 못했다. 1980년의 진실은 광주와 서울, 그리고 또 다른 정치적 장소들을 종합적으로 고려할 수 있을 때 비로소 그 모습을 드러낼 수 있는 것이다.

    이와 함께 우리는 앞으로 한국민주주의의 발전 또는 성숙을 위한 에너지를 어디에서 구할 것인가라는 문제에 직면하고 있다. 최근 우리가 경험하는 현상들이 민주주의의 성숙이 아니라 후퇴라는 지적들이 너무 많은 상황에서, 그 불꺼진 열정들을 다시 끌어 모으기가 쉽지 않은 것으로 보인다. 모두가 합리성과 경쟁을 내세우면서 실은 조그마한 이익에 탐닉하는 '속물사회'가 되어 버린 현실에서, 과연 30년전의 역사를 위한 희생과 공동체의 꿈은 어떻게 우리에게 돌아올 것인가.

경향신문 2010.5.17. 시론

민주성지에서 인권도시로 – 광주인권헌장 선포에 부쳐

5월 21일, 해방광주가 이루어졌던 그 뜻 깊은 시민의 날에 광주인권헌장이 선포된다. 이 헌장은, 지난 1년간 많은 시민과 인권활동가, 전문가들이 모여 생각을 보태고 다듬어 우리가 앞으로 지향해야 할 도시의 모습을 구체화한 것으로, 우리의 역사적 경험과 세계의 보편적인 인권사상을 결합시킨 것이다. 이로써 광주는 말로만 이야기하던 인권이라는 화두를 실질적 도시정체성으로 바꾸어 제도화시킨 인권도시로 거듭나게 되었다. 인권헌장을 비롯하여 인권조례, 인권담당관, 인권지표 등을 모두 갖춘 도시는 세계적으로도 유례가 없을 정도로 특별한 것이다.

이 헌장은 전문에서 밝히고 있듯이, 동학농민혁명으로부터 5.18민주화운동에 이르기까지의 20세기 한국의 근대사 속에 흐르는 정의를 실현하기 위한 투쟁의 연장선에서 서 있으며, 1980년 이후 32년간 광주가 한국의 민주주의 역사에서 만들어낸 성과를 바탕으로 하고 있다. 이 헌장은 자유권과 사회권, 환경권, 문화권, 연대권과 같은 세계의 인권운동이 거둔 중요한 목록들을 망라하면서 도시에 대한 시민들의 권리와 책임을 5장 18절로 담아냄으로써, 5.18 정신을 내용과 형식 모두에서 새롭게 구현하였다고 할 수 있다.

돌이켜보면 이 헌장은 새로운 밀레니움을 맞으면서 광주가 2000년에 내걸었던 '천년의 빛'이라는 비전을 시민들의 일상으로 끌고 들어와 구체화한 것이라고 생각한다. 이 비전은 1980년 5월의 수많은 죽음과 함께 광주가 걸어온 고난의 길을 벗어나 새로운 희망을 노래했던 것이다. 이런 희망은 어두운 압제의 시절에 속세의 권력으로부터 버림받으면서 싹이 텄으며, 민주주의로의 이행에서 꽃을 피웠다. 이 도시는 민주주의를 위해 목숨을 바친 현장으로, 살아남은 자들이 순례를 통해 몸과 마음을 정화시키는, 그러나 '잡스러운' 사람은 출입할 수 없는 금기의 땅이었다. 또한 과거의 죽음이 그대로 죽어 있는 것이 아니라 미래를 열어가는 에너지를 생산해내는 살아있는 죽음의 도시였다. 1987년의 1단계 민주화, 그리고 1997년 2단계 민주화가 이루어질 때까지 광주는 그런 민주성지였다. 1997년, 수평적 정권교체가 이루어지고, 망월동의 '열사'들이 새롭게 마련된 묘지에서 영원한 안식에 들어갔을 때, 광주는 '성지'라는 무거운 짐을 내려두고 점차 세속적인 보통도시가 되어 갔다.

2000년이후 세속도시 광주는 '발전'을 위하여 문화를 필요로 했다. 문화도시를 넘어서 문화수도를 지향했다. 흥미롭게도 한국의 민주주의가 후퇴할 조짐을 보이는 순간부터 광주는 다시 잃어버린 옛날을 그리워하기 시작했다. 그러나 그것은 과거와 똑같은 얼굴이 아니라 세계적으로 주목받기 시작한 인권도시라는 이념이었다. 민주성지는 문화도시를 거쳐 세계적인 인권도시가 되기를 희망했다.

나는 광주인권헌장이 몇가지 중요한 특징을 가진다고 생각한다. 첫째 이 헌장은 지금까지 언급했듯이 광주의 역사적 체험에 바탕을 둔 역사적 선언이면서 세계를 향한 소통의 약속이다. 둘째, 이 헌장은 시민의 권리와 책임을 동시에 규정하고 있을 뿐 아니라 시민과 시정부, 그리고 시의회가 인권보장을 새롭게 계약하는 형식을 취하고 있다. 셋째, 이 헌장은 시민권을 가진 광주시민 뿐 아니라 광주에 살고 있는 모든 사람들이 인간다운 공동체의 주인으로 살아갈 권리를 가지고 있다고 천명하고 있다. 넷째, 이 헌장은 다른 인권헌장들과 마찬가지로 보편적 인권의 목록들을 포함하고 있을 뿐 아니라 매우 특별한 연대권을 설정하고 있다. "식민주의와 국가폭력에 의한 피해자의 인권회복"에 관심을 가져야 한다는 시민적 책무를 규정하고 있고, "한반도의 평화, 세계의 평화와 인권, 민주주의를 증진하기 위한 국내외적 연대"를 강조하고 있다.

그 해 5월, 시민들의 어깨 위에 투사회보가 흩날렸던 것처럼, 32년이 지난 오늘, 광주시민들의 가슴 속에 이 헌장이 삶의 좌표로 뜨겁게 자리잡기를, 이를 통해 한국사회가 누구나 인간적 존엄을 누리는 인권사회로 거듭나기를 기원한다.

전남일보 2012.05.21.

서유진과 5월운동

지금은 별로 사용하지 않는 단어가 되었지만, 한국 민주주의의 역사에는 '5월 운동'이라는 개념이 존재한다. 1980년 5월, 열흘간 광주와 전남 일원에서 진행된 시민들의 투쟁을 당시 신군부와 언론은 '광주사태'라고 불렀는데, 이에 대한 반대 개념은 '광주민중항쟁'이었다. 두 가지 모두 1980년 5월의 사건을 지칭한다. 그 시민항쟁이 철저한 탄압에 의해 막을 내린 후, 민주화를 염원했던 사람들은 해마다 5월이 오면 희생자들에 대한 추모와 함께 5·18 진상 규명을 요구하는 다양한 운동을 전개하였고, 그것이 결국 6월 항쟁을 이끌어 냈다. 제1차 민주주의 이행이 이루어진 1988년 4월에 이르러 5·18은 '광주민주화운동'이라고 지칭되었다.

그러나 5·18 진상 규명과 책임자 처벌을 중심으로 하는 시민들의 요구는 종식되지 않고 더 강력하게 전개되었다. 1994년 이른바 '광주 문제 해결 5원칙'이라는 한국형 민주주의 이행기 정의를 정립했고, 이에 기초하여 1995년 '광주특별법'이 만들어졌으며, 1997년 선거에 의한 수평적 정권교체가 이루어졌다. 이런 시민들의 민주주의를 향한 줄기찬 투쟁은 제2차 민주주의 이행과 2000년 6·15 남북정상회담을 만들어 낸 원동력이었다. 우리는 1981년부터 1997년까지, 또는 현재까지도 지속되는, 5월마다 주기적으로 반복되는 민주주의를 향한 집합적 노력을 '5월 운동'이라고 부른다. 5월 운동은 진실, 책임, 배상, 명예, 기억을 핵심적 가치로 하고 있다. 한데 1990년대 초반부터는 그 가치를 세계화하고 진실을 왜곡하는 것에 대한 투쟁이 중심을 이루게 되었다. 5·18관련 단체와 시민단체들이 주축이었다.

광주행

서유진은 1993년, 50대 초반의 나이로 광주에 왔고, 5·18의 세계화라는 과제를 짊어지고 다시 아시아로 나간 5월 운동의 핵심 실천가이다. 1970년대 초반, 젊은이였던 그는 미국으로 가서 유신 체제에 반대하는 민주화운동에 투신했다. 1992년 대통령 선거 즈음하여 고국으로 돌아왔으며, 5·18의 가치에 매료되어 광주를 찾았다. 남녀노소를 가리지 않고 친구가 되었으며, 광주를 고향 삼았다. 그는 '광주시민연대'와 홍콩 아시아인권위원회의 네트워크를 따라 1990년대 후반부터 동티모르, 캄보디아, 스리랑카, 미얀마, 라오스, 베트남 등지에서 젊은이들에게 광주의 5·18과 5월 운동의 경험을 알리고 아시아의 민주주의와 인권 향상을 위해 자신의 모든 것을 바쳤다. 내전과 가난, 그리고 희망이 그의 화두였다. 광주의 경험이 아시아 민주주의의 교과서라고 역설했다.

캄보디아에서의 이별

1999년 크리스마스에 프놈펜에서 활동하는 그를 찾았을 때, 하루 5달러짜리 허름한 숙소에서 샌드위치 하나로 살고 있었다. 내전이 남긴 상처를 보듬고 살았지만, 항상 유쾌했고 거침이 없었다. 작년 연말, 19년 만에 캄보디아에 있는 그를 다시 찾았을 때 남부의 조그만 어항, 켑에서 한 달 200달러짜리 단칸방에서 여생을 보내고 있었다. 자신의 연금 600달러로는 여기가 최적지라고 말했다. 중고 오토바이 한 대가 그의 전 재산이었다. 시간 날 때마다 그는 친구들을 걱정했고 광주를 그리워했다.

극도로 건강이 악화된 상태에서 그는 지난 4월 광주로 돌아와 몸을 추슬렀는데, DMZ에서 진행된 인간 띠 잇기 행사에 20만 명이 참여한 것을 무척 대견스럽게 생각했다. 그러나 엊그제, 5·18 전야제가 끝난 바로 그 시각에 그의 부음을 들었다. 일순간 숨이 멎었다. 가장 존경하고 또 좋아했던 선배, 항상 든든하면서도 '짠한' 마음이 들던 실천가는 그렇게 우리

곁을 떠났다.

지난 5월 5일, 그는 자신의 페이스북에 "인생은 미완성이라더니, 내가 졌다. 집으로 가자"라고 썼다. 광주의 지인들이 그의 건강을 염려하여 캄보디아로 돌아가는 것을 말렸고 가족이 있는 미국 볼티모어로 돌아갈 것을 권유하자 그것을 받아들인 것이다. 이튿날, 그는 다시 슈베르트의 미완성 교향곡과 1932년 태국의 미완성 혁명을 언급했다.

12일에는 다음과 같은 글을 남겼다. "어제 내 사랑 켑에서 살림살이를 완전 정리하고 오후에 프놈펜으로 이동, 캄보디아를 떠날 준비가 사실상 끝났다. 음…. 왜…? 뭔가 또 요상한 생각을 하는 것 같아서." 그는 광주와의 이별을 예감한 것이 틀림없다. 그렇게 자신이 사랑했던 것과의 이별을 고했다. 삼가 명복을 빈다.

다산포럼 **2019.5.21.**

낮은 연단 아래에서

5·18 민주화운동 40주년 기념식은 지금까지 우리가 지켜보았던 수많은 국가기념식 중에서 가장 극적인 요소가 많았던 행사였다. 기념식이 40년 만에 처음으로 계엄군 집단발포의 현장인 구 전남도청 앞 민주광장에서 열렸고, 일본의 여류화가 도미야마 다에코가 판화로 표현했던 희생자들의 넋이 전통과 현대가 결합된 예술적 형식 속에서 부활했으며, 대통령은 그해 5월 27일 새벽 공기를 비장하게 갈랐던 "우리를 잊지 말아 주세요"라는 외침에 기념사로 응답했다. 많은 시민들은 낮은 연단에서 이루어진 이 기념식을 보면서 눈시울을 붉혔으나 민주주의의 승리를 마음껏 노래할 수는 없었다. 왜 그럴까?

결연함보다는 고뇌가

한 달 전에 우리는 총선거를 통해 민의가 어디에 있다는 것을 확인했다. 이태원 클럽 문제로 약간 주춤하기는 했지만, 그래도 한국이 코로나19를 성공적으로 극복해가고 있는 것이 분명하다. 그럼에도 불구하고 마음이 편치 못하고 착잡한 것은 우리를 둘러싸고 있는 환경이 그만큼 녹록지 않기 때문이다. 대통령은 5·18의 진실을 완전히 밝히는 데 최선을 다해 돕겠다고 말했지만, 그의 입술은 부르터 있었다.

코로나19에 대한 경제 대책으로 대통령은 전 국민 고용보험제도의 도입과 새로운 뉴딜정책을 단호하게 언급했다. 그러나 누구도 코로나 이후의 상황에 대해 해답을 가지고 있지 않은 상황이다. 백색의 IT산업과 녹색의 바이오산업 사이에서 정답을 찾아야 하는데, 우리가 가끔 경험하듯이, 불확실하고 불투명한 미래에 대해 어느 한 가지 답을 마치 정답인 듯이 말하고 나면 자신도 모르게 정체를 알 수 없는 불안한 공허감에 시달리는 것이 인지상정이다. 지금은 미래를 고뇌하는 철학자의 모습이 필요하지 않을까. 이것이 현실을 진단하는 한 가지 가설이다.

이와는 다른 또 하나의 가설이 있을 수 있다. 이제 며칠이 지나면, 남북 경제협력과 교류를 차단했던 5·24 조치가 이루어진 지 10년이 된다. 좀더 멀리는 역사적인 6·15 남북공동선언이 이루어진 지 20주년이 된다. 2년 전의 4·27 판문점 회담과 9·19 평양 선언은 남북교류협력과 평화번영에 대한 희망의 청사진이었다. 그 감동이 너무 커서 현실이 따라가기 힘들 정도였다. 그러나 불과 2년 만에 남북관계는 꽉 막혔고, 출구가 잘 보이지 않는다. 북·미회담은 물론이고 작년 연말에 타결되었어야 할 주한 미군 방위비 분담금 협상이 지지부진하다. 4월 초에 실무진의 합의로 타결될 뻔했지만, 잘 알려진 대로 트럼프 대통령이 이를 거부함으로써 원점으로 돌아갔다. 이 대목에서 "평화는 돈 주고 사는 거야"라는 경구가 떠오르지만, 트럼프 대통령의 진의가 '돈 문제'일지 '발목 잡아두기'일지 심중을 헤아려야 한다.

남북관계의 돌파구를 찾아

돌이켜보면, 남북경제교류와 협력은 1988년 서울올림픽을 앞두고 이루어진 노태우 대통령의 '민족 자존과 통일 번영을 위한 대통령 특별선언'에 의해 물꼬가 터졌다. 1989년부터 우리의 경제인들이 작은 규모로 북한과 교역하기 시작했다. 1992년 위탁가공, 1995년 대북 투자, 1998년 정주영 회장의 소떼 방북과 금강산 관광, 2003년 개성공단으로 남북관계는 착실히 발전했다. 그러나 2010년 천안함 피격에 따른 5·24 조치는 이런 진전된 상황을 일시에 동결시켰고, 1,100여 개의 기업이 타격을 받았다. 북핵문제가 이를 더욱 꽁꽁 얼어붙게 했지만, 대북 경협에 나섰던 경제인들은 '곧 다시 열리겠지'라는 희망 고문에 지쳐가면서 5·24 조치를 제2의 38선이라고 부르기 시작했다.

　2018년 10월, 강경화 외교부장관은 5·24 조치 해제를 시사했다. 그러나 트럼프 대통령이 이에 강하게 반발했고, 우리 정부는 더 이상 움직이지 못했다. 북한은 하노이 북·미회담이 실패로 돌아간 후 토라질 대로 토라졌다. 그 후에도 약간의 여지를 남겨둔 듯했지만, 얼마 후에 우리 정부에 대한 희망을 접은 듯하다. 북한이 제대로 세계가 돌아가는 것을 잘 모르는 것일 수도 있고, 우리가 결단을 하지 못한 탓일 수도 있다. 차라리 작년 2월 하노이 회담을 앞둔 시기가 기회였을지도 모른다. 분명한 것은 북한에 대해 가하는 제재의 효과가 코로나 국면에 의해 가려져 버렸다는 사실이다. 많은 사람들이 얽혀버린 남북관계의 실타래를 풀기 위해서는 일차적으로 5·24 조치를 해제할 필요가 있다고 생각한다. 역사의 비극이지만, 동북아시아의 불완전한 주권국가들에 필요한 것은 용기라는 덕목이다.

아주경제 2020.5.20.

3장
전쟁유산과 화해로 가는 길

북한 기아상태와 한국정치

북한의 식량사정이 악화일로를 걷고 있는 모양이다. 최근 북한을 탈출한 사람이나 여행을 다녀 온 사람들의 말에 따르면, 이제 북한주민들은 단순히 식량난을 겪고 있는 것이 아니라 '기아상태'에 놓여 있다고 한다. 얼마나 많은 사람이 사망했는지 알 수 없다. 심지어 김정일도 식량난 때문에 북한이 무정부상태로 변하고 있다고 시인했다.

우리 사회에서는 보릿고개가 없어진 지 30년 가까이 되었기 때문에 주변에 굶고 있는 사람이 별로 없다. 젊은 층은 그렇다치고 옛날에 굶기를 밥 먹듯이하던 세대들도 굶음의 고통은 아득한 옛 일이 되어 버렸다. 그렇기 때문에 우리는 북한의 식량난을 제대로 이해하거나 실감하기 어렵고 북한주민들이 기아상태에 놓여 있다는 소식에도 상당히 냉담한 것이 사실이다.

우리에게는 북한의 식량사정이 얼마나 어려운지 제대로 알 수 있는 정보채널이 없고, 또 우리가 쌀을 주더라도 혹시 주민들 기아구제용이 아니라 군량미로 소비되는 것은 아닌지 의구심이 있다. 이런 의구심은 북한 당국이 그동안 보여준 행태와 우리 정부가 그간 해온 대북정책의 합작품이라고 할 수 있다. 그동안 우리 정부는 한편으로는 남북정상회담을 추진한다고 하면서 다른 한편으로는 대북 봉쇄정책을 계속해왔고 이를 뒷받침하기 위해 여러 부정적 정보를 공급하였다. 최근 황장엽 망명과 함께 남한에 친북세력이 매우 많다는 말이 퍼지고 있는 상황에서 누가 쉽게 북한에 쌀을 지원해야 한다는 말을 쉽게 할 수 있겠는가. 엊그제 대북 쌀 지원에 대한 규제가 약간 풀리기는 했지만, 대규모 지원은 4자회담 개최를 전제로 한다는 정책을 고수하고 있어서 북한의 기아상태는 쉽게 해결될 것 같지 않다.

주체농법의 맹점

왜 북한은 그토록 혹독한 식량난을 겪고 있는가? 1995년과 96년의 대홍수가 큰 타격을 준 것은 틀림없는 사실로 보인다. 이 피해는 100년 만의 피해라고 일컬을 정도로 북한 농경지의 절반이 피해를 입었다. 그러나 자연재해보다 더 큰 원인이 있다. 북한의 농업은 이른바 주체농법이라고 부르는 방식으로 운영된다. 전체 국토의 80%가 산지이기 때문에 농경지가 부족하다. 북한 정권은 이를 극복하기 위해 산을 밀고 다락밭을 만들어 곡물을 생산하는 정책을 강요했다. 농경지를 최대한 활용하기 위해 밀식재배를 선호했다. 그러나 이런 방식은 홍수에 매우 취약한 구조를 만들어냈다.

북한의 농업생산성은 남한에 비해 상당히 낮다. 1989년 남한의 농업생산력은 북한의 1.3배였는데, 1996년에는 1.6배로 격차가 심화되었다. 더구나 최근의 농업개혁은 개별화된 영농을 확대하지 않고 오히려 국영체제를 강화하는 방향으로 나아갔다. 북한의 중공업주의가 가져온 결과도 고려할 필요가 있다. 장기간의 분단체제와 경제봉쇄로 인해 잠재적인 농업 노동력이 군사부문에 오랫동안 묶여 있으며, 농업부문에 대한 투자가 충분히 확대되기 어렵다.

이런 요인들이 북한의 식량난을 설명해준다. 요컨대 북한의 식량난은 구조적 요인과 상황적 요인이 결합되어 나타난 것이다. 따라서 쉽게 개선되기 어렵다. 얼마전 북한의 식량 총수요량이 784만톤인데 비해 1996년 생산량은 250만톤이어서 534만톤이 부족한 실정이라고 발표했다. 전문가들은 외부로부터 식량지원을 받기 위해 과장한 것이라는 평가를 하기도 하였지만, 엄청나게 부족한 것은 사실이다. 최소수준으로 식량난을 해소하려면 우선 100만톤의 지원이 시급하다고 한다.

식량지원과 인도주의

북한체제는 모든 주민들의 삶을 균등화하는 것을 특징으로 한다. 문제는 잉여를 균등하게 하는 것이 아니라 배고픔을 균등하게 한다는 데 있다. 기아상태가 지속되면 성장기에 있는 세대 전체가 발육부진 상태가 빠지는 사태가 될 것이다. 긍극적 책임은 북한 당국에게 돌아가야 하지만, 그것과는 별도로 북한의 기아문제와 관련된 우리의 대북정책이 작은 정치에 이용되지 않고 큰 정치의 영역에서 다루어지기를 기대해본다. 우리가 우리도 모르는 사이에 동족을 굶겨죽인 잔인한 세대였다는 말을 들어서야 되었는가.

광주매일 1997.4.2.

패러디의 사회학

추석을 전후해 며칠간 한국방송 사상 처음으로 백두산과 한라산, 서울을 잇는 3원 생방송이 이뤄졌다. 이때의 장면 한토막. 기자가 백두산 천지를 지키는 북한 감시원에게 물었다.

"천지에 괴물이 있다는 소문이 있었는데 사실입니까?". 이에 대해 그는 '씩씩하게' 대답했다. "위대한 장군님의 교시에 따라 조사를 해본 결과 곰이 천지를 건넌 적이 있었는데 이것이 오해를 불러 왔는지 모릅니다. 천지에는 괴물이 없습니다"

지난 광복절에 이뤄진 남북이산가족 상봉에서도 서울에 온 한 북한 인사가 이렇게 말한 적이 있었다. "나는 젊었을 때부터 지금까지 김일성주의자입니다". 이 말은 그대로 텔레비전에 생방송되었다. "위대한 장군님"이나 "김일성주의자"임을 공개적으로 거론하거나 고백하는, 또는 고백해야 하는 장면을 보면서 우리 시민들은 어떤 생각을 했을까. 어떤 시민들은 그런 말들을 왜 방송에서 그냥 내보내느냐고 투덜거리거나 전화를 걸어 항의했을 것이고, 어떤 시민들은 남북화해를 해야 하는 마당에 못들은 척, 쓴 웃음을 지으며 그냥 흘려 보냈을 것이다. 또 어떤 시민들은 남북화해 앞에 놓여 있는 엄중한 현실을 실감했을 수도 있다.

올해 초 일본에서 일본의 시민운동가들과 한국의 민주주의에 관해 토론을 한 적이 있었다. 한 일본인이 질문을 했다. "요즘 일본에서 많은 관객을 동원한 영화 '쉬리'에 대해 어떻게 생각합니까?". 영화 '쉬리'가 남북 분단체제에 편승한, 이념적으로 남북대결에 근거를 둔 '좋지 않은' 영화인데, 왜 한국에서 그렇게 많은 사람들이 관람했는가 의아스럽다는, 약간은 힐

난조의 질문임을 나는 알아차렸다. 무엇이라고 대답할까 망설이다가 '간첩 리철진'을 예로 들었다. 이 영화는 북한의 식량난을 배경으로 북한의 특수공작원이 슈퍼 돼지 종자를 구하기 위해 남파되었다는 가상적인 현실을 보여주는 일종의 패러디 물이다. 영화 속에서 그 특수 공작원은 한국의 소매치기들에게 권총과 그밖의 물건이 든 주머니를 소매치기당한다. 북한의 특수 공작원보다 한국의 소매치기가 더 민첩한 셈이다.

금기 깨뜨리기

영화 '쉬리'는 북한의 특수8군단과 한국의 정보기관간의 숨막히는 첩보전을 배경으로 한다. 거기에는 일방적인 승, 패자도 없다. 단지 영화 전편을 흐르는 팽팽한 긴장감과 그 속에서 숨을 거둔, 약간은 작위적인 사랑이 있다. 대부분의 시민들은 이 영화를 남북간의 대결로 보지 않고 하나의 게임으로 즐긴 것으로 보인다. 옛날 같으면 금기에 해당되는 것들이지만, 이제는 남북간의 관계를 배경으로 하여 '인간들의 이야기'가 영화로 많이 만들어지고 있다.

이번 추석 전후에 많은 사람들이 '공동경비구역 JSA'라는 영화를 보았다. 우리는 '판문점에서 일어난 일' 하면 도끼만행 사건이나 아직도 시원하게 풀리지 않은 김훈 중위 사건을 연상하게 되는데, 이 영화는 진실을 싸고 도는 거짓, 상부의 대치와 싸움 속에 진실은 공동경비구역안의 두 적이 친구였다는 것을 보여준다. 이 영화는 친구관계가 외부의 상층 권력에 의해 아직은 부정당하고 있고, 또한 겉으로 드러난 것은 과거이고 실제로 일어나고 있는 진실은 미래라는 것을 암시하고 있다. 극장을 가득 메운 관객 또한 젊은이들이 대부분이었다. 이들은 영화를 보는 중간중간에 자주 웃음을 터뜨렸다.

남북관계를 바라보는 시각의 변화

영화를 보는 방식은 주제와 관련된 현실세계의 맥락에 따라 달라진다. '쉬리' '간첩 리철진' '공동경비구역'으로 이어지는 남북관계 영화들을 바라보는 시민들의 시각은 현재의 실질적인 남북관계의 변화를 반영하고 있다. 분명히 시민들은 이제 남북한의 문제를 더 이상 대결의 틀에서 보지 않고 단지 인간들의 이야기로 보려고 하고, 영화에 내재되어 있는 긴장감, 스릴, 속도감을 즐기고 있다. 그러나 우리 주변에는 아직도 시대의 흐름과 동떨어져 분단체제적 사고에 젖어있는 과거의 정치적 실력자들이 많다. 종종 이들은 영화 속의 덜 떨어진 주인공들보다 더 웃기고, 인간적 관계가 무엇인가를 이해하지 못하는 영화 속의 상관들보다 더 높은 자리에 있던 사람들이다. 이번 추석에는 비도 많이 왔지만 환경오염으로 제비가 떠난 자리, 유난히도 잠자리가 많았다.

경향신문 2000.9.17. 정동칼럼

평양감사 불놀이

"아니, 평양에 이런 전통이 있었단 말인가. 그렇다면, 오늘날 평양에서 이루어지는 축제의 기원은…".

지금으로부터 10여년 전에 나는 그림 한 점을 보고 충격을 받았다. 단원 김홍도의 낙관이 들어있는 '평양감사 불놀이'였다. 원래 이 그림은 18세기 후반의 평안도 관찰사 겸 평양감사의 부임 축하행사를 그린 것으로, 부벽루와 연광정에서 벌어진 낮의 축하연과 대동강에서 벌어진 밤의 축하행사 장면 등 세 점으로 이루어졌다. 이 그림에 따르면, 평양부내의 모든 가옥이 연등을 밝히고 대동강변에 성인, 아이 할 것없이 모두 횃불을 들고 나와 축하행사를 진행했다. 강물 위에는 꽃불을 띄우고, 배 위에서 축하연을 하면서, 민·관·군이 함께 즐겼다. 장관이었다.

평양 축제의 역사적 기원

평양에서 열린 노동당 창건 기념일 축하 행사를 참관하러 갔던 인사들이 엊그제 돌아왔다. 이들이 북한에 체류하는 동안, 미국 대통령의 북한방문 계획과 북·미공동선언, 김대중 대통령 노벨상 수상까지 굵직굵직한 사건들이 줄을 이어 숨가쁘게 진행되었지만, 나는 아직도 그 평양행사를 곰곰이 생각하고 있다. 하나는 축제학적 관심에서이고, 다른 하나는 정치사회학적 관심에서이다. 이 행사는 북한에서도 오랜만에 이루어진 대형축제로, 군대의 열병과 시민들의 퍼레이드가 한데 어울렸으며, 무려 1백만명의 평양시민이 참가했다고 한다.

이번 북한의 축제를 보면서 이런 형식이 어디서 기원했는가가 더욱 궁금해졌는데, 가설적으로 사회주의 축제형식, 식민지적 유산, 평양 고유의 축제전통 등, 세 가지 요소와의 관계를 떠올려보았다. 사회주의권에서 축제의 기본틀은 러시아혁명과 함께 창출되어 사회주의 전체에 퍼져나갔다. 이것은 대형 사진과 도시 전체를 무대로 하는 퍼레이드, 그리고 스스로 참여하면서 전체를 바라보고 일체화된다는 개념이 핵심이다. 혁명축제의 힘을 알고 있었던 초창기 러시아혁명축제 기획자들은 프랑스혁명축제를 많이 연구했다. 대규모 시민참가와 붉은 꽃술로부터 우러나는 아우라는 평양 전통의 햇불축제적 요소와 가깝다. 대형 꽃수레는 어디로부터 왔는지 모호하다. 근대 일본에서 꽃전차는 1904년 러·일전쟁의 와중에서 전승기념으로 최초로 사용했고, 이것이 효시가 되어 '제국'의 축제에 줄곧 등장하여 식민지 한국에 알려졌다. 이번 노동당 창건 기념행사를 앞두고 북한측에서 초청한 인사들의 방북 허용문제로 논쟁이 있었다. 이 행사가 정치집회인가, 축제인가로부터 시작하여 방문의 성격이 축하인가, 관람인가가 쟁점이었다.

한반도에서의 냉전체제 종식과 남북화해라는 큰 틀을 보지 못하는 사람들은 이들이 이 행사에 참가하는 것을 노동당 창건을 축하하는 것이며, 북한의 통일전선전술에 말려드는 것이라고 주장했다. 이 주장은 행사의 내용과 진행방식과 미국 대통령의 북한방문 소식이 알려지면서, 공허한 목소리로 떨어졌다. 그러나 새삼 우리 앞에 놓인 시대적 과제인 민족화해는 참 어려운 것을 느낀다. 머리가 굳어진 세대와 머리는 따라가는데 몸은 따라가지 못하는 세대가 바로 '우리'의 일부를 구성하고 있기 때문이다. 50년 이상 우리의 몸속에 각인되어 있는 파시즘적 세계관, 불신, 경계, 정치환원주의적 세계관이 쉽게 사라질 리 없다.

집단체조를 이해하는 방식

우리는 좀 더 넉넉하게 생각해야 한다. 남북 정상회담 이후 한반도정세는 한반도를 넘어서서 세계적 초점이 되고 있으며, 속도를 늦추자는 속도

조절론이 무색해질 정도로 급변하고 있다. 북한이 당면하고 있는 주민단합의 문제를 이해하는 것을 넘어서서, 이들이 축적해온 문화적 역량을 평화정착과 통일의 과정에서 어떻게 활용할 것인가의 관점에서 바라본다면, '지상 최대의 집체 쇼'를 바라보는 관점 또한 바뀌지 않을 수 없다. 어쩌면 우리는 그것을 위협적인 정치집회라기보다는 보존되어야 할 민족적 문화자원의 하나로 바라보기 시작했는지도 모른다.

경향신문 2000.10.17. 정동칼럼

정치권이 버려야할 유산

이번 성탄절에는 수많은 허물을 덮어주려는 듯 흰눈이 내렸다. 한 시인이 노래했듯이 이제 "저문 강에 삽을 씻고" 지난 한 해를 돌아보며, 다시 다가오는 한 해를 설계해야 할 시점이다. 비록 연말의 분위기는 낮게 가라앉아 있지만, 그래도 올해 2000년은 우리에게 과연 무엇이었을까를 생각해보지 않을 수 없다.

2000년은 우리 민족사에서 어떻게 기록될 것인가.
밭에는 배추들이 그대로 얼고, 강제 합병에 반대하는 노조원들의 목소리에 묻혀 아득한 기억같이 느껴지지만, 그래도 역시 올해의 가장 중요한 사건은 반년전의 남북정상회담이었다. 두 정상의 웃음에 뒤이어 남북이산가족들의 회한의 울음이 있었다. 이들의 만남은 가족사적 의미를 넘어서 민족사적 고통을 덜어내는 해원의 만남이었다. 이와 함께 30년이상 감옥에 갇혀있던 세계 최장기수들의 북한 귀환이 이루어졌고, 노벨 평화상이 한반도로 왔다. 그리고 남북 경제 협력의 실마리가 마련되었다. 분명 올해는 분단체제 55년의 역사에서 커다란 전환점이었다.

지구상에서 마지막으로 남아있던 20세기의 유물 냉전체제가 한반도에서 명백히 해체의 길로 접어들었다. 그러나 분단체제의 완전한 해체에는 첫째 주변 강대국들의 협조, 둘째 해체를 주도하는 경제적 뒷받침, 셋째 당사자들의 정치적 합의가 결정적 변수이다. 민족사적 전환은 희망으로 점점 커지지 않고, 불안의 그림자에 싸여 몽롱해지는 느낌은 이 세가지 변수에 변화가 오고 있기 때문이다.

미국의 정권교체에 따른 대북정책의 전환 가능성은 그렇다치더라도 한국경제의 동향이나 2년 뒤로 다가선 한국의 대통령 선거 등이 역사적 전환을 지체시킬 가능성이 도사리고 있다. 높은 산에 올라 '구조조정'이라고 크게 외치면, 아름답지 않은 메아리, '노동자 해고'로 돌아오는 냉엄한 현실에서 분단체제의 해소는 순조롭게 진행되기 어렵다. 또한 현 정치권의 정치적 성과로부터 반사이익을 얻어내야 하는 야당의 속성상, 이들의 전폭적 지지도 쉽지 않다.

야당 일부에서는 이미 2년만 기다리면 정권은 우리 것이라는 환상에 젖어 행동하는 것이 역력하다. 이 때문에 국민의 정부는 무엇인가 쫓기고 있다는 느낌을 국민들에게 주고 있다. 레임덕에 대한 불안을 넘어서서 정권상실에 대한 두려움이 역력하다. 그러나 생각해보라. 50년간 지속된 분단체제와 30년 이상 누적된 권위주의와 지역균열의 폐해가 어찌 하루 아침에 해결될 수 있겠는가. 김대중 대통령은 임기동안에 통일의 초석만을 놓겠다고 공언했지만, 실제로는 임기 내에 무엇인가를 보여주려는 욕심이 강한 듯하다. 지역주의의 성급한 봉합에 매달리다보니 너무 빨리 "무처벌" "무책임"의 사회로 진입시켰다.

정부 여당은 레임덕 방지나 정권창출 등의 문제를 이제 털어버릴 때가 되었다. 자신들에게 맡겨진 역사적 책무만을 생각할 필요가 있다. 국민들에게 그리고 자라나는 젊은 세대들에게 희망을 보여줄 필요가 있다. 희망을 상실한 사회, 그것은 현실적으로 압제와 폭력이 횡행하는 사회보다 더 깜깜한 것이다. 현실정치권의 힘보다는 미래의 희망을 심는 것이 더 중요하다는 것, 그것은 지난 30년간의 한국 민주주의를 위한 투쟁의 교훈이었다.

누가 보더라도 2000년은 분단체제의 유산들을 정리하고, 보다 합리적이고 유연한 사회체제를 만들어가기 위해 머리를 맞댔어야 하는 해였다. 미래에 대해 희망을 가지며, 진실로 창조적인 사회를 어떻게 만들 것인가. 이제 남은 마지막 한 주, 저기 해남 땅끝에 있는 미황사에라도 내려가 흩어지는 눈발 사이 부도밭이라도 거닐며, 한 해의 의미를 다시 새겨볼 일이다.

경향신문 2000.12.27.정동칼럼

화해 그리고 양심의 문제

"37년 만에 조국에 돌아와 처음으로 하는 우리 말 강연입니다." 엊그제 민주화운동기념사업회와 학술단체협의회가 공동으로 주최한 심포지엄에서 송두율 교수의 강연 첫마디는 이렇게 시작되었다. 그가 말한 37년은 우리의 역사적 기억 속에서 상상해야 하는 일제 36년보다 더 긴 시간이었다. 그는 또한 우리 말로 강연하게 된 것을 감개무량하게 생각하는 듯 했다. 나라가 망해 조국을 떠났다가 광복된 조국에 다시 돌아온 사람의 시간감각을 우리가 쉽사리 이해할 수 없듯이, 항상 자신의 말로 말하는 사람들은 늘 외국어로 말해야 하는 사람의 가슴 깊이 쌓이는 스트레스와 부담감을 이해하기 어렵다. 그에게 조국은 추방된 것이나 진배없는 사람의 고통의 시간으로부터의 해방, 그리고 모국어로의 귀환을 의미했음에 틀림없다.

송 교수는 원래 계획된 '한국의 민주화운동-과연 성공적이었는가'라는 기조 발제 대신, '통일의 철학'이라는 마무리 강연을 하였다. 토론의 최종 마무리는 민주화된 사회라는 이미지와는 어딘지 잘 들어맞지 않는, 그래서 약간 어색한 느낌을 주는 만세삼창으로 끝났다. 그것은 "대한민국 만세, 민족통일 만세, 민주주의 만세"였다.

한국의 민주주의는 지금 어디쯤 와 있는가. '한국민주화운동의 쟁점과 전망'을 주제로 내건 이번 심포지엄은 발표된 논문 내용보다는 송 교수의 발표여부 문제로 야기된 형식과 절차의 혼란 속에서 시민들의 관심이 어디에 있는지 확인함으로써, 그리고 헝클어진 질서를 다시 잡아가는 열정과 지혜의 과정을 통해 주제의 의미를 십분 깨닫게 하는 의외의 성과가 있었다.

지금 우리가 겪고 있는 송 교수 문제는 분단체제와 민주화운동의 관계에서 이념적·법적 문제 이외에 양심의 문제를 제기하고 있는 듯이 보인다. 그의 노동당 입당사실이 밝혀지고 정치국 후보위원 의혹마저 사실로 드러나면서 엄청난 충격을 주고 있지만, 그렇다고 해서 곧바로 모든 시민들이 그의 법적 처벌을 당연하게 받아들이지 않는 것은 그동안 변화한 남북간 힘의 차이에 대한 인식, 또는 남북화해의 과정과 방법에 대한 고민 때문일 것이다. 우리 사회가 최근 경제적 어려움을 겪고 있다고 하지만 그것을 견딜 역량에 대한 자신감 또한 널리 퍼져 있는 것이다. 이를 감안하지 않는 정치적 주장은 단지 낡은 이데올로기 공세로 간주되는 듯하다.

그렇다고 해서 송 교수를 바라보는 관점이 전혀 바뀌지 않은 것은 아니다. 무조건 학문과 사상의 자유를 내세워 그를 옹호할 수만도 없다. 오히려, 그를 사랑하는 사람들이 정말 아쉽게 생각하는 것은 노동당 입당사실이나 정치국 후보위원 여부가 아니라 왜 그런 사실을 미리 고백하지 않았는가에 있다. 오랜 격리에서 오는 무뎌진 현실감각 때문이었을까, 그는 한국의 실정법을 잘 몰랐다는 말을 하였지만, 당국은 그의 해명서에도 불구하고 보다 공개적인 방식으로 국민에 대한 사과를 요구하고 있는 듯이 보인다. 게오르그의 25시가 보여주는 것처럼 어색한 고향의 세계에서 양심을 고백한다는 것 자체가 또 하나의 고통일 것임에 틀림없다.

그러나 양심의 문제는 송 교수의 문제를 넘어서 우리의 통일 과정에서 불가피하게 제기되는 화해의 문제를 풀어갈 핵심요소이다. 남북의 시민들이 얽히고 설킨 오해와 불신, 원한을 풀어가려면, 법과 제도가 아니라 관용과 양심에 호소할 수밖에 없다. 민주주의가 심화될수록 양심의 문제가 중요해지며 동시에 관용의 수준이 높아진다. 사람이 사람답게 사는 세상은 상생의 정신 하에 양심원리가 권력원리나 이익원리에 우선하는 사회이다.

송 교수는 이번 강연에서 통일은 '미래의 고향'이라고 말했다. 그 또한 양심의 원리가 지배하는 세상을 꿈꾸고 있을 것이다. 나는 이번 사건을 계기로 하여 우리 민족 구성원 모두가 자신의 양심의 세계에서 자유를 누릴 수 있기를 진심으로 희구한다.

한국일보 2003.10.2. 아침을 열며

DMZ와 접경지 관광, 체감할만한 매력 만들기

지난 주말에 학생들과 함께 철원의 접경지역을 답사하였다. 대마리에 있는 백마고지전적지와 양지리의 DMZ 철새평화타운, 생창리의 생태평화공원을 방문하여 마을의 역사와 함께 주민들이 느끼는 애로사항을 듣고, 평화생태관광의 가능성과 한계를 파악하기 위한 것이었다. 이 마을들은 1968년부터 1972년 사이에 만들어진 '재건촌'이다. 바로 옆에는 1973년 조성된 '통일촌', 유곡리가 있다. 이들은 민간인통제구역에 있는 황무지를 개척하여 식량생산과 안보에 활용하기 위해 의도적으로 조성했기 때문에 전략촌이라고 부른다.

철원은 한탄강이 보여주는 것처럼, 독특한 지질환경을 가지고 있을 뿐 아니라 6·25전쟁에서 가장 치열한 전투가 벌어진 전장이었다. 또한 '수복지구'이고, 최전방이자 민간인통제구역이 넓은 범위를 차지하고 있다. 이곳은 군사화가 되었고, 동시에 전쟁폐허가 그대로 방치되었다. 그러나 새로 입주한 주민들의 헌신적인 노력으로 황무지는 최고 품질의 쌀을 생산하는 농경지로 변화하였고, 청정 환경과 풍부한 먹이 때문에 겨울철에는 세계적 희귀조인 두루미와 재두루미를 비롯한 각종 철새가 찾아오는 장소가 되었다.

안보관광에서 평화관광으로

이곳이 '볼 거리'가 많은 관광의 장소로 변하는 계기가 된 것은 1975년에 발견된 땅굴 때문이었다. 철원군은 이 땅굴과 1977년 국민관광지로 지정된 고석정을 함께 묶어서 국민안보관광지로 만들려고 했다. 상당한 시간이 소요되었지만, 1985년에 건립된 철의 삼각 전적관은 이런 노력의 결정체였다. 비무장지대와 가까운 곳에 1988년에 세워진 철의 삼각 전망대는 안보관광이 만들어낸 또 하나의 산물이었다. 이 전망대에서 바라보는 풍경은 남북을 가로지르는 철책과 비무장지대뿐 아니라 경계를 넘어 보이는 북한의 모습이었다. 정부는 이 전망대에서 분단현실을 직시하고 안보의식을 가다듬을 것을 주문했다. 이 지역의 생태환경은 안보관광을 통해 의미 있는 냉전경관이 되었고, 잔해로 남아 있던 '노동당사'도 북한의 폭력을 증거하는 것으로 해석되어 중요한 구경거리에 포함되었다.

  1998년 시작된 금강산관광, 2000년의 남북정상회담은 비무장지대나 접경지역의 냉전경관을 바라보는 시각을 조금씩 변화시켰다. 민간인 출입금지로 인해 만들어진 생태적 환경이 중요한 가치를 지닌 것으로 재해석되고, 또 평화라는 용어가 이를 바라보는 틀로 사용되기 시작했다. 1984년 고성의 통일전망대와 2006년 강화의 평화전망대, 2007년 철원의 평화전망대를 비교하면 이를 쉽게 이해할 수 있다. 프레임에 변화가 오는 데 20년이 걸린 셈이다. 흥미롭게도 평화를 내세우는 경향은 2008년 이후에도 유지되었다. 녹색성장을 내세운 이명박 정부는 생태평화공원을, 통일대박론을 내세운 박근혜 정부는 세계평화공원을 비무장지대나 접경지역에 만들려고 노력했다.

냉전경관에 대한 새로운 시각

문재인 정부가 핵심정책으로 내세운 것이 H자로 형상화되는 한반도 신경제지도이다. 그것은 남북으로 연결되는 환동해 벨트와 환황해 벨트, 그리고 비무장지대를 따라 형성되는 새로운 경제벨트를 발전시키는 것이다. 이런 구상을 뒷받침하고 있는 개념이 평화경제이다. 문제는 이런 아이디어나 개념이 추상적이고 모호하여 주민들에게 잘 다가오지 않는다는 것이다. 평화경제는 전략촌 주민들이 겪었던 토지분쟁이나 지뢰피해 문제를 완전히 해결해줄 것인가? 비무장지대를 따라 형성되는 경제벨트가 과연

이 지역의 냉전경관의 평화적 활용을 담보할 수 있을 것인가?

생태평화공원이 문을 열었고, 또 올해 '평화의 길'들이 열리게 되어 접경에 대한 접근성은 매우 좋아졌다. 그러나 이곳에서 이루어지는 냉전경관에 대한 설명방식이나 시선은 크게 달라지지 않았다. 작년에 군사합의에 의해 해체된 감시초소의 모습도 촬영할 수는 없다. 66년간 누적된 냉전의 관행을 깨트리기가 쉽지 않지만, 정부가 상징적으로 보여주는 것과 주민들이나 관광객들이 실제로 체감하는 것 사이의 괴리가 클수록 그 정책은 실패하기 쉽다는 것은 자명하다.

아주경제 2019.07.12.

광복절에 다시 생각하는 '보훈'의 과제들

이번 광복절은 유난히 뜨거웠다. 아베 총리의 한국에 대한 수출규제 조치로 시작된 경제전쟁뿐 아니라 밀정 문제나 일본의 식민지 지배 책임을 부인하는 서적에 대한 논란이 분위기를 달구었기 때문이다. 이런 열기는 광복절 행사를 15년 만에 독립기념관에서 개최하도록 하였고, 일본에 대하여 동아시아의 평화 번영을 위해 함께하자는 문재인 대통령의 경축사를 무게있게 만들었다. 과거의 역사가 미래 세대에게 잊혀져서도 안 되지만, 지나친 부담으로 작용해서도 안 된다는 원칙은 국내 정치뿐 아니라 국제 정치에서도 관철되어야 한다.

광복절이 돌아올 때마다 느끼는 것이지만, 한국인들에게는 과거 역사에 대한 진솔한 성찰이 부족한 국가와 이웃하고 있다는 운명론적 불행감이 있다. 그러나 최근에는 주권의 상실과 일제의 압제, 분단과 전쟁, 절대 빈곤, 군부 독재와 인권 유린의 어두운 그림자를 극복하고 100년 만에 나라다운 나라로 발전한 것에 대한 자부심이 커지고 있는 것도 사실이다.

20세기 한국사는 나라의 주권을 되찾고, 어렵게 세운 나라를 지키고, 나라다운 나라를 만들기 위해 투쟁한 역사라고 할 수 있다. 우리에게 남겨진 과제는 이런 고통과 극복의 경험을 실질적인 역사적 교훈으로 만들고, 그 과정에서 희생된 분들에 대한 예우를 정성껏 그리고 균형있게 하는 방안을 합의하는 것이다. 이것이 우리의 보훈정책을 관통하는 핵심적인 문제이다.

한국의 보훈정책은 1949년 10월, 당시의 사회부 후생국을 사회국으로 개편하면서 군사원호과를 설치한 것에서부터 시작되었다. 한국전쟁과 함께 발생한 엄청난 전사자와 부상자에 대한 적절한 처우는 당시의 빈약한 정부재정으로는 불가능했고, 독립유공자에 대한 예우는 엄두도 내지 못했다. 1961년 5·16 군사쿠데타 직후 군사원호청이 설치되었고, 1962년 4월 원호처로 개편되었는데, 이의 주 업무는 상이군인에 대한 치료와 원호, 전몰군경 유족의 원호였다. '순국선열과 애국지사'에 대한 예우는 1967년 '독립유공자사업기금법' 제정과 함께 겨우 시작되었다.

'원호'가 '보훈'이라는 용어로 바뀐 것은 1985년 국가보훈처 발족이 계기가 되었지만, 보훈의 개념과 범위에 관한 논의는 충분하였다고 할 수 없다. 원호의 중심이 나라를 지키는 '호국'에 있었다면, 보훈의 중심은 좀 더 넓은 맥락에서 나라를 나라답게 만드는 과정에 기여한 사람들에 대한 종합적이고 균형 잡힌 예우에 기초해야 했는데, 냉전적 이념갈등은 이를 저해하는 근본적 원인이었다. 민주공화국의 원리에 충실한 보훈 정책은 한국사회의 민주주의로의 이행과 탈냉전·탈식민이라는 이행기 정의의 실현 이후에 가능한 것이었다.

보훈의 혁신

새로운 시대에 맞는 보훈이란 무엇인가? 이에 응답하기 위한 진지한 토론은 2017년 문재인 정부에 들어와서 시작되었다고 할 수 있다. 최초로 군 출신이기는 하지만 여성이 보훈처장으로 부임하였고, 보훈 업무의 혁신을 위한 위원회가 구성되어 여러 가지 방안을 검토하였다. 이의 중심에는 △호국 중심으로부터 독립과 민주를 균형 있게 아우르는 방안 △보훈단체들을 국민으로부터 존경받는 단체로 탈바꿈시키는 방안이 놓여졌다. 물론 그 과정에서 독립유공자의 범위에 북한 정권에 참여한 인사를 제외시키는 문제나 보훈단체의 각종 이권이나 특혜를 축소하는 문제 등 많은 논란도 있었지만, 짧은 시간에 상당한 성과를 거두었다고 평가할 수 있다.

그러나 보훈 업무의 혁신은 이제 시작이다. 독립유공자의 경우, 의열 중심에서 벗어나 좀 더 폭넓게 민족의 역량을 보존하거나 인권을 지키는 투쟁까지도 포괄해야 하고, 국민으로부터 존경받는 보훈단체를 만드는 것도 지난하지만 지속되어야 할 과제이다. 우리나라에 수많은 대학 연구소들이 있지만, 식민주의의 문제를 포함하여 보훈의 문제를 본격적으로 다루는 연구소 하나 없다는 것도 큰 문제라고 할 수 있다. 보훈처장의 교체에도 불구하고 보훈업무의 혁신에 관한 논의와 구체적인 개혁이 지속되기를 바란다.

아주경제 2019.8.15.

김정은의 연말 게임

최근 들어 북한의 행보가 심상치 않다. 지난 10월 5일, 스웨덴 스톡홀름에서 열린 북·미 실무협상 결렬 직후, 북한은 미국이 "새로운 계산법을 가져오지 않고 구태의연한 입장과 태도를 버리지 못한 것"을 강력히 비난했다. 그로부터 열흘 후인 15일, 북한은 평양에서 열린 카타르월드컵 아시아지역 2차 예선 남북 축구경기를 '무관중·비중계' 경기로 만들어버렸다. 해외에서는 이를 보고 "세상에서 가장 이상한 축구 더비"라고 보도했지만, 우리의 혼란은 더 컸다.

 그 다음날 김정은 국무위원장은 백마를 타고 백두산에 오르는 사진을 공개하였다. 그는 '자기 객관화'를 하지 못하는 지도자라는 촌평을 받으면서도 세계의 이목을 끌어오는 데는 성공하였다. 이것이 '미국을 향한 메시지'일까, 북한 주민들에 대한 정치적 선전일까, 우리에 대한 관광홍보일까를 둘러싸고 의견이 분분했다. 마침 북한을 '극장국가'로 규정한 연구를 읽고 토론하면서 필자가 학생들에게 '텅빈 축구장'과 '백마 탄 지도자' 중 어떤 것이 더 충격적인 이미지인가를 질문하였을 때, 대부분의 학생들은 후자에 손을 들었다.

 그로부터 일주일이 지난 23일, 김 위원장은 금강산 관광지구에 나타나 거친 말투로 과거에 사용했던 시설들을 정리할 것을 주문했는데, 묘하게도 남한 당국과 합의할 것, 그리고 "남녘 동포들이 오겠다면 언제든지 환영할 것"이라는 단서를 달았다. 다시 한번 그의 속마음이 무엇인가를 헤아리라는 메시지를 보낸 것이다.

 24일부터는 북한의 고위 당국자들이 '연말 시한'을 강조하기 시작하였다. "미국이 어떻게 이번 연말을 지혜롭게 넘기는가를 보고 싶다"는 김계관 외무성 고문의 담화에 이어, 27일에는 김영철 아태평화위원장이 "미국이 자기 대통령과 우리 국무위원회 위원장과의 개인적 친분관계를 내세워 시간끌기를 하면서 이 해 말을 무난히 넘겨보려고 생각한다면 그것은 어리석은 망상"이라고 밝혔다. 29일에는 최룡해 최고인민회의 상임위원장이 나섰다. 북한의 조선중앙통신에 따르면, 그는 "조선반도 정세가 긴장완화의 기류를 타고 공고한 평화로 이어지는가 아니면 일촉즉발의 위기로 되돌아가는가 하는 중대한 기로에 놓여 있다"고 말했다. 그는 미국에 대해 대북 적대시 정책을 철회하라고 요구하면서 동시에 우리 정부에 대해서도 "민족의 공동이익" 앞에서 "자기의 책임을 다할 것"을 요구하였다.

얼핏 보면 어색하고 투박하며, 때로는 초조한 것처럼 보이는 북한의 메시지들을 어떻게 해석해야 하는가? 많은 전문가들은 북한이 상당히 일관성과 진정성을 가지고 현 상황을 대하고 있다고 해석한다. 더 이상 북한을 궁지로 몰면 그들의 속성상 가고 싶지 않은 길을 갈 수밖에 없는 상황이 올 수도 있다고 우려하고 있다. 심지어 로버트 갈루치 전 국무부 북핵 특사도 북한의 거듭되는 '연말 시한' 언급을 심각하게 받아들여야 한다고 말했다.

김 위원장의 입장에서 보면, 남북 정상회담과 북·미 정상회담을 통하여 문제해결을 할 수 있다는 기대를 잔뜩 높여 놓았는데, 실제로 얻은 것은 없다. 현재의 북한 내부의 사정도 만만치 않은 것으로 보인다. 식량문제도 그렇고, 유엔제재 때문에 해외에 나가 있는 북한 노동자들도 올해 연말까지는 돌아가야 한다. 비록 단기 비자로 중국이나 러시아에 나와 있는 북한 노동자들이 일을 계속하고는 있지만 타격이 심하다. 그러나 큰 변화없이 유엔 제재가 지속되면 북한뿐 아니라 중국과 러시아의 불만도 커지게 되고, 제재효과가 사라질 수밖에 없다.

여기에 트럼프 대통령의 최근 발언들도 우리를 편하게 놓아주지 않는다. 주한미군 주둔비용뿐 아니라 전략자산의 전개비용까지 언급하고 있으며, 심지어 동맹을 내세워 미군의 해외활동에 한국군도 함께해야 한다는 압박카드를 흘리고 있다. 한·미동맹의 성격이 바뀌고 있는 것이다.

어떻게 할 것인가? 결국 초점은 금강산관광과 한·미 연합군사훈련 문제로 모아진다. 지난 30일 금강산관광 재개 범강원도민운동본부는 전국 규모의 관광객을 모집해 금강산 개별관광을 신청하겠다고 밝혔다. 이에 호응하는 움직임이 커지고 있다. 다른 한편으로는 북·미가 비핵화 협상을 진행하는 동안 한·미 연합훈련을 중단할 수 있는 결단이 필요하다는 의견이 힘을 얻고 있다. 정부의 현명한 선택이 필요하다. 결단의 시기를 놓치면 더 큰 어려움이 다가오는 법이다.

아주경제 2019.10.31.

엄마 품 동산에서

코로나 사태로 아직도 우리 사회가 어수선하지만, 그래도 해야 할 일은 해야 한다는 마음에서 파주에 있는 '엄마 품 동산'을 찾았다. 이 작은 공원은 재작년 9월에 파주시가 조성한 것으로, 해외 입양인의 고향 만들기 프로젝트의 산물이다. 미군 기지였던 캠프 하우즈 안에 위치하고 있는 이 공원에는 '조개'를 모티브로 한 상징조형물과 재미 작가 김원숙씨의 기증작품 'Shadow child', 그리고 오래된 '모자'상 등 세 가지가 설치되어 있다.

    이 공원은 원래 20만여명에 이르는 해외 입양인들의 자긍심을 높여주고, 한국을 방문했을 때 따뜻한 모국의 정을 느낄 수 있도록 조성되었다. 공원의 가운데에 있는 상징조형물은 옛날 어머니들의 모시적삼을 본떠 만든 것으로 '엄마 품'을 느낄 수 있도록 하였다. 'Shadow child'는 한 아가씨가 서 있는 모습과 그녀의 그림자를 형상화했는데, 그림자에는 아기를 안고 있는 모습이 형상화되어 있어서 기지촌 여성의 삶을 표현한 것으로 짐작할 수 있다. 허름한 모자상은 저고리를 입고 있는 어머니가 아이를 안고 있는 모습으로, 원래 파주에 있던 한 산부인과 원장이 자신이 진료한 여성들의 낙태수술을 생각하면서 그들을 위로하기 위하여 만든 것인데, 여기에 옮겨 놓은 것이다. 아직은 이 조각품들 외에 다른 시설이 없어서 이곳을 찾는 사람도 거의 없지만, 이 공원은 우리가 가슴에 새길만한 이야기들을 담고 있다고 할 수 있다.

    사실 이 공원의 조성은 2018년 2월 기지촌 성매매에 대한 우리 정부 책임을 인정하는 취지의 서울고등법원 판결과 깊은 관련을 가진다. 기지촌 성매매에 종사했던 여성 120명은 2014년 그동안의 신체적·정신적 장애에 대한 위자료를 요구하는 소송을 냈다. 1심은 정부가 성매매업 종사를 강요하거나 촉진하기 위해 기지촌을 설치하지 않았기 때문에 불법행위가 아니라고 판단했지만, 2심은 정부가 성매매를 매개·방조했다고 보고 국가의 책임을 일부 인정했다. 이 판결이 최종적인 것은 아니지만, 한국의 여성 인권운동이 거둔 또 하나의 중요한 결실이었다고 할 수 있다.

최근에 파주시에서는 이 공원 조성의 취지를 살리기 위하여 캠프 하우즈 부지에 평화연구소와 트라우마센터를 설립하고 인근 부지는 새로운 주택단지로 개발할 계획을 세우고 있다. 캠프 하우즈는 휴전 직후부터 2005년까지 50여년간 사용되다가 지금은 폐쇄되어 있는데, 경기 북부지역인 파주·동두천·의정부 지역에는 이처럼 오랫동안 미군이 사용하다가 철수한 기지와 그 주변에 있던 기지촌들이 많이 남아 있다. 이들은 아직도 종식되지 않은 한반도 냉전과 분단이 남긴 일종의 '현재 진행형 유산'이라고 할 수 있는데, 이들을 어떻게 활용하고 또 어떻게 개발할 것인가가 중요한 정책과제가 된 지 오래다. 일부는 전면 재개발이 불가피하지만, 일부는 잘 보존하여 현대사를 증언하는 장소로 재구성해야 한다는 의견이 많다.

캠프 하우즈 부지에 일종의 평화생태공원을 조성하고 그 중심에 트라우마센터를 설립한다는 구상은 이런 의견에 바탕을 둔 좋은 아이디어라고 할 수 있다. 그것의 중심에는 기지촌 주민들에게 간접적으로 가해지고 있었던 스티그마를 불식시켜야 하고, 기지촌 여성들이 안고 있는 트라우마를 치유해야 하며, 해외 입양인들에게 자긍심을 느낄 수 있는 프로그램을 개발해야 한다는 복합적 과제가 가로놓여 있다. 이것이 의미있는 성과로 이어지기 위해서는 무엇보다도 직접적·간접적 이해 당사자들인 주민들과 기지촌 여성들, 그리고 해외 입양인들의 의견을 충분히 청취하고 수렴한 바탕 위에서 계획이 수립되어야 한다.

미국의 오 아리사 교수가 출간한 책 〈왜 그 아이들은 한국을 떠나지 않을 수 없었나〉를 보면, 우리가 미처 생각하지 못했던 해외 입양의 구조와 현대사의 단면들을 잘 이해할 수가 있는데, 기지촌의 역사나 기지촌 여성의 삶에 대한 연구도 이와 같은 수준으로 더 축적될 필요가 있다. 아직은 기지촌의 역사를 보여주는 자료가 충분히 수집되어 있지 않고, 트라우마 센터의 잠재적 고객들이 얼마나 되는지에 대한 조사연구가 이루어지지 않아 무엇인가를 빨리 성취해야 한다는 조바심 때문에 섣불리 공사 위주의 사업을 시작했다가는 낭패를 보기 십상이다. 아무튼 6·25전쟁 발발 70주년이 되는 올해에 파주시의 구상이 의미있는 성과로 이어지기를 기대하고 응원한다.

아주경제 2020.3.11.

평화를 위한 전쟁기억의 딜레마

1994년 10월 26일, 북한에서 탈출한 조창호 포병 소위는 자신의 군번 212966을 밝히면서 국방장관에게 복귀신고를 했다. 그리고 한달 뒤에 그는 국립묘지를 찾아 전사자로 처리돼 17년 동안 영현 봉안실 대리석에 새겨져 있던 자신의 위패를 손수 지웠다. 이로부터 다시 26년이 지난 올해, 성남 서울공항에서 열린 국군 유해 봉안식에서 한 노병의 복귀신고가 있었다. "이등중사 류영봉 외 147명은 2020년 6월 25일을 기하여 조국으로 복귀 명을 받았습니다. 이에 신고합니다. 충성!" 유해 복귀신고라는 형식이 좀 어색하지만, 가슴 뭉클한 순간이었다. 이들 대부분 1950년 12월, 장진호에서 미군과 함께 싸우다가 전사한 병사들로, 이들을 대신하여 복귀신고를 한 류영봉 이등중사는 미7사단 17연대 소속의 전우였다고 한다. 70년 전 이들의 생명을 앗아갔던 매서운 눈보라와 칼바람은 이들의 영혼을 위로하듯이 흩날리는 부슬비로 변해 있었다.

'영웅에게'

전쟁기억을 평화를 위한 디딤돌로 삼는다는 것은 말이 쉽지 그렇게 녹록한 일이 아니다. 사람마다 나라마다 전쟁경험이 다를 뿐 아니라 우리나라처럼 전쟁 기억이 북한의 본격적인 남침 개시일 중심으로 각인되어 있는 경우, 전쟁 기억은 안보 경각심과 전쟁 책임을 상기하도록 하는 효과가 크기 때문이다. 북한이나 중국은 6·25가 아닌 7·27을 기념하는데, 여기에 승전이라는 의미를 부여하고 있기 때문에 이들의 전쟁 기억은 평화와 거리가 더 멀다. 종전선언이나 평화협정이 이루어지지 않은 상황에서 평화 감수성 증진을 위해 전쟁 기억을 재구성하는 작업은 전쟁이 남겨 놓은 유산 중에서 가장 어려운 난제에 속한다.

올해 6·25전쟁 기념행사는 70주년이라는 점을 감안하여 특별히 국내외에 생존하고 있는 전쟁참전 노병들을 위한 행사로 기획되었다. 이들의 평균 연령이 90세라는 점을 감안한다면 올해가 마지막 초청 기회일 수도 있다는 점이 고려되었다. 그러나 코로나19의 세계적 대유행으로 인하여 해외의 노병들을 초청하기 어렵게 되었고, 이 때문에 계획을 수정하지 않을 수 없었다. 이들의 건강을 기원하는 의미에서 100만장의 마스크를 보냈는데, 이를 받은 해외의 노병들은 자신을 잊지 않고 찾아준 한국정부와 국민들에게 감사를 표했다.

이와 함께 6·25전쟁 70주년 행사가 국군유해 봉환과 미군 유해 송환의 의례로 채워졌다. 조국으로 귀환한 이들에게 '영웅'이라는 이름이 헌정되었다. 전쟁희생자들을 추모하고, 이들의 유해를 잘 모시는 것은 전쟁을 평화로 돌리는 과정에서 반드시 거쳐야 할 항목이다. 희생자들의 유해는 전쟁의 상처를 상징하며 다시는 전쟁의 참화가 반복되어서는 안 된다는 교훈을 상기하는 자극제이기 때문이다. 문제는 전쟁 희생자들이 병사들에게 국한되지 않는 데서 온다.

대통령은 이 자리에서 남북체제 경쟁은 오래전에 종식되었지만, 우리의 체제를 북한에 강요할 생각이 없고, 당분간 평화가 통일보다 더 중요하다고 말했다. 그리고 "세계사에서 가장 슬픈 전쟁을 끝내기 위한 노력에 북한도 담대하게 나서주길 바란다"고 말했다. 옳은 방향이지만, 체제 경쟁의 종식보다는 체제 경쟁이라는 틀 자체가 무의미해졌다고 말하는 편이 더 나았을 것이다.

아버지가 그리운 사람들

이튿날 '참전유공자와 함께하는 음악회'에서 가수 인순이가 "절실하게 그리워하는 한 사람 때문에 6월이 오면 마음이 흔들린다"고 고백하면서, '아버지'라는 노래를 불렀다. 인순이는 1950년대 중반에 한국에 근무했던 아버지를 그리워하면서 10년 전 미국 카네기홀에서 열린 한국전쟁 참전용사 초청 공연에서 이 노래를 불렀다. 사실, 한국전쟁과 이후의 냉전은 '아버지가 그리운 사람들'을 무척 많이 만들어냈다. 전쟁에서 목숨을 잃은 사람들은 누군가의 귀한 아들이었고, 또 누군가의 사랑하는 남편이었으며, 또는 누군가의 소중한 아버지였다. 아버지가 실종된 시대는 그렇게 시작되었다. 인순이도 그중 한 사람이었다.

우리가 전쟁 기억을 평화를 위한 첫걸음으로 삼으려면, 생명의 소중함이 국경을 뛰어넘어 모든 인간들에게 적용된다는 사실을 보다 적극적으로 인정해야 한다. 목숨이 소중하기는 전투원이나 비전투원, 그리고 우리 병사뿐 아니라 적으로 싸웠던 병사들도 마찬가지이다. 그런 점에서 우리는 유럽에서 발전시킨 공동 추모의 문화를 참조할 필요가 있다. 이 과정에서 발생할 수 있는 과도한 감성의 정치를 자제할 수 있다면, 화살머리고지에서 시작된 공동 유해발굴을 한반도 전역으로 확대하는 방안도 좋은 대안이 될 수 있다.

아주경제 2020.6.28.

화해로 가는 길, 골령골에서

대전의 낭월동, 많은 사람들이 산내 골령골이라고 부르는 골짜기에도 단풍이 곱게 물들기 시작했다. 이곳은 6·25전쟁이 시작되자마자 발생했던 대전형무소 정치범 학살사건의 현장으로, 현재는 여러 사람이 뜻을 모은 유해발굴사업이 한창이다. 사건 발생 후 반세기 이상 묻혀 있었던 유해들의 일부를 2007년 '진실과 화해위원회'에서 발굴한 적이 있었는데, 이번의 발굴은 역사의 꼬인 매듭을 풀고 비탄과 절망의 장소를 평화와 안식의 장소로 바꾸어가는 긴 과정이 다시 시작되었다는 것을 의미한다.

비극과 야만의 연쇄

한적한 골짜기 곤룡골이 처참한 죽음의 장소 '골령골'로 바뀐 것은 전쟁이 시작된 지 불과 3일 만이었다. 대전과 인근 농촌의 보도연맹원 약 1,400명이 이곳으로 끌려와 사흘간 죽음을 당했다고 한다. 7월 4일부터는 대전형무소에 수감되어 있던 정치범 1,800명이 이곳에서 적절한 절차 없이 처형 당했는데, 최초로 죽음을 맞이한 사람은 유명한 조선정판사 사건의 주범으로 간주된 이관술이었다고 한다. 희생자들 중에는 4·3사건이나 여순사건에서 체포된 민간인들도 포함되어 있었다.

흥미롭게도 이곳은 단순한 비극의 현장이 아니라 전쟁의 정당성을 다투는 또 다른 전쟁이 시작된 장소이기도 하다. 7월 13일, 당시 김태선 치안국장이 정치범 처형 사실을 밝히자 뉴욕 헤럴드 트리뷴의 마거릿 히긴스와 시카고 데일리 뉴스 키스 비치 특파원 등이 이를 보도했고, 소련의 타스통신이 이를 다시 보도하면서 파문이 일었다. 북한은 해방일보를 통하여 이 사건을 대대적으로 선전했다. 주한 미 대사관의 에드워드 중령은 이 사건의 경과를 생생하게 담은 사진과 함께 '정치범처형보고서'를 미 육군 정보부에 전송했고, 이 자료는 만들어진 지 49년이 지난 1999년에 재발견되어 진실에 한 걸음 다가가는 길잡이가 되었다.

금강 방어선이 무너지는 상황에서 세 번째 학살이 이루어졌다. 이때 희생된 사람들의 규모는 불확실한데, 학자들은 대체로 1,700명에서 3,700명 사이로 추정한다. 7월 21일 대전이 점령당한 이후, 흥미롭게도 이 사건의 전모를 밝힌 사람은 영국의 데일리 워커 베이징 특파원이었던 월링턴이었다. 그는 북한 인민군을 따라 내려와 7월 30일 사건현장을 취재하여 8월 9일 '한국에서의 벨젠 수용소'라는 제목으로 보도했다. 그는 이 과정에서 인민군이 획득한 기밀문서를 볼 수 있었고, '나는 한국에서 진실을 보았다'는 팸플릿을 출판했다. 그는 이런 보도 활동으로 영국정부로부터 여권을 정지당했고, 20년간 자신의 조국으로 귀국하지 못했다.

우리가 다 아는 이야기이지만, 북한 인민군들도 자신들의 선전과는 달리 9월 25일과 26일, 대전형무소와 인근 수도원에서 군경 포로와 우익인사들을 무참하게 학살했다. 대전형무소 특경대에서 일했던 이준영은 수복 직후에 8명의 인력으로 471구의 시체를 수습하는 데 사흘이나 걸렸다는 귀중한 증언을 오래전에 했다. 당시 미군 전쟁범죄조사단이 조사한 결과에 따르면, 이때 희생된 사람들은 총 1,557명이었다.

골령골에 묻혀 있는 유해들은 2007년 6·25전쟁 57주년을 맞이하여 진실화해위원회가 처음으로 발굴했다. 그러나 그것은 극히 일부여서 학살의 증거를 확인한 것에 지나지 않았다. 정부에서 유해 발굴을 더 이상 추진하지 않자 2014년 민간인 학살 유해발굴 공동조사단이 발족했고, 2015년 2월, 짧은 기간 다시 발굴을 시도했지만 본격적인 발굴은 엄두를 낼 수 없었다. 희생자 유족회는 길이 35m의 봉분을 조성하여 '세상에서 가장 긴 무덤'으로 명명했다. 다행히 2017년 이곳이 한국전쟁 전후 민간인 희생자들의 위령시설 조성지로 확정되었고, 작년 6월에는 월링턴의 부인이 고령의 나이임에도 불구하고 대전을 방문하여 과거를 증언하기도 했다.

유해 교차발굴을 통한 화해

지난 6월, 6·25전쟁 70주년사업회는 국군유해 봉환 행사를 의미있게 치렀다. 그러나 민간인 유해들을 어떻게 처리할 것인지는 충분히 논의하지 못했다. 우리가 희망하는 종전선언과 평화협정에는 모든 전쟁 희생자 가족들이 실감할 수 있는 화해 프로젝트가 포함되어야 한다. 우리 입장에서는 민간인 희생자 유해뿐 아니라 북녘 땅에 흩어져 있는 국군 유해나 장진호 주변의 미군 유해 발굴이 중요하다. 일각에서는 이를 화천 파로호의 중국군 유해 발굴과 연계하여 추진하는 것을 제안하고 있다. 최근의 미·중 관계를 보면, 화해로 나아가는 길은 아직 아득하고 멀게 느껴지지만, 전쟁의 희생자들을 가족이나 조국의 품으로 돌려보내는 일은 인간의 도리에 속한다. 인도주의적 희망은 언제나 소중한 것이다.

아주경제 2020.10.26.

보리밥나무의 추억과 안식 기도

산비탈이 끝나고 평편한 땅이 시작되는 지점에 뜰보리수 한 그루가 자라고 있었다. 6월의 햇살로 그 열매들이 붉게 익어가고 있었지만, 추모제에 참석한 어느 누구도 그것에 관심을 보이지 않았다. 그 나무가 서 있는 자리는 공교롭게도 세상에서 제일 긴 무덤이라고 불리는 곳이었다. 나무뿌리 아래의 흙을 파헤치자 71년전의 참극이 모습을 드러냈다. 오랜 침묵을 견뎌낸 유해들은 뒤엉켜 있었고, 턱뼈에 붙어 있는 치아들 사이로 종종 총탄이나 탄피가 발견되었고, 누군가의 손을 옭죄었던 수갑의 파편도 나왔다. 그 나무의 꽃말은 하필 부부의 사랑이었다. 아, 뜰보리수의 탐스러운 열매들은 사랑하는 가족의 이름을 부르면서 짧은 삶을 마감해야 했던 젊은 청춘들의 영혼이었을까, 소리없는 절규였을까?

"아직 갈 길이 멀지요?"
가을 단풍이 한창인 오늘, 대전 동구의 골령골에서는 올해 새롭게 발굴한 962구의 유해를 세종시 추모의 집에 모시는 안치식이 열린다. 2007년부터 지금까지 네 차례에 걸쳐 이곳에서 발굴된 유해는 약 1,250구에 이르는데, 이곳에서 희생인 민간인이 최소 4,000여명, 최대 7,000명이라는 견해에 비추어보면, 1/4에서 1/6정도의 유해가 발굴된 셈이다. 내년까지 어느 정도 유해발굴을 마무리하고 민간인 희생자들을 위한 국립 위령시설 조성 공사를 시작해야 하는데, 조바심이 생길 수밖에 없다.

이곳에서 발굴된 유해들은 대전 인근지역에서 예비검속되었던 보도연맹원들이거나 대전형무소에 수감되어 있던 정치범들이다. 수형복의 하얀 단추들이 나온 장소와 민간인들이 소장하고 있던 연필이나 도장과 같은 유품들이 나온 장소는 약간 떨어져 있어서 이들이 약간 다른 집단임을 추정하도록 해준다. 전쟁 당시 참극의 현장에 있었던 에드워드 미군 중령은 7월 3일부터 5일까지 형무소에 수감되어 있던 정치범 1,800명이 이곳에서 처형되었는데, 그것은 의심할 바 없이 최고위층의 지시에 의한 것이라는 기록을 남겼다. 여기에는 제주 4.3사건과 여순사건 관련자들이 포함되어 있었다. 그 사건이 발생한 지 몇 주 지나 이곳을 찾았던 영국의 '데일리 워커'의 특파원이었던 위닝턴은, "나는 진실을 보았다"는 제목으로 이 비극적 사건들을 고발했지만, 그는 이 보도로 인해 자신으로 조국으로 돌아갈 수 없었다.

　대전형무소 외에 다른 형무소의 사정은 어떠했을까? 1948년 5월 전국(남한)의 18개 형무소에는 약 22,000명의 수감자들이 있었고, 그로부터 1년여가 지난 1949년 8월에는 약 35,000명이 수감되어 있었는데, 이런 증가는 국가보안법 제정과 대대적인 좌익 색출작업의 결과였다. 6.25전쟁이 발발한 후 얼마되지 않아 수원 이남의 전국 형무소에서 재소자들이 적법한 절차없이 처형되기 시작했다. 전국에서 최소 11,000명 이상의 재소자들이 1950년 7월에 희생되었는데, 지금까지 진실화해위원회를 통해 확인된 사람들은 1,452명에 지나지 않는다.

　그렇다면 인민군 점령 시기에는 형무소에서의 불법 처형이 없었는가? 정확한 자료가 없지만, 대전형무소의 경우 다수의 우익 인사들이 수감되어 있었고, 1,557명이 수복 직전에 희생된 것으로 밝혀졌다. 전주형무소의 경우에도 약 1,400명이 군경에 의해 처형된 후, 적대세력에 의해 약 1,000명의 우익 인사들이 희생되었다. 광주형무소의 경우에도 비슷하다. 광주학생사건의 지도자였던 장재성도 광주형무소에 수감되어 있다가 산동교 부근에서 처형되었다고 한다. 이처럼 전국의 형무소는 예방학살과 보복학살이 연속된 비극의 현장이었지만, 대부분의 자료가 멸실되어 그 정확한 진상을 파악하기 어렵다.

희생자들을 위한 기도

한국전쟁에서 희생된 민간인들의 유해는 전시 국가폭력의 움직일 수 없는 증거이자 그것이 다시는 반복되어서는 안된다는 교훈을 제공한다. 유해를 발굴하는 것은 불편한 진실을 수용할 수 있다는 의지와 역량의 표현이다. 그것은 망자에게는 안식을, 유족들에게는 위로를, 시민들에게는 평화를 제공한다. 그동안 외면했거나 방치되어 온 유해매장지는 가급적 빠른 시일 내에 발굴할 필요가 있다. 지난 1기 진실화해위원회에서는 168개의 유해매장지를 확인한 바 있는데, 최근에 다시 조사해보니 총 304개 장소가 확인되었다.

근래에 다시 거론되기 시작한 종전선언 문제가 어떻게 매듭어어질 지 모르지만, 우리가 남북간에 그리고 우리 사회 내부에서 상호불신과 적대를 종식하고 신뢰와 협력으로 나아가려면 그것은 가장 인도주의적인 과제들, 예컨대 이산가족 상봉과 전쟁희생자들의 유해발굴로부터 시작할 수밖에 없다. 일년 내내 노심초사하면서 발굴에 참여했던 분들과 함께 희생자와 유족들을 위한 기도를 드린다.

다산포럼 2021.11.2.

새해의 소망

정동진일까, 호미곶일까, 아니면 일출봉일까? 누구나 한 번쯤은 가보고 싶은 해돋이의 명소들이지만, 요즈음에 이곳들이 더 그리워지는 것은 새롭게 각오를 다져야할 만큼 현실이 더 절박해졌거나 가슴속에 품고 있는 소망이 그만큼 간절해졌기 때문일 것이다. 유감스럽게도 작년에 이어 올해도 코로나 때문에 많은 분들이 이런 뜻을 이루지 못했다. 그렇다면 새해의 소망을 꼭 이루어달라고 호소하고 싶은 마음들이 향하는 곳은 어디일까?

종전선언과 평화에 관한 논의를 돌아보며

많은 분들에게 새해의 소망을 묻는다면, 우리 사회의 심화되는 양극화나 적대적 정치의 해소에 관한 답을 하겠지만, 그에 못지 않은 소망의 하나가 평화에 대한 희구이다. 우리 사회에서 평화는 오랫동안 이상적이고 관념적인 용어에 지나지 않았지만, 최근에 상황이 많이 달라지고 있다. 우리의 삶들이 적나라한 생존투쟁의 양상으로 전개될수록 그것은 현실적이고 구체적인 의미를 가진 것으로 변할 수밖에 없다.

최근 몇 년간 문재인 정부가 심혈을 기울여 해결하려고 노력했지만 아직까지 확실한 성과를 거두지 못하고 있는 것이 이른바 종전선언 문제이다. 정전 70년이 다 되었지만, 아직도 종전선언을 논의하고 있다는 것 자체가 착잡하다. 그만큼 정전과 종전 그리고 평화가 질적으로 다른 개념이며 그 차이가 매우 크다는 것을 환기시켜준다. 최근에 우리 정부와 미국 정부간에 종전선언 문안에 관한 합의를 이루었다고 보도되었지만, 신냉전의 양상으로 치닫고 있는 미중갈등이나 별로 변하지 않은 북한의 태도를 볼 때마다 상황이 우려스럽고, 합의의 실질적인 걸림돌이 무엇인지 궁금해진다.

우리가 겪은 전쟁은 남북간 전쟁을 의미하는 6.25전쟁과 미국이나 중국의 참전을 의미하는 한국전쟁 이외에 '마을로 간 전쟁'이라는 또 하나의 차원을 가지고 있다. 의미있는 종전선언이라면 앞의 두 가지 차원을 아우르는 것이어야 하지만, 동시에 세 번째 차원의 문제도 간과할 수는 없다. 이런 문제제기는 종전이라는 문제를 국가중심적으로 풀어가면서 동시에 국민 개개인의 경험과 안전의 문제로 풀어가도록 유도한다. 어쩌면 우리는 이에 관한 답을 이미 16년전에 진실화해위원회의 설립으로 답했는지도 모른다. 한국전쟁에서 희생된 민간인들의 피해에 착목하여 설립된 진실화해위원회는 국가공권력에 의한 민간인들의 피해 뿐 아니라 공동체 내부의 갈등과 투쟁으로 인하여 주민들이 겪었던 악몽과 트라우마, 거기에서 비롯된 오랜 침묵의 문제를 재인식하도록 했기 때문이다. 다만 그것이 충분한 성과를 거두기 전에 서둘러 종료되었다는 사실이 더욱 아쉬워진다.

화해의 필요조건

다행스럽게도 진실화해위원회가 재출범한 지 1년이 지났다. 지난 한 해동안 한국전쟁의 피해와 관련된 진실규명 신청이 9,000건을 넘었는데, 이는 제1기 때보다 더 많은 진실규명 신청이 이루어졌음을 의미한다. 여기에서 간과할 수 없는 또 한가지 사실은 진실규명 요구의 의미가 달라지고 있다는 점이다. 15년 전의 진실규명 요구는 주로 명예회복을 겨냥하는 것이었는데, 약 10년전부터 이것이 실질적인 피해구제, 즉 배보상 문제로 연결되기 시작했다. 제2기 진실화해위원회는 이런 변화된 프레임에 직면하여 새로운 응답을 준비하지 않으면 안되었다.

지난 한 해동안 유족들이 가장 많이 제기한 요청은 첫째 배보상 소송의 기회를 놓친 사람들에게 한번 더 기회를 제공해달라는 것, 둘째, 군경에 의한 피해 뿐 아니라 적대세력이나 미군 폭격에 의한 피해도 구제해달라는 것이었다. 이런 요청들은 이제 우리가 전쟁희생자들에 대한 배보상문제를 전향적으로 해결해야 함을 의미한다. 임인년 새해가 화해와 통합의 길로 나아가는 한 해가 되기를 소망한다면, 전쟁희생자들에 대한 피해구제를 정치적으로 결단해야 하고, 동시에 그것의 균형을 확보하는 방향으로 합의할 수 있어야 한다. 우리의 소망이 이루어지기를.

다산포럼 2022.1.17.

백장미와 공작초

지난 6월 25일, 경북 경산의 압량 행복발전소에서는 작지만 의미있는 행사가 있었다. 경북시민재단이 마련한 "역사적 상처의 치유와 화해를 위한 평화문화 캠페인" 행사였다. 이 자리에 73년전 팔공산 유격대에 의해 피해를 입었던 박사리마을 유족들과 72년전 코발트광산에서 군경에 의해 희생된 유족들이 초청되었다. 그동안의 고통을 위로한다는 의미에서 노란 장미 코사지를 서로의 가슴에 달아주면서 시작된 이 행사에서 유족들은 현재 진행중인 진실화해위원회의 진실규명작업에 관한 의견을 피력하면서 앞으로의 소망들에 관해 이야기했다. 두 유족회장들은 특별히 준비한 꽃다발을 교환했는데, 거기에는 새로운 시작과 화해를 상징하는 흰 장미와 보랏빛 공작초가 들어 있었다.

거의 모르거나 잘못 알려진 비극의 현장들

팔공산 갓바위에서 동쪽으로 흘러내리는 산줄기 끝에 자리잡은 작은 마을 박사리에 말할 수 없는 비극이 닥친 것은 1949년 11월말이었다. 그 해 10월, 이웃마을에 사는 한 나뭇꾼의 신고로 팔공산 빨치산들이 토벌된 일이 있었는데, 그 보복으로 다른 무장대가 들이닥쳐 주민 38명을 살해하고 주택 100여채에 불을 지른 후 도주했다. 아직까지 그들의 정체는 확실히 밝혀지지 않았지만, 주민들이 입은 피해는 이루 말할 수 없었다. 유족들은 1961년 9월, 작은 '반공혼비'를 초등학교 운동장 한켠에 세워 희생자들을 기억하려고 했고, 1985년에는 반공위령비를 세워 아픔을 달랬다. 그러나 이 사건은 마을을 벗어나서는 거의 알려지지 않았고, 특별히 찾아와 위로하는 사람도 없었다.

경산 평산동에 위치한 코발트 광산은 1950년 여름, 인근 지역의 보도연맹원들과 대구형무소 재소자 수천명이 희생된 현장이다. 이곳은 1980년대 후반에 한 안경공장이 설립되어 약 10년간 조업하다가 폐업한 후 공포체험장으로 널리 알려졌고, 전쟁 당시의 참극의 현장이라는 사실은 망각되었다. 2007년부터 3년간 진실화해위원회가 이곳의 수직갱도와 수평갱도에서 유해를 발굴한 이후 이곳에서 벌어진 비극이 재조명되기 시작했고, 이곳을 찾는 사람들도 생겨났다. 유족들은 이곳의 유해를 완전히 발굴한 후 평화교육의 현장으로 만들 것을 희망하고 있으나 여러 가지 제약으로 큰 진전을 보지 못하고 있다.

같은 군에 속해 있지만, 지난 70년간 와촌면 박사리에서 평산 코발트 광산으로 가는 길, 반대로 코발트광산에서 박사리로 가는 길은 너무 멀었다. 아예 왕래가 없었다고 표현하는 것이 정확하다. 시민단체의 뜻 있는 분들은 이런 사정을 감안하여 그 길의 중간 지점을 만남의 장소로 선택했다. 이 날 모임에서 박사리 유족들은 자신들의 희생에 관한 무관심 때문에, 코발트광산 유족들은 지역의 정치적 환경 때문에 더 힘들었다고 호소했다. 진실화해위원회에 대한 당부도 잊지 않았다. 코발트광산 유족회장은 "그동안 발굴된 유해들이 증거하고 있는데, 왜 또다시 유족들이 국가폭력에 의한 희생을 입증해야 하는가"라고 반문하면서, "국가가 해야 할 일은 진실규명 신청인에 대한 의심이 아니라 사과하는 것"이라고 일침을 가했다. 박사리 유족회장은 진실규명 이후에 "적대세력에 의한 희생자들도 적절한 보상을 받아야 한다"고 주장하면서 우리의 젊은이들이 기억할 수 있도록 작은 기념관이라도 하나 세워줄 것을 요청하였다.

화해를 위한 첫 걸음

이 날 발표를 맡은 영남대 김문주교수는 이 지역출신 대학생들이 서울에서 겪는 애환을 토로하면서 오랫동안 우리를 괴롭혀온 정치의 섬, 역사의 섬 현상을 극복하려면 지역사회의 경험을 승화시키는 문화예술적 상상력이 필요하다고 역설했다. 이 자리에 모인 모든 사람들은 경산시를 화해와 평화의 도시로 만드는 것에 대하여 동의했고, 시장 당선자도 이를 경청했다. 가장 울림이 컸던 것은 "우리는 그동안 말이라도 할 수 있었지만, 말조차 꺼낼 수 없었던 코발트광산 유족들에게 위로의 말씀을 드린다"는 박사리 유족회장의 언급이었다. 그렇다. 화해는 멀리 있는 것이 아니라, 서로의 고통에 대한 공감과 작은 위로로부터 시작되며, 균형 잡힌 시각에서 전체를 바라볼 수 있을 때 지속가능하게 된다. 화해의 출발이 될 가을의 추모제가 기다려진다.

다산포럼 2022.7.26.

다시 위령비를 세우며

백두산에서 지리산까지의 백두대간이 끝나고, 지리산 영신봉에서 다시 동남쪽으로 김해에 이르는 산맥을 우리는 낙남정맥(洛南正脈)이라고 부른다. 이 산줄기가 함안과 마산·창원의 경계를 지날 때 솟아오른 봉우리가 여항산(770m)과 서북산(738.5m)이다. 이 산들이 바로 6·25전쟁의 운명을 결정했던 마산방어전투의 현장이었다. 1950년 8월초부터 진주에서 마산으로 향하던 북한군 6사단을 저지하기 위한 유엔군과 국군의 필사적인 전투가 이곳에서 전개되었다. 서북산 남쪽 진동지구에서 해병대 김성은 부대, 그리고 서북산 북쪽 함안에서 미군 25사단이 분투했다. 이후 9월 중순까지 6주간 진행된 서북산과 여항산의 고지전에서 주인이 19번이나 바뀌었다고 하니 그 치열함을 상상할만하다. 북한의 종군작가로 와 있던 소설가 김사량이 서북산 고지에서 쓴 종군기 '바다가 보인다'가 9월 17일 작성되었으니, 그날이 아마 마지막으로 주인이 바뀐 날이었을 것이다. 그가 본 "흐늘어지게 아름다운 바다"는 지금도 그대로이다.

민안(民安)비, 전적비, 그리고 '백운고비'

그로부터 37년이 흐른 1988년 초, 여항산 입구에 호국영령을 기억하고 군민의 평안을 기원하는 '6.25격전 함안 민안비'가 세워졌다. 뒤이어 1992년 해병대 사령부는 '진동리지구 전첩비'를 세웠고, 1995년 육군 39사단은 서북산 전투에서 산화한 로버트 티몬스 대위와 유엔군 병사들을 기리는 전적비를 세웠다. 이 전투의 희생자는 미군 700여명과 국군 1,000명을 포함하여 총 1,700명, 이들을 추모하는 행사에 티몬스 대위의 아들이자 주한 미8군 사령관으로 한국에서 활동한 리차드 티몬스 중장이 함께 하였다.

티몬스 대위는 한국전쟁 발발 70주년이던 2020년 11월, 전쟁영웅으로 선정되었다.

전쟁의 희생자들은 이들만이 아니다. 전투원 못지 않게 민간인들의 희생도 무척 컸다. 이들을 추모하는 위령비는 언제 세워졌을까? 이 지역에서 민간인 위령비의 출발은 2018년, 그러니까 민안비가 세워진 지 30년후에 건립된 '백운고비'(白雲孤飛)비다. 그대로 옮기면 "흰 구름은 외롭게 날고"이지만, 실은 당나라 고사를 빌어와 멀리 떠나온 자식이 어버이를 사모하여 그리는 정을 표현한 것이다. 이 비는 함안유족회가 민간인 희생자 700명을 새긴 각명비와 함께 있다. 이 비 바로 앞으로 함안천이 흐르고, 서북산과 여항산이 멀리 가까이 보인다. 이 평화로운 장소가 대전투 직전에 발생한 예방학살의 현장이었다는 사실을 믿기 어려운데, 하물며 '백운고비'라는 표현이 위령비나 추모비라는 이름조차 쉽게 허용되지 않는 상황에서 선택한 고육지책이었다는 사실을 어찌 알겠는가?

위령탑과 북춤

올해 3월 진주 민간인희생자 추모비가 세워지고, 11월에는 진전 곡안리 이씨 사당에 미군에 의한 희생자 위령비가 세워진 데 이어, 마산 가포해변에 창원위령탑이 세워졌다. 이 탑은 바로 유명한 가곡 '가고파'에서 표현된 "파랗고 잔잔한 고향바다"를 바라보고 있다. 위령탑 오른쪽 위로 마창대교가 지나는데, 그보다 훨씬 멀리 떨어진 괭이바다의 파도소리를 듣고 있는 듯 하다. 마산형무소 재소자나 보도연맹원 700명 이상이 수장되었다고 전해지는 그 바다가 시인이나 소설가가 말했던 그 바다였을까?

민간인 희생자 위령탑은 유족들에게는 매우 각별한 의미를 지닌다. 고통스런 과거의 기억을 재현한 것이지만 그것은 동시에 역사와의 화해를 향한 첫 걸음이다. 근래에 열리는 추모제에서 빠짐없이 낭독되는 '아버지에게 드리는 글'은 이를 상징적으로 대변한다. 아버지에 대한 그리움과 아버지 없이 자란 어린 시절의 서러움이 겹쳐지는 순간 유족들은 눈물을 흘리고 대성통곡을 하기도 한다.

전쟁을 체험하지 않은 세대에게 위령탑은 어떤 의미일까? 위령탑 제막식의 마지막 순서는 북춤, 전쟁희생자 모두를 안식의 세계로 안내하는 춤사위와 함께, 낯선 진실을 직면할 수 있는 용기를 둥둥 북소리가 제공해 주는 듯했다. 탑을 돌면서 참석자 모두가 추모공동체가 되었다.

다산포럼 2022.12.4.

4장
동아시아와 세계시민

'동티모르 학살'과 세계시민

엊그제 호주에 있는 동티모르 인권센터에 긴급 호소문이 날아들었다. 동티모르의 가톨릭 지도자 중 한사람인 바실리오 주교가 칼에 찔렸고 피난자들을 보호하고 있던 주교관이 불타고 파괴되었다는 것이다. 또 동티모르의 수도 딜리에 있는 성당에서 수사 한 명이 살해되었고 수아이시에서는 3명의 사제와 3명의 수사들이 살해되었으며 파투마카에 있는 살레시안 대학이 민병대에 의해 파괴되었다는 것이다. 어제는 동티모르의 지도자 구스마오의 부친이 살해되었다는 소식도 언론에 보도되었다. 동티모르에서 가톨릭교회는 폭력과 공포에 질린 시민들의 피난처로서 매우 특별한 의미를 지닌 장소였다. 그러나 최후의 보호막도 사라지고 동티모르인들을 위한 국제적인 감시망도 무력화되었다. 외신기자들이 철수하면서 민병대에 의한 살인과 폭력은 더 노골적으로 진행되고 있다.

동티모르의 인구는 약 1백여만명이었다. 그러나 1975년이래 동티모르인 중 20만명이 인도네시아 국가권력에 의해 살해되었다. 이런 상황에서 동티모르인들은 독립여부를 묻는 선거를 이끌어냈다. 여기에서 주민의 거의 전부가 참여하고 78% 이상이 독립을 찬성했다. 그러나 선거에서의 승리는 다시 동티모르 주민들에게 엄청난 시련을 안겨주고 있다. 독립에 반대하는 민병대들에 의해 학살 방화 파괴가 자행되고 있으며 약 6만명의 주민들이 서티모르로 축출되었다. 인도네시아는 민병대를 내세워 마치 동티모르 문제가 주민간 내분에 의해 복잡하게 꼬이는 것으로 가장하고 있다. 민병대는 독립 대신 자치를 주장하고 있는데 이 자치는 현재 상황에서는 자치가 아니라 반독립을 의미한다. 이 자치는 인도네시아에 의해 조장된 것이다. 오늘의 동티모르 사태를 보면서 한편으로는 식민주의에 관해 다른 한편으로는 미국의 두 얼굴에 대해 다시 생각하게 된다.

원래 동티모르와 인도네시아의 구분은 5백년간의 식민주의가 남긴 부산물이다. 이 지역은 네덜란드와 포르투갈에 의해 분할점령되었고, 이 기간에 종교가 달라지고 문화가 달라졌다. 1975년 포르투갈이 동티모르에서 물러나자 인도네시아가 무력으로 이 지역을 편입시켰다. 1975년 당시 미국은 인도네시아가 동티모르를 침공하는 것을 인정하면서 그 반대급부로 무기를 판매했다. 그러나 식민주의의 산물이라고 해서 현재의 참혹한 상황이 덮어질 수는 없다. 인명 살상과 방화 폭력은 적나라한 야만이며 이에 대한 침묵은 인간적 양심에 대한 배반이다. 주권과 인권사이에서 미국은 인권을 선택하여 코소보 사태에 신속하고 강력하게 개입했다. 그러나 동티모르 문제에 대해서는 주권을 내세워 개입하지 않음으로써 결과적으로 국가폭력에 의한 대량 학살을 방관하고 조장했다. 이런 상반된 입장 때문에 미국의 인권주의는 인종적 인권주의라는 오명을 뒤집어쓰고 있다. 그렇다면 우리는 어떤가. 모든 수습의 책임을 미국과 유엔에 떠맡길 수 없다. 인도네시아가 엄청난 자원을 가진 국가이고 또 큰 시장이기 때문에 그런지 한국정부는 끝까지 방관자의 입장에 서 있는 듯하다. 인도네시아 정부의 눈치와 보편적 인권 사이에서 겪는 곤혹스러움을 이해할 수밖에 없다면 정부와 달리 시민과 시민단체는 훨씬 더 자유롭게 의사를 표시하고 국제연대를 향해 능동적으로 나아갈 수 있다.

동티모르가 독립을 성취하고 그 시민들이 우리를 방문했을 때 그 때 우리는 그들에게 무엇이라고 말할 것인가. 당신들이 그 참혹한 아픔을 당할 때 우리는 구경만했다고 말할 수는 없지 않은가. 이제 인권문제는 국제적인 문제가 되었다. 동티모르의 학살은 단지 뉴스거리로 끝나는 것이 아니라 악한 자에게 핍박받고 있는 자들을 격려해야하는 행동의 문제가 되고 있다. 세계화와 전자시대의 도래만 노래할 것이 아니라 한 통의 항의편지나 격려의 메시지를 전자우편으로라도 보내 힘을 보태는 것이 진정한 세계시민이 아닐까.

부산일보 1999.9.11. 부일시론

킬링필드와 앙코르 유적

캄보디아의 수도 프놈펜에서 앙코르 유적이 있는 시암립으로 건너가는 뱃길. 20년 만에 고국을 찾았다는 한 캄보디아인을 만났다. 그녀는 크메르루즈 정권이 베트남군에 의해 와해될 때 타이 국경 부근으로 피난하여 그 곳 난민촌을 거쳐 파리로 건너갔고, 이후 결혼하여 캐나다 국적을 취득하였다. 왜 이제서야 고국을 찾았느냐고 물으니, 남아 있는 가족과 많은 친척들이 모두 아무 것이나 좀 도와달라는 듯 자기를 바라보고 있는 상황에서 고향을 선뜻 찾아오기 어려웠다고 답했다. 미상불 그녀의 손에는 찾아가는 친척에게 줄 전자제품 하나가 들려 있었다. 그러면서도 캄보디아는 너무 더럽다고 말했다. 배 뒤쪽에 조그맣게 붙어있는 화장실의 손잡이를 화장지로 싸잡고 들어가는 모습에서 20년의 시간이 사람을 얼마나 변화시키는가를 느꼈다.

동남아시아의 최대 호수를 사이에 두고 한편으로 세계 7대 불가사의 중 하나로 불리는 앙코르라는 대문명을 건설한 조상들과 다른 한편으로 4년간 2백만명 이상을 학살한 킬링필드의 주인공이었던 후예들이 대치하고 있는 듯한 캄보디아. 과거의 문명과 현재의 야만을 무엇이 가로지르고 있는가.

오늘날 프놈펜은 한마디로 빈곤이 무엇인가를 보여주는 현장이다. 손이나 발이 잘린 거지들이 엄청나게 많고, 아이들도 골목에서 놀다가 외국인이 나타나면 곧바로 구걸꾼으로 변한다. 말 배우기를 아예 "한푼 줍쇼"로 시작하는 듯한 아이들도 있다. 식민지배, 빈곤, 군사정권, 그리고 내전과 관념적 혁명주의, 이런 일련의 역사적 흐름이 남긴 유산들이 도시 곳곳에 널려 있었다.

　오늘날 캄보디아의 비극은 사실상 1970년 시아누크 정권을 군사적으로 전복한 론놀 정권과 1975년 다시 이들을 무너뜨리고 등장한 크메르루즈 정권에 의해 저질러졌다. 이들의 배경에는 베트남전쟁과 이에 깊숙이 개입한 미국의 전략적 이해가 있었다. 마오주의자였던 크메르루즈의 지도자 폴 포트는 자신들의 유토피아를 만들기 위해 조금이라도 오염된 사람, 더 정확하게는 오염될 가능성이 있는 사람들을 모두 숙청했다. 광란의 시대. 폴 포트 정권은 집권 4년간 2백만명이 넘는 사람들을 상상을 초월하는 방법으로 학살했다. 인구의 20% 가량이 희생되었고, 전국이 암매장 장소가 되었다. 프놈펜 시내에서 얼마 떨어지지 않은 곳에 있는 킬링필드 기념관은 이때 희생된 사람들이 남긴 유골들을 쌓아올린 것이다. 학교건물을 개조하여 만든 툴슬랭 정치범수용소의 고문현장은 야만의 현장을 보여주는 박물관이 되었다.

　현대의 비극 저편에는 찬란했던 대문명의 영화가 그림처럼 남아있다. 12~13세기 인도차이나지역의 패자였던 크메르제국은 직접 보지 않으면 상상하기 어려운 규모로 성벽도시와 사원을 건축했다. 앙코르의 왕궁이나 사원을 떠받치고 있는 커다란 돌 하나하나에는 왕조의 역사나 불교적 힌두교적 기원들이 정교하게 새겨져 있다. 무너져내려 아슬아슬하게 형체를 유지하고 있는 건축물 또한 무척 아름답다. 꼬리에 꼬리를 물고 이어졌던 문명과 야만의 역사는 커다란 비단구렁이처럼 굽이굽이 흐르는 메콩강에 그림자로 드리워져 있다.

　지금 캄보디아에는 앙코르 유적을 복원하기 위한 문화적 노력, 그리고 국가적 빈곤을 극복하려는 사회적 노력이 국제기구나 민간단체를 중심으로 활발히 이루어지고 있다. 비정부기구들은 대부분 서구나 일본의 재정적 지원을 받는다. 또한 반인륜적 범죄를 저지른 폴포트 정권의 담당자들을 처벌해야 한다는 국제적 압력도 강화되고 있다. 그러나 또 다른 의미의 국제도시들이 된 프놈펜이나 시암립에서 세계시민 한국인들의 모습은 별로 보이지 않는다. 21세기의 초두에서 캄보디아는 한국의 젊은 청년들에게 국제사회의 일원으로서의 역할과 의무가 무엇인지를 다시 한번 생각해보라는 권유를 하고 있는 듯했다.

경향신문 2001.1.27. 정동칼럼

북·일수교와 과거청산

17일 일본 고이즈미 총리의 방북을 앞두고 '올바른 북·일수교'를 촉구하는 시민들의 목소리가 한·일 양국에서 커지고 있다. 이들은 일본과 한국 정부뿐 아니라 북한 정부를 향한 성명서를 준비하거나 발표하고 있다. 역사적 아이러니이지만, 이런 성명의 이면에는 일본과 한국의 양심적 시민 세력들이 적어도 일본 식민지배와 관련된 과거청산 문제에서만은 북한 당국이 민족적 자존심과 원칙을 지키면서 과거 한국의 군사정권이 범했던 오류를 반복하지 말았으면 하는 기대가 있었는데, 그것이 허물어지고 있다는 실망감이 깔려 있다. 우리는 여기서 과거의 역사적 경험, 즉 1965년 한·일협정이 맺어진 이후에도 한국과 일본 사이에 진정한 시민적 우정이 형성되지 못했으며, 그 궁극적 원인은 무엇이었는가를 반추해볼 필요가 있다.

일본과의 국교 정상화 상대가 분단체제 하의 남한이었다면 세계적 탈냉전 시대에는 당연히 그 상대가 통일한국이 되어야 한다. 그러나 그 상대가 여전히 분단체제하 북한이라는 점에서 민족사가 그만큼 세계적 흐름에 뒤떨어져 있다고 할 것이다. 이번 양 정상의 회담이 동아시아 평화체제 구축과 한반도 통일을 향한 또 한번의 불가피한 과도적 단계라는 점에서 물론 환영할 일이다. 이번 방문을 계기로 다행히 올해 안에 북·일수교가 이루어지면 52년 샌프란시스코 조약, 65년 한·일협정에 이어 실로 전후 57년 만에 비로소 동아시아의 탈식민지 체제가 완성된다. 그러나 북·일수교는 어떻게 보면 너무 지체된 것이어서 탈식민 완성뿐 아니라 탈냉전의 완성이라는 역사적 압력도 동시에 받고 있다. 따라서 무조건 식민지 청산문제에 매달릴 수는 없고 개방적·미래지향적 자세가 중요하다고 할 수 있다. 그러나 도덕적 정의와 역사적 원칙은 단기적인 정치경제적 이해보다 더 큰 영향력을 가지고 있다는 점까지 의심할 수는 없다.

물론 이런 기대와 우려는 한·일협정의 경험과 그 영향에 대한 반성으로부터 비롯되는 것이다. 한·일협정은 국가주의적 타결방식을 취해, 직접 피해자에 대한 인권회복을 소홀히 하고 미래에 발생할 수 있는 새로운 문제들을 당대인의 욕심과 우둔함으로 덮어버리는 오류를 범했다. 한·일 협정 이후 국가의 개인에 대한 보상은 지극히 형식적이었다. 또한 90년대에 새롭게 제기된 숱한 과거 식민지 유산들을 해결하는 문제, 즉 강제 연행자나 성노예(군 위안부), 원폭 피해자, 강제수용된 한센병 환자들에 대한 배상이나 보상을 어렵게 하고 있다. 우리가 20세기 후반기에 배운 역사적 교훈이란 권위주의적 독재정권이 저지른 잘못은 두고두고 후대의 민주정권뿐 아니라 시민들에게 부담으로 작용한다는 사실이다.

한·일 양국의 양심적 시민들은 90년 9월 일본의 자민당과 사회당 대표가 북한을 방문하여 발표한 '일·조 관계에 관한 자민당, 사회당, 조선노동당의 공동선언'을 잘 기억하고 있다. 당시 양국의 3개 지배정당은 자주·평화·친선이라는 이념에 기초하여 양국의 관계 정상화를 향한 8개 항에 합의한 바 있다. 이의 제1항은 과거 일본의 식민지 지배뿐 아니라 전후 45년간 조선 인민이 받은 손실에 대하여 사죄하고 빚을 갚는다는 것이었다. 전후 45년을 배상에 포함하는 문제에 관하여 당시 일본 외무성이 반발했지만 식민지 지배에 대한 배상은 의심의 여지가 없는 것이었다. 그러나 비록 확실하지는 하지만, 최근 북한 당국의 입장은 상당히 후퇴했고 과거의 원칙은 흐물흐물해졌다는 보도가 있었다. 그만큼 북한의 어려운 경제사정을 반영하는 것이지만 안타까운 일임에는 틀림없다.

식민지 유제의 청산에는 국가간 문제뿐 아니라 국가와 개인간, 또는 기업과 개인간의 문제가 남아 있다. 식민지배는 명백히 불법적인 것이어서 배상이 뒤따라야 한다. 피해자에 대한 개인 보상이 없는 국가간 경제협력 방식은 올바른 과거청산이 아니라는 점은 20세기 동아시아사가 산 교훈이다. 21세기 동아시아의 평화와 인권을 생각할 때 이번 북·일 정상회담은 어떻게 되어야 할 것인가 귀추가 주목된다.

경향신문 2002.09.16. 시론

전쟁의 그림자와 평화

부시 미국 대통령이 취임한 이후 세계는 확실히 시끄러워졌다. 작년의 9·11 테러사태나 이번 인도네시아 발리에서와 같은 테러, 그리고 반테러를 명분으로 한 전쟁의 소용돌이에서 인류는 빠져나오지 못하고 있다. 유엔의 무기 사찰 결정에 대한 이라크의 수용에 이어, 카터 전 미국 대통령의 노벨 평화상 수상이 시사하는 국제적 반전(反戰) 분위기에도 불구하고 미국은 이라크 침공을 감행함으로써 마치 군사패권주의가 무엇인가를 적나라하게 보여주려는 자세다.

한반도의 경우에도 고이즈미 일본 총리의 방북시 보여준 김정일 국방위원장의 파격적 사과, 신의주 특구 설치나 병력 감축 시사, 부산 아시아 경기대회에의 대규모 선수단·응원단 파견 등을 통해 북한은 지속적으로 평화 메시지를 보내고 있지만, 켈리 특사의 방북에서 보여준 미국의 완강한 입장, 그리고 2000년 남북 정상회담 당시의 북한에 대한 4억달러 지원설 폭로 등은 한반도를 둘러싼 평화 무드의 정착에 만만찮은 암초들이 한반도 내외에 널려 있다는 것을 잘 보여주고 있다. 한국의 대선 정국에서 정파간 투쟁과 미국의 대북 강경자세가 맞물려 그동안 지속되어온 한반도의 평화가 어떻게 위협받을지 알기 어렵다.

동아시아 평화인권 국제회의

이런 어수선한 상황에서 오늘(17일)부터 20일까지 제6회 동아시아 평화인권 국제학술회의가 열린다. 이 국제학술회의는 1990년대 중반의 민주화 물결 속에서, 한국의 군사권위주의 하에서 자행된 국가폭력의 희생자와 대만의 희생자가 만나 자신들의 희생이 동아시아사적 공통성을 갖는다는 것을 확인함으로써 시작되었다. 이들은 '한국과 대만에서 거듭된, 실로 엄청난 민중 수난의 역사는 한국전쟁을 분수령으로 한 동아시아 냉전구조와 깊이 관련돼 있다는 점, 그 진상을 해명하고 희생자의 존엄성을 회복하기 위해서는 동아시아 지역의 공동 작업이 반드시 필요하다는 점, 또한 동아시아에서 진정한 평화와 인권이 옹호되는 국제질서를 이루어내기 위한 연대가 절실하게 요구되고 있다는 점'을 인식했다. 이후 한국을 비롯하여 일본, 대만, 오키나와로 이어지는 동아시아 평화인권 네트워크를 구성하여, 2차대전 이후의 냉전구조 형성기에서부터 현재에 이르기까지 동아시아의 국가권력에 의한 민중적 수난과 이에 대한 저항의 역사를 발굴하고 인권의 회복과 평화의 정착을 위한 각종 방안들을 모색했다.

국민당 군벌이 수만명의 민중을 학살한 2·28 사건의 50주년이 되는 1997년 2월 제1회 대회가 대만에서 개최된 이래 1998년 8월 제주에서, 1999년 11월 오키나와에서, 2000년 5월 광주에서, 그리고 2002년 2월 일본 교토에서 개최된 바 있다. 심포지엄에는 매회 한국, 대만, 오키나와, 일본 각지에서 300명이 넘는 학자, 인권운동가, 유족과 시민 등이 참가하여 4~5일간 열성적인 보고와 토론을 거듭해왔다. 한국과 대만의 장기수들의 만남이나 정신대 할머니들과의 대화는 많은 감동을 주기도 했다.

민간인 학살문제의 해결을

이번 국제회의는 한국 현대사 최대 비극의 하나인 여순사건 54주년을 기념하여 여수 현지에서 열리는 것이다. 여기에서는 한국전쟁 전후의 민간인 학살 문제를 해결할 수 있는 방안이 무엇인가를 집중적으로 논의하게 된다. 분단체제 형성기의 한국은 국가폭력에 의해 자행되던 인권 유린이 극심한 지역이었다. 국민의 정부가 수립된 이후 4·3 사건이나 민주화운동 희생자, 의문사 희생자들에 대한 진상 규명과 명예 회복조치를 규정한 여러 특별법이 제정되었지만, 아직까지 여순사건을 비롯한 한국전쟁 전후의 민간인 희생자들에 대한 총체적 조사와 이에 상응하는 조치는 아직 취해지지 않았다.

9·11 사태 희생자 중 누군가가 '우리의 슬픔은 전쟁을 위한 외침이 아니다'라고 말했듯이 이번 회의를 계기로 과거의 희생자 가족들의 고통이 평화의 메시지로 되돌아올 수 있도록 관심과 성원이 필요하다. 과거의 상처를 치유하고 평화통일의 초석을 놓는 일은 정치적 파쟁의 대상이 될 수 없다.

경향신문 2002.10.17. 시론

국제사회 일원이 된다는 것

이종욱 박사의 세계보건기구(WHO) 사무총장 당선은 높아진 한국의 국제적 위상을 보여주는 쾌거임에 틀림없다. 김대중 대통령의 노벨평화상 수상, 월드컵의 성공적 개최와 4강 진출에 이어 이번 이박사의 당선은 21세기 세계 속의 한국이 어디쯤에 있는지를 재확인해주었다.

그러나 곰곰이 생각해보면 이런 굵직굵직한 사건들이 과연 우리 사회 기층문화의 성숙에 기반하고 있는지, 아니면 돌출적 사건에 지나지 않는 것인지 조바심이 나기도 한다. 북한과의 대화에서 발생하는 문제들은 차치하고라도, 국제적 맥락에서 우리 사회의 질적 고양과 성숙을 얼마나 자신할 수 있을까. 우리가 변화하고 있는 국제적 위상에 걸맞은 긍정적 국가 이미지를 만들어가고 있는지, 더 본질적으로 세계시민으로서의 인류사적 책무를 다하고 있는지 좀더 솔직하게 우리를 돌아볼 필요가 있다. 노무현 정권의 출범에 맞추어 제기되고 있는 국가적 의제 중에 동북아 중심국가로의 발전이라는 항목이 있지만, 이는 다분히 경제적 국가경쟁력에 치중한 것이지, 국제사회에서의 도덕적 리더십의 측면을 의식하고 있는 것은 아니라고 생각한다.

우리가 진정한 국제사회의 일원이 되고 나아가 보편적 가치 측면에서 리더십을 가지려면, 다음과 같은 몇가지 사항을 생각해볼 필요가 있다. 첫째, 무엇보다도 시급한 것은 한국에서 일하는 외국인 근로자와 사회적 소수자들에 대한 인간적 모욕이나 사회적 차별을 철폐하는 일이다. 한국의 국제적 이미지에 큰 영향을 미치는 사람들은 무엇보다도 우리 곁에서 함께 일하는 외국인 근로자들이다. 이들은 우리 사회의 냉엄한 평가자들이고 자기 조국으로 돌아가 가장 중요한 한국 이미지의 전파자들이 된다. 그러나 유감스럽게도 이들이 가진, 이들에 의해 전달되는 한국의 이미지는 별로 긍정적인 것이 아니다. 심지어 옌볜 조선족 사회에서도 한국은 경제적으로는 동경의 대상이지만, 도덕적·윤리적 측면에서는 지탄과 경멸의 분위기가 더 강하다.

둘째, 이제 우리는 아시아나 아프리카, 중남미의 젊은 학자나 청년들이 한국에 와서 연구하거나 시민단체 활동에 참여하여 자유롭게 한국 사회를 배울 수 있는 기회를 늘려야 한다. 이들은 한국의 정보통신기술이나 의료기술, 그리고 짧은 기간에 민주화를 성취해낸 열정과 운동 경험에 관해 많은 관심을 가지고 있다. 우리가 지난 수십년간 선진국으로부터 지원받은 것을 경험삼아 장기적 안목으로 이들에게 한국을 배울 기회를 제공해야 한다.

셋째, 한국의 국제적 위상이 강화되려면, 미국이나 주변 강대국 일변도로부터 벗어나 이른바 남쪽에 속하는 나라들에 대한 관심과 지원이 필요하다. 이를 위해서는 개별 국가들의 사정에 정통한 전문가들이 필요한데, 이들의 육성은 시장 여건상 대학 학과체제로는 수행하기 어렵다. 국제지역 연구와 전문가 육성을 위해 문민정부 시절 여러 대학에서 경쟁적으로 국제지역학 프로그램을 만들었지만, 난립과 편중으로 충분한 성과를 거두지 못했다. 이번 기회에 빈곤 소국들을 연구할 수 있는 국가적 전문연구기관을 만들 필요가 있다. 일부 지역은 이미 전문가들이 있지만, 기존 대학이나 국립 연구기관에서 수용하지 못해 실업자로 전전하고 있는 실정이다.

넷째, 우리 젊은이들에게 국제기구에서 활동할 수 있는 기회를 제공하고 특히 빈곤하고 정치적으로 어려운 국가들에서의 자원봉사활동을 지원해야 한다. 특히 젊은 학생들의 사회적 상승 이동의 동기에 치우친 선진국 유학 일변도의 경향은 이제 수정되어야 한다. 선진국 유학 경험 못지않게 후진국 지원이나 자원봉사 경험이 높게 평가되는 사회를 만들어야 한다. 맥락은 다르지만, 1960년대 미국의 평화봉사단 모델로부터 배울 필요가 있다. 오늘날 미국내 진보적 친한파들의 상당수가 이 평화봉사단 출신이라는 점을 감안한다면, 한국의 젊은이들이 국제적 안목과 함께 풀뿌리 네트워크를 갖추는 것을 도와주는 것은 국가적 책무이기도 하다.

경향신문 2003.2.3. 시론

이라크 전쟁, 우리의 전쟁

지난 걸프전 이래 전쟁은 CNN에 의해 생중계되면서 하나의 게임처럼 우리에게 다가왔지만, 이번 이라크 전쟁은 알 자지라 방송이 가세하면서 어느 전쟁보다 치열한 심리전 양상을 보이고 있다. 전쟁이 시작되기 전에는 대량살상무기의 존재 여부와 유엔의 동의 여부가 이 심리전의 핵심에 놓여 있었고, 전쟁이 시작된 이후에는 이라크 주민들의 연합군에 대한 반응과 민간인 피해 상황으로 초점이 옮겨갔다. 이들은 모두 이번 전쟁이 해방전인가 석유 탈취전인가, 야만적인 침략인가 정당한 공격인가라는 질문에 해답을 주는 기준들이다. 이 전쟁에는 군인 못지 않게 많은 종군기자들이 참여하고 있으며, 이들이 잡아내는 바그다드나 후세인의 움직임에 관한 영상 하나 하나가 진실 게임의 소재이다.

개전 이래 미·영 연합군은 자신의 공격을 정당화하기 위하여 대량살상무기가 어딘가에 은닉되어 있다는 것을 강조하고 증거를 찾으려 했지만, 이들의 노력은 실패로 돌아가는 듯하다. 전쟁 초기에 미국은 군사적 목표만을 정확하게 타격함으로써 민간인 피해를 최소화한다고 공언했지만, 어린 아이와 부녀자들의 참상은 이의 허구성을 입증하고 있다. 과연 이라크 전쟁이 미국의 영광을 무너뜨리는 재앙의 시초가 될 것인지는 좀더 두고 보아야 하겠지만, 미국 지도부가 명분보다는 힘에 의존하고 있으며 전쟁 분위기에 편승하여 미국 시민들조차 점차 후안무치해지고 있는 것은 분명하다.

이라크 전쟁은 이제 지구 저편의 '그들만의 전쟁'이 아닌 우리 바로 옆에서 벌어지는 전쟁이 되었다. 남의 일만 같던 반전평화시위나 '인간 방패' 등이 우리 생활 속에 자리잡았다. 한국전쟁 이래 우리 사회에서 평화는 한갓 실체가 없는 관념적 용어에 지나지 않았다. 그러나 이제 명백히 상황은 달라졌다. 이번 이라크 전쟁은 시민 모두가 평화가 무엇인지, 이를 지키기 위한 행동이 무엇인지를 생각하고 또 실천하는 계기가 되고 있다.

그러나 실체로서의 평화라는 귀중한 '선물'은 그렇게 호락호락한 것이 아니어서 '국익'이라는 거대한 암초에 부딪혔다. 이라크 파병은 인류적 평화운동과 북한 핵문제의 평화적 해결 사이에 가로놓인 엄청난 거리를 여실히 보여주었다. 한국에서 진정한 평화의 실현이라는 과제는 의지의 문제일 뿐 아니라 세계체제로부터 오는 구조적 한계를 극복하는 문제라는 것을 누구나 절감하였을 것이다.

그렇다면 우리는 한반도 평화를 위하여 세계체제로부터 오는 구조적 한계를 어떻게 뛰어넘어야 하는가. 좀 엉뚱하지만 지난 한국전쟁이 지금처럼 일일이 기록되고 화면으로 중계되었다면 전투행위와 별로 관계가 없던 민간인들이 그토록 많이 희생되었을까를 상상해보면서, 다른 한편으로 지금 국회 앞에서 진행되고 있는 '한국전쟁 전후 민간인 학살 진상 규명과 명예회복을 위한 통합특별법' 제정 투쟁을 주목하지 않을 수 없다. 통합특별법쟁취 투쟁본부는 지난 2월 27일부터 국회의 즉각적인 관련 입법 제정과 행정부의 즉각적인 민간인 학살 실태 파악, 국가인권위원회의 필요한 조치를 요구하며 농성을 벌여 왔다.

나는 과거의 국가폭력에 의한 민간인 희생의 문제를 우리 스스로 깨끗하게 처리하는 것부터 시작하는 것이 중요하다고 생각한다. 지난 3월 29일 정부가 4·3사건 진상 보고서를 채택함으로써 한국의 과거 청산운동이 또 하나의 커다란 진전을 이루었지만, 한국전쟁 전후 민간인 학살문제는 여전히 끔쩍조차 하지 않고 있다. 이 시기의 민간인 희생의 진상이 휴전후 50년이 지나도록 제대로 규명되지 않았다는 것은 전쟁이 총성을 멈추면서 끝나는 것이 아니라는 것을 단적으로 보여주는 것이다. 이 사건들에 대한 진상 규명과 명예회복 작업은 한국 사회가 민주주의로 이행하는 과정의 마지막 남은 큰 봉우리이자 진정한 평화를 만들어가는 출발점이라고 생각해야 한다. 이들은 진정한 의미의 평화가 과거에 대한 정확한 진상 규명을 바탕으로 한 화해에 의해 실현된다는 것을 알고 있기 때문이다.

경향신문 2003.4.9. 시론

분노의 바그다드박물관

10년 전 보스턴의 대학 박물관에서 고대 그리스의 도자기를 처음 보았다. 거기에는 당시 시민들의 문명과 야만에 대한 생각의 편린들이 적나라하게 새겨져 있었다. 수 천년 전의 그리스인들을 만날 수 있는 기쁨과 함께 이를 한 자리에 모아 놓을 수 있는 힘에 대한 경외감을 느끼지 않을 수 없었다. 그 후 뉴욕의 메트로폴리탄 박물관에서 이집트의 스핑크스를 보았다. 한 둘이 아니고 수십 개가 줄줄이 서 있었다. 이번에는 경외감보다는 의아함이 더 컸다. 알 수 없는 분노감도 일었다. 런던 파리 그리고 뉴욕과 워싱턴의 세계적 박물관들은 '야만의 틀에 갇힌 문명'이 거주하는 집이다. 빼앗은 것보다 빼앗긴 것이 많은 작은 나라 출신인 나에게는 그렇게 보였다. 유물들이 어떤 방식으로 수집되었든, 고대문명의 유산은 그것을 꽃피운 고향을 떠나 현재의 세계를 지배하고 있는 중심국가에 더 많이 있는 것이 확실하다. 그것들은 제국주의 시대에 탐험과 연구라는 이름으로 전유되었거나 우월한 자본의 힘에 의해 매입된 것들이다.

근대에 이르러 서구의 민족국가는 자신의 영토 뿐 아니라 해외에서 확보한 것들을 인류문화의 유산이라는 이름으로 전시하는 장소를 만들어 박물관이라고 이름했다. 제국주의 국가들은 식민지에서도 그와 닮은 박물관들을 창출하였다. 전후 독립국가가 되는 과정에서 제3세계의 국립박물관들은 새롭게 변형되었지만, 그런 전통은 쉽게 지워지지 않았다. 아마도 작년에 아프간 전쟁과정에서 상처를 받은 카불박물관이나 이번 이라크 전쟁으로 폐허가 된 바그다드의 국립박물관도 이런 범주에서 크게 벗어나지 않으리라.

원래 전쟁은 정복당한 집단의 역사를 지우고 그들의 문화적 자산을 빼앗는 행위를 정당화하는 기제이다. 아프간 전쟁으로 카불박물관과 아프간 곳곳의 비단길 문화유산이 약탈되었다. 이라크 전쟁은 고대 메소포타미아문명을 전시하고 있던 국립박물관을 폐허로 만들었다. 보물들은 물론이고 고대설형 문자가 새겨진 점토판까지 실어 내갔다고 한다. 수메르의 점토판에는 창세기의 창조설화나 홍수설화의 원형들이 기록되어 있다. 부시 대통령은 이라크에서 현재의 이슬람만 보았을 뿐 과거의 고대 기독교는 보지 못했던 게 틀림없다. 문명의 전도사임을 자처하는 부시 대통령은 구약성서의 창세기 신화를 배태한, 기독교의 발상지를 파괴한 셈이 되었다.

이번 전쟁으로 독재자는 사라졌으나 그에 대한 대가는 너무 크다. 한 사람의 오만은 민간인 부녀자 어린이뿐 아니라 고대 문명을 만들어 낸 수메르인들을 죽였고, 아라비안 나이트를 읽으며 상상력을 키워가는 세계의 모든 어린이들, 또는 어린 시절 그것을 읽었던 추억을 간직하고 있는 어른들의 정신세계에도 큰 상처를 주었다.

이라크의 고대 유물들은 이미 걸프전 이후부터 스위스 암시장을 거쳐 세계로 반출되고 있었다고 한다. 이번에 약탈된 문화재들의 운명은 어떻게 될 것인가. 뒤늦게 미 국무장관이 이에 관한 방침을 밝혔지만, 과연 그것들이 다시 이라크 박물관으로 되돌아올지 아무도 모른다. 만약 이라크인들이 용케 미국의 도움으로 전후 복구에 성공하여 다시 미국을 여행할 수 있게 되었을 때, 없어진 문화재들을 어느 사설 박물관에서 발견하게 된다면, 그들이 흘릴 눈물은 기쁨의 눈물이겠는가, 회한의 눈물이겠는가.

우리는 숱한 전쟁과 대량 살상으로 얼룩진 20세기를 야만의 세기로 불렀지만, 새로운 세기가 열린 지 불과 3년 만에 이루어진 아프간 전쟁과

이라크 전쟁으로 인하여 21세기 또한 반문명의 세기라는 오명으로부터 벗어나기는 어렵게 되었다. 약탈자들보다 약탈을 방치한 힘있는 자들에게 비난의 화살이 쏟아지고 있지만, 이미 힘의 균형이 깨진 상태에서 아무도 실질적으로 이를 말리지 못한다는 것, 이것이 21세기 초의 인류사적 불행이기도 하다.

한국일보 2003.4.17. 아침을 열며

동북아 평화번영의 방일외교를

신당, 불경기와 부동산투기, 각 사회집단의 집단행동 등과 함께 친인척의 재산문제까지 겹쳐 어수선한 상황에서 노무현 대통령은 또 하나의 어려운 과제를 맞고 있다. 내달초 한일정상회담이다. 이번 방일은 지난 한미회담과 최근의 미일회담의 결과를 한데 묶어 한미일 관계를 포괄적으로 정리하는 것이다. 따라서 앞선 두 회담에서 합의한 것에서 크게 벗어나지 않겠지만, '평화번영의 동북아시대'를 열겠다고 공언한 노 대통령으로서는 또 하나의 시험대 위에 서는 것이어서 부담이 만만치 않을 것이다. 지난 한미회담에서 한반도 문제의 평화적 해결에 합의했다고 공언했지만, 실질적으로는 '추가조치'의 내용이 불분명하고, 더구나 최근에 이뤄진 미일회담에서 일본의 역할이 어떻게 규정되었는지 알 수 없는 상황임을 감안한다면, 이번 방일외교의 귀추에 대한 관심과 함께 지난번과 같은 실망과 우려가 반복되지나 않을지 걱정이 앞서는 것도 사실이다.

지난 몇 년간 동북아는 김대중 정권의 햇볕정책과 일본의 대북 국교정상화 노력에 힘입어 지역 당사자중심의 질서로 재편되는 듯 하다가, 미국의 견제가 커지면서 이런 움직임이 크게 후퇴했다. 이번 방일은 동북아에서 미국이 주도하는 동북아질서의 재확인이나 강화로 나아가느냐, 아니면 동북아시아에 잠재하고 있는 당사자주의가 소생하느냐의 갈림길에 있다. 하지만 우리 입장에서는 당연히 한반도의 평화와 번영의 동북아시아가 함께 성취되는 것을 바라지 않을 수 없다.

이를 위해서는 구체적인 준비가 필요하다. 첫째, 북핵을 빌미로 군사대국으로의 길을 마다하지 않는 일본의 움직임에 대해 우리의 명확한 입장을 표명할 필요가 있다. 이는 중국이나 러시아의 이해관계와 밀접히 연관된 것이어서 우리만의 문제는 아니지만 중국과의 입장조율을 통해 이 문제를 분명히 할 필요가 있다.

둘째, 이른바 납치문제가 부상한 이후 팽배해진 일본 내 우파들의 재일 한인들에 대한 차별과 위협을 시정할 수 있도록 일본정부에 명시적인 요청을 해야 한다. 일본의 조선학교는 점차 그 이념성을 탈각하면서 민족학교로서의 성격을 강화해가고 있지만 경제적으로나 사회문화적으로는 매우 어려운 사정에 놓여 있다. 재일 한인의 경제적 상황도 버블경제 붕괴 후에 크게 악화하였다. 이들에 대한 대통령의 관심과 격려의 기회가 있었으면 하는 바람이다.

셋째, 작년 한일 월드컵 이후 조성된 젊은 세대의 상호이해 분위기를 보다 발전시킬 방안을 강구해야 한다. 올바른 과거사인식을 위해서는 말로만 주장할 게 아니라 실제로 이것이 가능하도록 다양한 학습 프로그램을 마련해야 한다. 또한 공동의 평화 및 역사현장 답사 프로그램을 더욱 확대할 필요가 있다. 근래에 여러 기금이나 기구를 통해 양국간 교류기회가 증가했지만, 문화교류에 한정되어 있고, 지역적으로나 규모면에서 여전히 제한되어 있으므로 이를 확충할 수 있는 방안을 협의해야 한다.

넷째, 일본에 인도적 차원의 대북지원을 요청할 필요가 있다. 남북한이 공동으로 만드는 평화프로그램에 일본이 참여하도록 권유하고, 경제적 측면에서도 일본이 기여할 수 있는 방안을 모색해야 한다. 한국과 일본이 북한을 공동으로 위협하고 봉쇄하는 방향이 아니라 한때 일본이 추진했던 북한과의 수교문제를 진전시키는 방향으로 사태가 진전되도록, 우리 정부의 가시적 노력을 보여주어야 한다. 한반도 평화가 국제정치의 구조적 한계에서 움직이는 것이라 할지라도 한국정부의 보다 능동적인 역할이 절실히 요구된다.

혹시라도 노 대통령이 방미외교에서 실추됐다고 생각하는 명예를 일시에 회복하려 한다면 오히려 이는 개인적으로나 국가적으로 불행한 결과를 낳을 것이다. 긴 안목에서 동북아시아의 '평화와 번영'을 위해 노력하는 대통령이 되기를 기대한다.

한국일보 2003.5.29. 아침을 열며

미-일의 원폭 상징정치

리틀 보이는 1945년 8월 미국이 일본에 투하한 원자폭탄의 이름이다. 홀쭉이로도 불리는 이 원폭을 실제로 떨어뜨린 B-29 전폭기가 최근에 복원되었다고 한다. 당시 기장이었던 폴 티베트대령 어머니의 이름을 따 에놀라 게이라는 애칭이 붙은 이 전폭기는 1960년에 해체되었는데, 20년간 복원작업을 한 끝에 스미소니언 항공우주박물관의 중요 전시품목이 된 것이다. 박물관측은 이 비행기가 미일 양국의 역사에서 중요한 것이라고 인식하고 오는 12월부터 일반에 공개한다고 밝혔다. 이에 대해 히로시마 원폭 피해자연합 등 일본의 반핵단체들은 이를 원폭 정당화의 수단이라고 비판하고 나섰다. 그렇다면 이런 논란은 우리에게 단지 '강 건너 불'에 지나지 않을까? 리틀보이는 히로시마에서 약 42만명에게 피해를 입혔고, 1945년 말까지 약 16만명을 죽였다. 나가사키에서는 27만명의 피해자 중 약 7만 4,000명이 죽었다. 이들 중에는 엄청난 수의 한국인이 포함되어 있었다. 한인 피폭자는 히로시마에 약 5만명, 나가사키에 약 2만명이었고, 그 중 피폭사망자가 각각 3만명과 1만명으로 추정된다.

원폭투하와 함께 미국 트루먼 대통령은 8월 9일 "전쟁의 괴로움을 빨리 끝내기 위하여 원자폭탄을 사용했다"고 연설했으며, 9월 6일 극동 미군 총사령부는 "원폭 방사능 후유증은 있을 수가 없다"고 성명을 발표했다. 일본은 즉각 "미국이 사용한 폭탄은 그 성능이 무차별적이고 잔학한 점에서 사용이 금지되고 있는 독가스와 다른 병기들을 뛰어 넘는다. 제국정부와 전인류 및 문명의 이름으로 미국정부를 규탄하는 동시에 즉시 그런 비인도적 병기의 사용을 포기해야 한다고 엄중히 촉구한다"는 항의문을 미국

정부에 보냈다. 그러나 항복이후 '원폭투하는 국제법 위반'이라는 말을 하지 않았고, 이런 입장은 1955년의 이른바 원폭재판에서 재확인되었다.

일본인이 입은 원폭피해의 보상은 1952년 체결된 샌프란시스코 강화조약으로 인하여 일본정부의 책임으로 귀결되었다. 그러나 한국인 문제는 실종되었다. 흥미로운 것은 '리틀보이'에 의해 전 시가지가 파괴된 상황에서도 용케 잔해나마 살아 남았던 히로시마 산업장려관 건물의 운명이다. 이 건물은 1966년 히로시마 시의회에 의해 보존이 결정되었고, 몇 차례의 보수를 거쳐 1996년 유네스코 세계문화유산으로 지정되었다. 분명 이 원폭 돔과 평화공원은 '피해자 일본'의 이미지와 '인류평화를 위한 기원의 장소'로서의 이중적 이미지를 동시에 발산하고 있지만, 한국인에게는 전자의 메시지가 더 강하게 다가온다. 실제로 우리가 느끼는 '가해자 일본이 피해자인양 과시하고 있구나'라는 감정은 근거가 전혀 없는 것이 아니다. 여기에서 왜 한국인이 그렇게 많이 피해를 당했는지는 거의 강조되지 않고 있다.

우리도 마찬가지이다. 지금까지 한국에서 이 원폭은 '인과응보', 또는 '해방의 촉진자' 이미지였지, 이를 반전평화를 생각하는 매개물로 받아들인 적이 거의 없었다. 그런데 최근 이런 인식은 명백히 바뀌는 듯 하다. 지난 광복절에 열린 반전 서울 페스티발의 전야제 연극이 그 한 예라고 할 수 있다. '히로시마 메시지'라고 이름 붙인 이 연극은 1965년 일본으로 밀항한 피폭자 여성 최영주의 짧은 삶을 다루었다. 이 연극은 피폭자는 기형아를 낳는다는 오해를 불러 일으킬 소지가 있지만, 한국인 여성 피폭자의 이야기가 미국인 신부와 일본인 변호사라는 중층적 관계 속에 설정되어 있어서 피폭자 문제뿐 아니라 원폭 자체의 문제를 국제적 맥락에서 다시 생각해보도록 자극하고 있다.

현재까지도 완전히 해결된 것은 아닌 피폭자들의 보상과 건강보호 문제를 차치한다 하더라도, 이번 에놀라 게이의 복원으로 시작된 새로운 국제적 상징정치에서 우리는 과연 어디에 있는지, 생각을 가다듬지 않을 수 없다.

한국일보 2003.8.21. 아침을 열며

2019년 시민적 평화운동의 현주소

에스토니아의 수도 탈린에는 자유와 독립을 기념하는 광장이 있다. 이 광장을 굽어보는 언덕에 아주 작은 기념물 '발틱의 길'이 있다. 1989년에 만들어졌던 인간 띠 또는 인간 사슬을 기념하는 것으로, 사람의 발바닥을 형상화한 것이다. 라트비아의 수도 리가의 자유광장, 리투아니아의 수도 빌뉴스의 대성당 앞 광장에도 이와 똑같은 기념물이 있다.

구(舊)소련 치하에 있던 에스토니아·라트비아·리투아니아 세 나라의 시민 200여만명은 이해 8월 23일 저녁 7시, 세 나라를 잇는 주요 간선도로를 따라 손에 손을 맞잡고 "자유를 달라"고 외쳤다. 세계에서 가장 긴 인간 사슬 또는 인간 띠였다. 시민들이 이루어낸 620km의 인간 띠는 약 45년간 지속된 소련의 '점령'으로부터 벗어나 자유와 독립을 쟁취한 평화혁명의 원천이었다.

인간 띠잇기는 한국에서도 가능한가

3·1운동 100주년을 앞두고 우리 사회에서는 남북 공동 합창 등 여러 가지 이벤트를 구상했지만, 그중에서도 DMZ 인간 띠잇기 행사가 비교적 구체적으로 준비되고 있는 행사에 속한다. 지난 1월 말에 DMZ평화인간띠운동본부는 '한반도의 항구적 평화를 위한 DMZ 민(民)+평화 손잡기 발대식' 기자회견을 열고, 판문점선언 1주년이 되는 오는 4월 27일 오후 2시 17분에 맞춰 비무장지대 근처에 있는 10여곳의 평화누리길에서 50만명이 평화를 염원하는 인간띠잇기를 진행한다고 밝혔다. 이들이 발표한 선언문에 따르면 '3·1 선언 정신에 따라 이 땅과 세계의 평화를 기원'하기 위하여 이 행사를 준비하였고, 이를 통해 '지난 세월 분단의 상징이었던 DMZ를

평화와 생명의 공간으로 재탄생'시킨다는 것이다.

이 이벤트가 '발틱의 길'로부터 얼마나 영감을 얻었는지는 알 수 없지만, 상당히 유사한 시민적 평화운동의 구조를 가지고 있는 것으로 보인다. 물론 현재의 시민적 역량으로는 강화도에서 강원도 고성까지 비무장지대 동서 500km를 모두 연결할 수는 없기 때문에 좋은 장소를 골라 이벤트를 할 수밖에 없지만, 밑으로부터 올라오는 평화의 에너지가 상당하다.

평화누리길을 걸으며

필자는 지난 주말에 이 운동에 공감하고 있는 시민 50여명과 함께 강화도 북부 해안을 따라 걸으면서, 이런 인간 띠 운동의 의미와 함께 이것이 진정한 평화의 길로 이어질 수 있는 조건들이 무엇인지를 생각해 보았다. 김포와 강화도의 북쪽은 한강과 임진강이 만나고 또 예성강이 합류한다. 이곳은 역사적으로 한반도 수운의 중심 교통로였다. 한국전쟁 이후 이곳은 중립수역으로 지정되었지만, 차갑게 얼어붙은 냉전은 조강 양안에 있었던 역사적으로 유서 깊은 포구들을 모두 사라지게 만들었다. 새롭게 해안 북로를 잇는 도로가 개설되고 있지만, 이 길을 따라 설치된 철책은 아직 삼엄한 경계의 눈으로 평화누리길을 걷는 사람들을 응시하고 있다.

이 길이 진정한 평화누리길이 되려면 관성화된 냉전적 안보의식과 무분별한 개발이라는 두 개의 커다란 장벽을 극복해야 한다. 작년에 남북은 군사회담을 통하여 비무장지대의 GP 일부를 철거하고, 한강하구 공동수로조사를 통하여 지도를 만들고 공유하는 수준으로 나아갔다. 그러나 군사합의 자체를 부정하고 우려하는 예비역 장성들의 목소리가 만만치 않고, 또 반대로 역사적 유산의 보존이라는 맥락에서 폭파 방식의 GP 철거에 대한 반대의 목소리도 있었다. 또한 우리 정부는 2030년까지 접경지역 개발을 위하여 225개 사업에 13조2000억원을 투자한다고 발표하였는데, 이 사업들이 압축적 근대화 과정에서 형성된 개발 관성에 기초한 것은 아닌지 우려하는 목소리도 있다. 이 사업들을 뜯어보면, 역사와 문화를 복원하고 평화적 감수성을 높이기보다는 도로나 교량 건설과 개발 중심의 사업이 많기 때문이다. 조강에는 커다란 모래톱이 있는데, 남북이 이곳을 평화수역으로 지정하여 채취 개발한다면 한국 최대의 새우 산란장을 잃어버릴 수도 있다는 현지 주민의 우려가 생생하다.

평화문화와 평화산업은 아직은 걸음마 단계에 있는 것이어서 좀더 많은 성찰과 토론이 필요하다. DMZ평화인간띠운동본부가 제안한 "꽃피는 봄날, DMZ로 소풍가자"는 다소 낭만적인 구호가 현실이 될지 아니면 한낱 꿈에 그칠지 알 수 없지만, 이 행사는 한국의 시민적 평화운동의 역량을 시험하는 시금석이 될 수 있을 것이다. 이제 2주 후로 다가온 하노이 제2차 북·미 정상회담, 그리고 아마도 이에 후속하게 될 김정은 위원장의 답방 여부가 큰 영향을 미칠 것이다.

아주경제 2019.2.12.

8월 6일의 히로시마를 생각하며

지금으로부터 74년 전 여름, 히로시마는 인류 최초로 피폭 도시가 되었다. 1945년 8월 6일의 일이다. 그해 연말까지 약 14만 명이 희생되었고, 그 후 유증은 이루 말할 수도 없을 정도로 컸다. 이로부터 1년 후 일본은 이른바 평화 헌법을 갖게 되었고, 4년 후에는 히로시마가 국제평화문화도시를 선언하였다. 이후 많은 사람들이 평화공원을 방문하여 전쟁의 참상을 되새기고 있다. 2016년 오바마가 미국 대통령으로서는 처음 이곳을 방문한 이래 관람객이 날로 증가하고 있는데, 작년에는 약 150만 명이 이곳을 찾았으며 이 중 40만 명이 외국인이었다고 한다.

히로시마 평화공원의 운영자들이나 피스투어리즘을 연구하는 학자들은 이곳을 방문하는 한국인들의 반응을 상당히 궁금하게 여긴다. 한국인들은 다른 외국인들과는 달리 자신의 소감을 잘 말하지 않기 때문이다. 사실 이곳을 방문한 한국인들은 매우 착잡한 심정을 가진다. 히로시마의 피폭을 침략국에게 내린 천벌이라고 생각하는 사람이 있는 반면, 피폭자의 약 10%가 조선인이라는 사실 때문에 그렇게 생각할 수 없다는 사람도 있다. 근래에는 대량살상무기 자체를 반대해야 한다는 의견이 한국인 사이에서 우세해지고 있다.

전후 일본 정치가 보수파와 진보파로 나뉘고 약간이나마 균형을 이루고 있을 때, '8월 6일의 히로시마'를 평화로 읽을 것인가, 천벌로 읽을 것인가, 치욕으로 읽을 것인가는 사회 저변을 관통하는 핵심적인 의제였다. 그러나 근래에 점증하고 있는 우익 내셔널리즘의 와중에서 이런 문제의식은 의미가 없는 것이 되고 있다. 최근 한일 간에 전개되고 있는 경제 전쟁을 보면서, 히로시마와 가까운 곳에 선거구를 두고 있는 아베 총리가 히로시마를 어떻게 기억하고 있을까를 묻는 것도 우문이 되었다. 돌이켜보면 한일 우호협력은 1993년의 고노 담화, 1995년의 무라야마 담화에 기초하여 발전할 수 있었다. 그러나 아베의 이번 결정은 한일 간 우호 협력의 기초를 송두리째 부정한 것이라고 할 수 있다.

한국의 시민사회는 일본 정부의 도발적 조치에 대응하여 일본 상품 불매운동이나 일본 여행 자제 운동을 전개하고 있지만, 과거와는 달리 아베 총리의 속내가 무엇인가를 좀 더 골똘히 생각하고 있는 듯하다. 종종 일본의 보수 우익 정치인들이 과거의 침략을 부인하는 '망언'을 통해 심사를 긁은 적은 있어도 1965년 한일 국교정상화 이래 50여 년간 지속되어 온 경제협력을 훼손하지는 않았는데, 이제는 노골적으로 한국을 잠재적 적으로 간주하는 정책을 취하기 시작했다고 느끼기 때문이다.

아베 총리의 행보가 단순히 한국에서 진행되고 있는 징용이나 일본군 위안부 논쟁과 같은 탈식민 프로젝트들에 대한 불만에서 비롯된 것이라고 믿는 사람은 거의 없다. 이제는 거의 대등해진 한국의 경제력에 타격을 입히기 위하여 근본적으로 정책을 전환하였다는 경제전쟁론이나 한반도 평화 체제 수립 과정에서의 일본의 영향력을 회복하기 위한 전략적 선택론으로 해석하는 경향이 커지고 있다. 더 나아가 헌법 개정에 필요한 외부로부터의 긴장을 조성하기 위하여 한국을 잠재적 적으로 설정한 것은 아닌가라는 의심까지 나오고 있다.

한일 관계는 역사적으로나 지정학적으로 우열이나 승패 프레임으로만 규정할 수 없는 복잡한 구조를 가지고 있다. 현재의 한일 관계가 어려울

수록 우리가 꼭 염두에 두어야 할 것은 과도한 경제적 의존을 극복할 수 있는 기술 개발, 평화라는 보편적 가치에 호소하는 외교, 그리고 일본 평화주의 시민사회와의 실질적 연대라고 할 수 있다. 일본의 우익 정치가들과 건강한 시민사회를 구별할 수 있는 혜안이 필요하다.

다산포럼 2019.8.5.

아, 슈리성, 불타버린 류큐왕국의 혼

지난 10월 31일, 오키나와의 슈리성(首里城)이 전소되었다는 비보가 전해졌다. 1989년부터 올해 초까지 30년간 정성을 기울여 복원한 류큐왕국의 혼이 불타 버린 것이다. 슈리성 곳곳에 화마를 방지하기 위해 만들었던 여러 장식들도 아무런 소용이 없었다. 오키나와 주민들은 아연실색했고, 많은 한국인들도 10여 년 전 남대문 화재를 떠올리며 안타까워했다.

필자는 슈리성이 세계문화유산으로 지정되기 직전인 1999년 처음으로 이곳을 방문했는데, 가장 놀랐던 것은 슈리성 남문의 '예를 지키는 나라'라는 표현이었다. 이 수례문은 조선의 숭례문을 떠올렸다. 슈리성 정전에는 '중산지토'(中山之土)라는 청나라 강희제가 하사한 편액이 걸려 있었다. 중화질서를 나타내는 상징들이 곳곳에 남아 있었던 것이다.

류큐는 조선이 건국된 지 14년 후인 1406년 쇼(尙)씨에 의해 통일 왕국으로 출발하였고, 슈리성은 이 왕조의 궁궐로 지어졌다. 조선이 도요토미 히데요시의 침략을 받은 지 17년 후인 1609년, 류큐 왕국은 지금의 가고시마에 근거를 둔 사쓰마번의 침략을 받았다. 사쓰마번은 중국과의 중계무역에서 발생하는 이익을 얻기 위하여 이 조그만 왕국을 배후에서 조종하였다. 류큐는 중국과 사쓰마번에 양속되는 처지가 되었다. 근대의 파도가 류큐 왕국을 덮친 것은 1853년이다. 미국의 페리 제독은 상해를 떠나 류큐의 나하에 입항했고, 이듬해인 1854년 미국과 통상조약을 맺었다. 이것은 류큐가 형식적으로 독립 왕국임을 나타내는 징표였다.

류큐에서 오키나와로

류큐의 불행은 메이지 유신 이후에 다가왔다. 1872년 일본은 중국 황제가

했던 것처럼, 류큐 국왕을 번왕으로 책봉하였다. 그로부터 7년 후인 1879년, 일본은 이른바 류큐 처분을 통하여 번을 폐지하고 일본의 한 지방임을 나타내는 현을 창설하는 '폐번치현'을 단행하였다. 류큐는 오키나와가 되었으며, 류큐의 국왕은 귀족으로 강등되고 인질로서 도쿄로 강제 이주를 당하였다. 이 시기를 상세하게 연구한 류큐 대학의 나미히라 쓰네오(波平恒男)교수는 '류큐 처분'이라는 용어는 일본의 입장만을 반영한 것이라 했다. 보다 객관적으로 말하려면 조선 병합이라는 용어처럼, 류큐 병합이라고 말해야 한다는 주장이다. 일본은 류큐를 병합한 후, 1894년 청과의 전쟁을 통하여 대만을 식민지화하였고, 1905년 러시아와의 전쟁을 통하여 조선의 외교권을 강탈하였다. 이어 영친왕을 볼모로 잡아갔고, 결국 조선을 병합하였다.

일본은 만주 침략과 함께 내부의 식민지를 보다 공고한 제국의 일부로 만들기 위해 황국신민화를 추진하면서 다른 한편으로는 중요한 역사 유적들을 문화재로 지정하여 식민지 주민들의 자존심을 세워 주는 정책을 실시하였다. 일본은 슈리성을 1933년 국보로 지정했고, 조선총독부는 그 이듬해에 남대문을 보물 1호로 지정하였다. 하지만 슈리성의 언덕 부지는 일본군 제6사단의 사령부가 차지하여 태평양 전쟁을 준비하기 시작하였다. 그 결과는 참혹한 것이었다. 1945년 5월, 미군은 오키나와 상륙작전을 시작하면서 함포 사격으로 사령부와 슈리성을 완전히 파괴되었다. 류큐의 혼을 담은 문화재들이 사라진 것이다. 이 사령부의 위안부 시설에서 발굴된 샤쿠(콘돔)가 나중에 한국의 '나눔의 집' 전시관에서 전시될 줄을 누가 알았으랴.

미군 점령하에 오키나와에는 류큐 정부가 성립하였고, 폐허가 된 슈리성 터에는 류큐대학이 들어섰다. 1958년 수례문이 복구되어 정전의 복구를 기다리게 되었다. 일본의 잠재 주권만이 인정되고 실질적으로 일본과 분리된 오키나와는 베트남전쟁의 와중에서 1972년 일본으로 '복귀'하였다. 1979년에 류큐 대학이 이전한 후 오키나와 현과 일본 정부는 슈리성 재건계획을 세웠다. 1989년부터 본격적인 복원이 시작되어 1992년 정전과 남전, 북전 건물이 완공되어 공원이 되었고, 관광객을 맞기 시작하였다. 2017년에는 285만 명이 이곳을 찾았다.

지난 이십여 년간 슈리성은 동아시아 평화의 상징이었다. 이를 언제 다시 찾을 수 있을까? 두 손 모아 빠른 복원을 기원한다.

다산포럼 2019.11.5.

우산과 가면

한달 전에 서울에서 만난 홍콩의 한 대학 교수는 1997년 홍콩의 주권이 중국에 반환된 이래 홍콩시민들이 경험한 다섯 차례의 민주화운동을 열과 성을 다하여 설명하면서, 광동어의 세계 홍콩에 가해지고 있는 중국 '베이징어'의 압력이 상상 이상임을 알려주었다. 홍콩의 민주화운동의 전체 모습을 언제 방문하면 잘 볼 수 있겠는가라는 질문에 대하여 그는 바로 지금이라고 답했다.

그가 말한 홍콩 민주화운동은 2003년 홍콩 정부가 홍콩판 국가보안법 제정을 추진했을 때, 50만명의 시민들이 반대 시위에 나서면서 시작되었다. 이 반대운동으로 홍콩 정부는 그 법안을 철회하였다. 두 번째의 민주화운동은 2009년 중국 전국 인민대표대회에서 홍콩 기본법을 개정하려면 중국의 사전 승인을 받으라는 반분열국가법 홍콩조항을 만들었을 때였다. 홍콩 시민들은 이에 강력하게 저항하였다. 세 번째는 2012년 홍콩 정부가 친중국적 '애국교육' 과목을 필수 교과목으로 지정하려고 하면서 발생했다. 홍콩정부는 고교생들이 주축이 된 대규모 반대 시위에 직면하여 이를 철회하였다.

네 번째 민주화운동은 우리에게 우산혁명으로 잘 알려진 홍콩 행정장관 직선제 요구 시위이다. 2014년 9월 홍콩의 대학생들은 홍콩 행정장관직 후보자격 제한에 반발하여 대규모 시위를 하였고, 경찰은 엄청난 최루탄을 쏘면서 시위를 진압하였다. 학생들은 휴대하고 있던 우산으로 최루탄을 막아내려고 안간 힘을 썼고, 그 우산들은 홍콩 민주화운동의 상징이 되었다.

다섯 번째가 올해 3월부터 시작해 6월에 100만명에 이른 시위로 현재까지도 지속되고 있다. 그 출발은 범죄인 인도법 반대시위였는데, 홍콩 정부가 이를 철회하였음에도 불구하고, 중학생과 대학생, 그리고 시민들은 그동안의 경찰 강경 진압에 대한 조사, 행정장관 직선제 실시 등을 요구하면서 시위를 계속하였다. 이 과정에서 홍콩경찰은 시위대의 마스크 착용을 금지하는 '복면금지법'을 시행했지만, 시위대는 마스크 대신 가면을 쓰고 더 강력하게 저항하였다. 홍콩 시민들이 쓰고 있는 가면은 그들이 느끼고 있는 절절한 위기감을 표현하는 도구가 되었지만, 그 가면들이 대부분 중국에서 생산된 것이라는 아이러니는 복잡한 홍콩의 현실을 잘 보여준다.

끈질기게 반복되는 홍콩 민주화운동은 1990년 제정된 홍콩기본법과 1997년부터 적용된 일국양제, 특히 홍콩의 자치권에 대한 중국정부와 홍콩 시민들간의 해석의 차이에 그 뿌리를 두고 있다. 중국정부는 '일국양제'에서 전자에 방점을 찍지만, 홍콩의 민주파 시민들은 후자를 강조하고 있다. 중국정부는 홍콩의 근현대사를 식민주의의 맥락에서 해석하지만, 홍콩 시민들은 정치적 자유와 경제적 번영에 익숙해있다. 중국은 홍콩의 미래에 외부세력이 개입하는 것을 싫어하지만, 경찰의 강력한 탄압에 직면한 홍콩 시민들은 인권과 민주주의를 위한 국제 연대를 호소하고 있다.

홍콩 시민들은 한국의 민주화운동에 많은 영향을 받았다. 지난 6월의 대규모 시위가 시작될 때, 홍콩 시민들은 '님을 위한 행진곡'을 불렀다. 경찰의 탄압이 격화되고, 급기야 중국 인민해방군이 홍콩에 모습을 드러내면서 상황이 복잡해졌다. 홍콩 시민들의 연대요청에 응하는 한국의 인권단체와 대학생들에 대하여 중국에서 온 유학생들이 이의를 제기하면서 실랑이가 시작되었다. 사드문제로 오랫동안 갈등을 빚었던 한중관계가 겨우 복원되려고 하는 상황에서 홍콩의 민주화운동에 접근하는 태도에 신중을 기할 수 밖에 없는 것이 한국 정부나 시민사회의 입장이다.

지난 24일 치루어진 홍콩 구의회 선거에서 민주파가 친중파를 누르고 압승했다. 많은 사람들이 이 결과에 안도하였지만, 과연 이 선거결과가 6개월동안 지속된 민주화투쟁을 일단락지우고 홍콩에 평화와 안정을 가져올 것인지 확신할 수 없다. 2020년의 입법회 의원선거, 2022년의 행정장관 선거는 주민 직선제가 아닌 여러 제도적 장벽을 친 간접선거이기 때문에 주민들의 자치권에 대한 요구와 충돌할 것이 뻔하기 때문이다.

일국양제의 실험장인 홍콩문제가 주변국에 미치는 영향은 매우 크다. 당장 대만이 긴장하고 있으며, 싱가포르를 비롯한 동남아시아도 예의 주시하고 있다. 냉전분단체제를 극복하고 한반도 평화체제를 구상하고 있는 우리에게도 시사하는 바가 크다. 오랫동안 다르게 살아온 두 사회를 통합하는 것은 다르게 살아온 만큼의 기간보다 더 많은 시간을 필요로 할지 모른다. 1954년 금사향이 불렀던 홍콩아가씨라는 노래의 가사처럼, 최루탄 가스와 먹구름이 드리운 홍콩의 밤하늘에 다시 별이 반짝이는 날이 오기를 기원하자.

아주경제 2019.11.26.

베를린의 쇼네바이데에서

엊그제 베를린 남동부의 쇼네바이데를 찾았다. 어김없이 초겨울의 부슬비가 내리고 있었지만, 나치 강제노동 기록센터는 방문객들을 차분하게 맞고 있었다. 이곳에서 나치 치하 강제노동 및 2000년 이후에 시작된 피해자들에 대한 보상 실태에 관한 상설 전시, 그리고 2차대전 말기에 이루어진 이탈리아 주민들에 대한 강제노동에 관한 특별 전시를 보면서 다시 한번 과거를 공부할 수 있는 기회를 갖게 되었다. 물론 이 전시는 얼마 전에 있었던 한·일 간 지소미아 종료 문제와 대비되면서 나에게 착잡함을 더해 주었지만, 과거사 문제에 대한 인식을 새롭게 가다듬을 수 있는 좋은 기회였다.

이 기록센터는 베를린에 있었던 3000개의 강제노동 수용소 중에서 유일하게 남아 있는 건물 부지에 자리 잡은 것으로, 근래에 만들어진 '테러의 지형 재단'이 운영하는 것이다. 우리는 과거 나치의 강제노동 수용소를 말할 때면 항상 아우슈비츠나 작센하우젠, 다카우, 부헨발트와 같은 유명한 절멸 수용소들을 떠올리지만, 나치 독일이 만들었던 강제노동 수용소는 이런 극단적인 유형뿐 아니라 훨씬 더 일상적이고 많았던 강제노동 수용소들이 있었다는 사실은 잘 알지 못한다. 이 기록센터는 일반 주택가에 자리 잡고 단층짜리 건물들로 구성되었는데, 일부 건물에는 이탈리아의 젊은 군속들이 연행되어 일을 하고 있었다. 1944년 초에 이렇게 강제 연행되어 강제노동을 하던 사람들이 베를린에만 42만 명이나 되었다. 2006년 건물들이 수리되어 전시관 및 기록센터로 개관하였다.

이행기 정의와 독일의 길

1945년 5월, 유럽의 제2차 세계대전이 끝났을 때, 나치의 강제노동 수용소에 있었던 2600만 명 중에서 살아남은 사람들은 절멸 수용소 생존자를 제외하고 약 1137만 명이었고, 소련에만 355만 명이 생존하고 있었다. 이들은 다른 나라에서 독일로 강제로 연행되어 왔으며, 독일의 각종 공장에서 전쟁에 필요한 군수물자뿐 아니라 일상적으로 필요했던 생활필수품들을 만들고 있었다. 물론 임시 주거시설에서 열악한 생활을 했다.

나치하에서 자행된 각종 인권침해에 대한 서독의 배상은 이스라엘에 30억 마르크, 유태인회의체에 4억 5천만 마르크를 지불한 것이 시초였다. 나치 피해의 문제는 일찍부터 가장 끔찍했던 홀로코스트 문제로부터 시작되었는데, 이것이 너무 부각되다 보니 강제노동 피해자들의 문제나 나치 군대에 관한 문제는 금기 또는 침묵하는 문제로 남아 있었다. 강제노동 피해자들에 대한 보상 문제는 1953년 런던 합의에서 제기되었으나 오랫동안 법적 미해결 문제로 남아 있었다. 평화조약을 체결한 후에 보상한다는 명분이었다.

그러다가 1990년 2+4의 방식으로 평화조약을 체결하면서 독일 기업들의 강제노동 피해자들에 대한 보상 문제가 다시 부상하였다. BMW에서 강제로 일했던 노동자들이 배상을 요구하자 독일 정부는 법치주의의 원칙이 지켜진다면 보상할 수 있다고 응답하였는데, 특히 미국에서 전개된 독일의 전범기업 보이콧 운동이 결정적이었다. 1998년 독일의 정당들이 강제노동 보상을 위한 재단을 설립하기로 합의하고, 2000년에 법률을 제정하였다. 독일 연방정부가 50%, 기업들이 50%를 출연하여 총 100억 마르크의 기금을 마련하고 기억책임미래재단을 설립하였다.

2001년 5월부터 강제노동 피해자들에게 개별 보상이 시작되었는데, 2007년까지 총 98개국의 피해자, 166만 명 이상이 보상을 받았다. 러시아에서 85만 명, 폴란드에서 48만 명으로 가장 큰 비중을 차지했다. 실제 보상 과정은 복잡했다. A범주는 절멸 수용소나 감옥이나 게토의 노동 수용소에 있던 사람들인데 전자에게는 7669유로, 후자에게는 3068유로에서 7669유로까지 보상되었다. B범주는 강제노동 수용소나 각 기업에서 강제노동을 한 사람들로 2556유로씩 보상되었고, 농업 부문에서 강제노동을 한 사람들에게는 536유로에서 2200유로까지 지급하였다. 물론 많은 희생자들에게 그 보상은 늦은 것이었고 보상금은 많지 않은 것으로 생각되지만, 동유럽 가난한 나라들의 피해자들에게는 상당한 금액으로 간주되었다.

쇼네바이데에서 다시 한 번, 과거를 직시하고 또 과거와 화해하는 방식이 유럽과 아시아에서 참 다르다는 생각을 하지 않을 수 없었다. 베를린의 크리스마스는 우리보다 빨리 시작되었다.

다산포럼 2019.12.10.

한국관광산업의 경쟁력

흔히 여행과 관광은 정치적 자유화나 경제발전에 영향을 받으면서 중산층의 구조적 동향을 보여주는 지표로 간주되어 왔다. 우리나라의 경우도 마찬가지이다. 서울올림픽을 성공적으로 마친 한국정부는 자신감을 가지고 1989년부터 해외여행을 자유화했는데, 이로부터 30년이 지난 2018년 통계에 따르면, 해외로 나간 한국 국민은 연인원 2,870만명으로 해외여행 자유화가 이루어진 첫해에 비해 24배의 증가를 보였다고 한다. 경제성장, 정치민주화, 동아시아의 탈냉전이라는 세 가지 변수가 한국 관광산업의 발전에 큰 영향을 미쳤다고 할 수 있다.

2018년도 세계 여행 및 관광 산업은 세계 GDP의 10.4%를 차지하고 있고, 비슷한 수준의 고용을 창출하는 데 기여하였다. 일본과 한국 그리고 중국을 중심으로 형성된 동아시아 투어리즘은 2010년대에 이르러 양적으로 크게 성장했을 뿐 아니라 구조적 변화를 보여주었다. 우선 한·중 간 여행을 보면, 2012년까지 한국에서 중국을 찾는 관광객이 중국에서 한국을 찾는 관광객보다 더 많았는데, 2013년부터 역전되었다. 2017년 사드 문제가 한·중 관광의 구조를 교란시키는 요인으로 작용했으나 다시 기존의 양상을 되찾고 있다. 한·일 간 여행의 변화도 유사하다. 2013년까지 일본에서 한국을 찾는 관광객이 한국에서 일본을 찾는 관광객보다 많았지만, 2014년부터 역전되기 시작하여 그 격차가 급속하게 커지기 시작하였다. 이 역시 최근의 일본에 대한 여행 자제가 영향을 미치고 있다. 중·일 간 관광의 양상은 어떠한가? 2014년까지 일본에서 중국을 찾는 관광객이 중국에서 일본을 찾는 관광객보다 더 많았는데, 2015년부터 역전되어 그 격차가 심화되고 있다. 동아시아의 투어리즘에서 역사적·정치적 변수가 영향을 미치기는 하지만, 장기적으로 보면 2010년대 중반기에 보여준 구조가 고착될 가능성이 크다.

그렇다면 세계에서 한국 관광산업의 경쟁력은 어느 정도이며, 관광산업 발전을 위해 어떤 약점을 고쳐야 할 것인가? 세계경제포럼(WEF)의 통계에 따르면, 한국의 여행 및 관광 경쟁력 지수는 2015년도에 29위, 2017년 19위, 2019년에는 140개국 중에서 16위를 기록하였다. 지속적으로 개선되고 있다. WEF의 '2019 여행 및 관광 경쟁력 보고서'에 따르면, 일본은 세계 4위, 중국은 세계 13위로 우리보다 앞섰다. 이 통계에서 홍콩은 14위, 싱가포르는 17위, 대만은 37위였다. 일본은 그렇다고 하더라도 중국이 우리보다 앞서 있는 것이 의아하지만, 이 지수가 어떻게 구성되어 있는지를 보면 그 사정을 이해할 수 있다. 이 경쟁력 지수는 크게 환경 조성, 관광정책 및 기반, 인프라, 자연 및 문화자원 등 네 분야로 구성되어 있고, 이들을 다시 세부적으로 나누어 총 14개 기준으로 구성되어 있다. 오래전부터 관광산업의 진흥에 노력해온 일본은 여러 분야에서 우위를 차지하고 있는 반면, 중국은 자연 및 문화 자원 부문에서 최고 점수를 받았으나 환경 지속가능성에서 문제가 있다고 지적되었다.

한국은 관광정책 및 기반 부문에서 가장 많이 개선되었으나, 가격 경쟁력과 자연 자원 부문에서 저조한 상태임을 보여주었다. 이 두 가지 측면에서의 약점을 어떻게 극복할 것인가? 국회 입법조사처의 보고서에 따르면, 앞으로 10년간 관광 산업의 GDP 기여도는 약 50% 증가할 것이며, 관광산업이 자연 및 문화 자원과 저비용 노동에 의존하던 기존의 방식에서 기술 중심과 숙련된 전문 인력에 의존하는 방식으로 변화할 것으로 예상하였다. 그렇다면 한국의 관광산업 발전을 위한 방향은 한편으로는 가격 경쟁력을 회복할 수 있도록 기술력을 확보해야 하고, 자연자원 분야의 약점을 보완하기 위하여 남북한을 아우르는 관광권 형성이 절실하다고 할 수 있다. 그뿐만 아니라 문화유산에 대한 재구성 노력이 지속적으로 이루어져야만 매력적인 관광국가로 발돋움할 것이다.

　　동아시아에서 전쟁과 냉전기 국가폭력의 상흔을 담고 있는 기억의 터들은 국가 간 경쟁과 적대로 인하여 오랫동안 서로 분리되고 파편화된 상태로 방치되어 왔다. 이제 우리는 동아시아의 냉전경관들을 한데 모아 비교하고, 이들의 공통점이나 차이를 확인하면서, 이들을 공동체적 평화를 증진하는 교류와 연대의 장소로 만들어야 할 필요가 있다. 냉전경관을 매개로 한 관광이 일국적 안보관광이 아니라 지역적 평화관광으로 자리잡을 수 있는 사회문화적 조건을 지속적으로 탐구해야 한다.

아주경제 2020.1.14.

5장
균형발전과 지역문화

지역개발, 표가 왕이다

정근식/ 전남대 교수·사회학

최근 감사원의 영광군에 대한 감사와 위천공단조성을 둘러싼 정부 여당의 정책을 보면서 오늘날 우리가 어디로 가고 있는가를 자문해본 사람이 한둘이 아닐 것이다.

영광원전 5, 6호기 추가 건설을 둘러싼 정부와 지방자치단체간의 갈등은 한편으로는 우리 사회 환경의식의 수준을 가늠하고 다른 한편으로는 지방자치제 실시 이후 자치단체의 자율성의 범위가 어느 정도인가를 보여주는 시험이었다. 결국 목적 감사를 통해 해당 공무원들을 징계하겠다는 감사원의 위협과 조그마한 이익에 매달려야 하는 일부 주민들 사이에서 영광군수는 두손을 들고 말았다.

위천공단에서 보인 씁쓸한 구태들

영광원전 문제보다 더 씁쓸하고 한심하다는 느낌을 주는 것이 위천공단 문제이다. 1990년 대구지역의 고질인 염색업체들의 집단적 관리를 위해 마련된 위천공단 조성안은 그동안 수차례 성격이 바뀌면서 대구와 부산 사이를 아직도 왔다갔다하고 있다. 대구지역이 중앙집권 30년의 가장 큰 수혜자가 아니라 가장 큰 피해자라는 인식이 확산되면서 위천공단 조성은 어느새 '지역숙원' 사업이 되었다. 지역경제의 회생을 위해서는 하루빨리 공단을 조성해야 한다는 대구·경북의 여론과는 달리, 1991년 이후 두 차례의 폐놀사건 등 수질오염에 시달려온 부산·경남의 주민들은 공단조성에 반대하고 있다.

두 지역의 반목은 위천공단 입주업체의 성격과 폐수처리능력을 보는 관점의 차이로부터 비롯될 것이다. 부산·경남 주민은 대구시의 오염방지대책을 불신하며, 대구 주민은 중앙정부의 '지역차별' 정책에 대한 불만이 크다. 깊게 들여다보면 불신과 불만의 기저에는 개발정책에 관한 과도한 정치 논리가 가로놓여 있다.

지난 총선거에서 집권여당은 대구에서 표를 얻기 위하여 지역 연고 정치인을 내세워 공단조성을 공약으로 내세웠으나 이후 하류지역의 여론에 밀려 슬그머니 뒤로 빠졌다. 악화된 여론을 반전시키기 위하여 지난 8월 집권여당 대표가 나서서 공단조성 결정이라는 인심을 쓰려고 했지만, 부산지역 주민의 '보호자'인 대통령의 언명으로 보류되고, 다시 이에 대한 반발이 거세지자 대구에 연고가 있는 총리로 하여금 오는 11월쯤 최종 발표를 한다고 한다. 대통령과 국무총리, 여당 대표 모두 특정 지역의 보호자라는 이미지만 강화하였는데 이것은 자업자득인 셈이다. '우리가 남이가'를 외치면서 기세를 올렸던 집권여당의 인사들은 아직도 지역개발의 문제를 표와 직결시켜 생각하는 단기적 안목에서 벗어나지 못하고 있다.

양식있는 사람들은 대구, 부산의 대표들과 정부, 3자가 잘 조정하여 합리적 해결책을 찾아야 하며, 공단조성과 수질개선을 동시적으로 시행해야 한다고 주장한다. 타당한 견해이다. 그러나 이를 동시에 추진하려면 얼마나 많은 국가예산이 한 지역에 투입되어야 할 것인가.

여기서 지적해야 할 것은 균형감각을 잃고 자기 지역의 이익만을 향해 치닫는 정치인과 지역주민의 야합구조이다. 한국정치에서 보호 수혜관계는 3공 정권에서 만들어지기 시작하여 점차 노골화되었으며, 이런 경향은 현 문민정권에서 극단적으로 진행되고 있다. 권력의 핵심요직을 누가 차지하는가의 문제를 넘어서, '선거에서 표로 연결되지 않을' 지역은 아예 예산배정에서 제외시키자는 논리가 나온다. 이것은 가상적인 가설이 아니라 현실이다. 내년 예산 편성에서 보이는 극심한 지역간 불균형은 이런 현실을 잘 보여준다.

국가의 존립근거를 부정하는 것

모든 것을 표로 보고 행하는 정치는 정치적 시장주의의 한 극단으로 국가의 존립근거를 부정하는 것이다. 단기적이고 정략적인 개발은 당장에는 표를 얻는 데 도움을 주겠지만 장기적으로는 돌이킬 수 없는 해악을 가져온다. 해악의 하나는 목전의 개발이익보다 장차 치러야 할 환경파괴의 대가가 훨씬 크다는 점이다. 어떤 사람은 낙동강의 완전한 수질 회복을 위해서는 10조원이 든다고 주장하고 있다. 해악의 두번째는 민족적 분열의 씨를 뿌린다는 점이다. 세계 여러 나라가 경험한 민족적 갈등과 분열은 종교나 인종적 기원을 갖는 것이지만 그에 못지 않게 불균형 발전이 누적된 결과이기도 하다.

근래에 문민정부가 자꾸 설득이 아닌 위협으로 문제를 해결하려 하고, 개발의 문제를 오로지 표의 논리로만 바라보는 근시안적 정치를 보면서, 과연 우리가 선진국 운운할 자격이 있는가를 생각한다. 국가권력은 부드러울수록 강하고 힘자랑을 할수록 약하다는 것이 정치학적 지식의 기초가 아니던가. 선진국에 들어갈 수 있는 자격은 경제적인 것뿐만 아니라 정치문화를 선진국답게 만드는 것이다.

지역개발, 표가 왕이다

최근 감사원의 영광군에 대한 감사와 위천공단조성을 둘러싼 정부 여당의 정책을 보면서 오늘날 우리가 어디로 가고 있는가를 자문해본 사람이 한둘이 아닐 것이다. 영광원전 5, 6호기 추가 건설을 둘러싼 정부와 지방자치단체간의 갈등은 한편으로는 우리 사회 환경의식의 수준을 가늠하고 다른 한편으로는 지방자치제 실시 이후 자치단체의 자율성의 범위가 어느 정도인가를 보여주는 시험지였다. 결국 목적 감사를 통해 해당 공무원들을 징계하겠다는 감사원의 위협과 조그마한 이익에 매달려야 하는 일부 주민들 사이에서 영광군수는 두 손을 들고 말았다.

위천공단에서 보인 씁쓸한 구태들
영광원전 문제보다 더 씁쓸하고 한심하다는 느낌을 주는 것이 위천공단 문제이다. 1990년 대구지역의 고질인 염색업체들의 집단적 관리를 위해 마련된 위천공단 조성안은 그동안 수차례 성격이 바뀌면서 대구와 부산 사이를 아직도 왔다갔다하고 있다. 대구지역이 중앙집권 30년의 가장 큰 수혜자가 아니라 가장 큰 피해자라는 인식이 확산되면서 위천공단 조성은 어느새 '지역숙원'사업이 되었다. 지역경제의 회생을 위해서 하루빨리 공단을 조성해야 한다는 대구·경북의 여론과는 달리, 1991년 이후 두 차례의 페놀사건 등 수질오염에 시달려온 부산·경남의 주민들은 공단조성에 반대하고 있다.

두 지역의 반목은 위천공단 입주업체의 성격과 폐수처리능력을 보는 관점의 차이로부터 비롯된 것이다. 부산·경남 주민은 대구시의 오염방지 대책을 불신하며, 대구 주민은 중앙정부의 '지역차별' 정책에 대한 불만이 크다. 깊게 들여다보면 불신과 불만의 기저에는 개발정책에 관한 과도한 정치 논리가 가로놓여 있다.

지난 총선거에서 집권여당은 대구에서 표를 얻기 위하여 지역 연고 정치인을 내세워 공단조성을 공약으로 내세웠으나 이후 하류지역의 여론에 밀려 슬그머니 뒤로 빠졌다. 악화된 여론을 반전시키기 위하여 지난 8월 집권여당 대표가 나서서 공단조성 결정이라는 인심을 쓰려고 했지만, 부산지역 주민의 '보호자'인 대통령의 언명으로 보류되고, 다시 이에 대한 반발이 거세지자 대구에 연고가 있는 총리로 하여금 오는 11월쯤 최종 발표를 한다고 한다. 대통령과 국무총리, 여당 대표 모두 특정 지역의 보호자라는 이미지만 강화하였는데 이것은 자업자득인 셈이다. '우리가 남이가'를 외치면서 기세를 올렸던 집권여당의 인사들은 아직도 지역개발의 문제를 표와 직결시켜 생각하는 단기적 안목에서 벗어나지 못하고 있다.

양식있는 사람들은 대구, 부산의 대표들과 정부, 3자가 잘 조정하여 합리적 해결책을 찾아야 하며, 공단조성과 수질개선을 동시적으로 시행해야 한다고 주장한다. 타당한 견해이다. 그러나 이를 동시에 추진하려면 얼마나 많은 국가예산이 한 지역에 투입되어야 할 것인가.

여기서 지적해야 할 것은 균형감각을 잃고 자기 지역의 이익만을 향해 치닫는 정치인과 지역주민의 야합구조이다. 한국정치에서 보호 수혜 관계는 3공 정권에서 만들어지기 시작하여 점차 노골화되었으며, 이런 경향은 현 문민정권에서 극단적으로 진행되고 있다. 권력의 핵심요직을 누가 차지하는가의 문제를 넘어서서, '선거에서 표로 연결되지 않을' 지역은 아예 예산배정에서 제외시키자는 논리가 나온다. 이것은 가상적인 가설이 아니라 현실이다. 내년 예산 편성에서 보이는 극심한 지역간 불균형은 이런 현실을 잘 보여준다.

국가의 존립근거를 부정하는 것

모든 것을 표로 보고 행하는 정치는 정치적 시장주의의 한 극단으로 국가의 존립근거를 부정하는 것이다. 단기적이고 정략적인 개발은 당장에는 표를 얻는 데 도움을 주겠지만 장기적으로는 돌이킬 수 없는 해악을 가져온다. 해악의 하나는 목전의 개발이익보다 장차 치러야 할 환경파괴의 대가가 훨씬 크다는 점이다. 어떤 사람은 낙동강의 완전한 수질 회복을 위해서는 10조원이 든다고 주장하고 있다. 해악의 두번째는 민족적 분열의 씨를 뿌린다는 점이다. 세계 여러 나라가 경험한 민족적 갈등과 분열은 종교나 인종적 기원을 갖는 것이지만 그에 못지 않게 불균형 발전이 누적된 결과이기도 하다.

근래에 문민정부가 자꾸 설득이 아닌 위협으로 문제를 해결하려 하고, 개발의 문제를 오로지 표의 논리로만 바라보는 근시안적 정치를 보면서, 과연 우리가 선진국 운운할 자격이 있는가를 생각한다. 국가권력은 부드러울수록 강하고 힘자랑을 할수록 약하다는 것이 정치학적 지식의 기초가 아니던가. 선진국에 들어갈 수 있는 자격은 경제적인 것뿐만 아니라 정치문화를 선진국답게 만드는 것이다.

한겨레21/128호 1996.10.10. 논단

서울론, 부산론

몇 해 전인가 "살기좋은 서울"을 만들자는 캐치프레이즈가 서울시청에 걸려 있었다. 너무나 당연하고 그렇게 되면 정말 좋겠구나라는 생각을 하면서 발을 돌리자마자 또 다른 생각이 머리를 스쳤다. 정말 서울이 살기 좋은 도시가 되면 어떻게 될까. 큰 일이다. 그렇지 않아도 인적 물적 자원의 서울 집중 현상이 심하여 온갖 사회문제가 발생하는데 거기에다 서울이 살기 좋은 도시까지 된다면 더 많은 사람이 모여들고 국토이용의 불균형이 더 심화될 것이 아닌가. 물론 이것은 지방적인 생각이었다.

살기 좋은 서울을 생각할 때 근본적으로 다른 두 가지 패러다임이 존재한다. 한가지는 현재의 서울의 도시규모와 기능을 유지하면서 살기좋은 서울을 만드는 방법이고, 다른 한가지는 서울지역의 생태환경을 고려하면서 그에 적절한 인구규모를 책정하여 인구를 분산시킴으로써 자연스럽게 만들어가는 방법이 그것이다. 전자의 틀에 설 때 살기 좋은 환경과 인구집중이라는 모순에 빠지게 된다. 현재의 규모를 유지하면서 살기좋은 도시로 만들려면 엄청난 비용이 들어가야 할 것이며, 그것은 다른 낙후된 지방이나 농촌에 들어가야 할 자원을 전용하는 것을 의미한다. "살기 좋은 서울"은 서울 아닌 지방을 살기 좋게 만듦으로써 인적 물적 자원의 집중 현상을 완화하고 그것을 통해 서울이 적정한 도시규모를 유지할 수 있을 때 가능한 것이 아닐까. 결국 적절한 규모 문제를 논의하지 않는 "살기좋은 서울"론은 실현가능한 정책목표가 아닌 정치적 구호이거나 균형감각을 상실한 일방적인 생각에 지나지 않음을 깨닫게 되는 것이다.

이런 생각들을 부산에 적용하면 어떻게 될까. 부산은 1960년대 이래 서울 다음으로 빠르게 성장한 대도시이며 국제적인 도시가 되었다. 대외

의존적 경제성장이 가져다 준 도시성장이었다. 이 과정은 많은 부산 시민들에게 영광보다는 고통을 더 많이 안겨주었다. 목재나 신발 산업 등 초기 수출경제에서 중요한 비중을 차지했던 노동 집약적 산업이 사양화되면서 실업문제가 만성화 되었고 도시경제는 항상적 위기에 처했다. 부산에서의 지역경제 위기론과 경제살리기 운동은 한국경제의 2차 산업화 국면, 즉 중공업화의 본격 추진기 이후 지속되고 있는 것이다. 이런 경제적 위기 속에서 시민들의 불안감과 불만은 부산을 민주적 야당도시로 만들었다.

김영삼 대통령 집권 초기에 부산은 한편으로 시민들의 노력, 다른 한편으로 중앙권력의 후원으로 삼성자동차 유치, 가덕도 부산신항만 개발, 아시안 게임유치, 국제영화제 개최 등 경제적 활성화 조치들을 비교적 잘 추진하였다. 과정의 순조로움은 이런 노력들이 충분한 균형감각 위에서 수립되었는가를 성찰할 기회를 박탈하지는 않았을까. 집권 후반기에 부산시민들이 이른바 "손가락 절단론"까지 들먹이며 정치적 괴로움을 토로했을 때조차 경제정책들에 대한 검토는 생략되었다. 이제 김영삼 대통령 시절의 지역경제 활성화정책은 부메랑이 되어 부산경제의 어려움을 더욱 가중시키고 있다. 오늘날 부산은 전국 최고의 실업률과 낮은 산업구조에 시달리고 있다. 이런 어려움을 해결하기 위하여 부산경제 살리기 운동이 한창이며 이에 대한 시민적 관심과 성원이 매우 크다.

모든 정치적 불만은 집권한 DJP정권으로 향하고 있는 것으로 보인다. 이 정권의 경제정책의 시행착오가 많은 것은 사실이나 혹시 이런 점들이 자기성찰의 기회를 또 다시 빼앗아 가지는 않을지. 세계 자본주의 체제 아래에서 거의 모든 도시정치는 이른바 "성장기계"들에 의해 움직인다. 미국의 도시사회학자 멀로치에 따르면 도시정치는 도시내 토지 소유자들의 이해를 대변하면서 규모의 확대를 발전으로 생각하는 성장지향적 정치인들이 주도하고 대부분의 지역 언론인 학자들이 여기에 가세한다는 것이다. 때때로 전국적 균형 개념을 상실한 시민단체도 여기에 포함된다. 부산도 이런 "성장기계"에 속하는 사람들에 의해 과도하게 휘둘리는 것은 아닌지, 부산 시민들이 갖고 있는 균형개념이 현재를 기정사실화하고 있는 정태적 균형개념에 사로 잡혀 좀 더 장기적이고 역사적인 동태적 균형개념을 결여하고 있지는 않은지 한 번쯤 성찰해볼 필요가 있다. 서울 못지 않게 빠른 속도로 도시성장을 경험한 부산의 어려움을 근본적으로 해결할 수 있는 방안은 어디에서 찾아야 하는가.

부산일보 1999.7.17. 부일시론

사할린 한인 정책과 지방정부

부산은 근래 러시아 연해주 지역의 소규모 상인들의 활발한 상업 활동지가 되면서 상당수의 사할린 한인들이 단기체류 형식으로 와 경제활동을 하고 있다. 오늘날 사할린에 살고 있는 한인들은 4만명에 약간 모자라는 규모이다. 일제 식민지 시기에 자발적으로 이주했던 사람과 해방 후 북한이나 중앙아시아에서 이주했다가 돌아가지 않은 사람도 없지 않지만 대부분 1940년 전후한 시기에 모집이나 징용으로 끌려온 사람이거나 그 자녀들로 대체로 경상도와 전라도를 고향으로 하고 있다. 식민지체제가 급속하게 냉전체제로 바뀌면서 고향으로 돌아오지 못하고 교통도 두절되어 역사의 미아가 되어버렸던 사할린 한인들은 일제를 원망하고 소련을 원망했다.

페레스트로이카와 88 서울 올림픽 이후 고향방문이 이루어지고 꿈에 그리던 조국 귀환도 이루어지기 시작했다. 사할린 한인 1세들 중 수백명이 귀국해 고령 춘천 인천 등지에서 살고 있다. 그러나 아직도 돌아오고 싶은 한인들이 많기 때문에 이들을 수용할 수 있는 5백세대의 아파트를 안산에 짓고 있다. 사실 사할린 한인 사회도 자신이 살아온 처지에 따라 다양한 관점이 있고 대립과 갈등도 존재한다. 식민지 시기를 바라보는 관점은 대체로 동질적이나 사회주의적 경험을 바라보는 시각은 상당히 달랐다. 끝까지 고향에 돌아가야 한다는 일념으로 40여년을 버텼던 사람들도 있지만 어떤 권력이 들어서건 권력을 가진 사람들에게 항상 협조적이었던 사람들도 있다. 여기에 적응하면서 열심히 살았던 사람들 중에는 공산당원이었던 사람도 있다. 과거에 대한 관점도 다르지만 장래를 바라보는 관점은 더 많이 분화되어 있다.

요즘 사할린 한인 사회는 어떤 일이 있더라도 고향으로 돌아가야 한다는 1세 중심의 귀환주의와 현지에서 적응하면서 살아야 한다는 2세 중심의 현지주의 간의 갈등이 존재한다. 1세들에게 지난 50년은 정지된 시간이었으며 그 속에 항상 고향산천이 존재했다. 그러나 50년이라는 시간은 어김없이 사할린 사회에도 흘렀다. 이제 1세들은 1천명 미만이 되었다. 그동안 1세들은 열심히 2세를 낳고 3세를 키웠다. 여느 지역의 한국 이민들처럼 이들도 공통적으로 자녀교육을 위해 노력했다. 소련 국적 취득은 자녀교육을 위해 불가피한 것이었다. 그러나 2세, 3세들에게 조국은 둘이 되었고 고향은 한국이 아니라 사할린이 되었다. 1세들은 인간이란 자신의 사회와 국가를 위해 사는 것인데 현지에 남아 있을 경우 진정한 자신의 사회나 국가가 없기 때문에 개인적 이익만을 추구하게 된다고 생각한다. 2세들이 보기에 한국은 이미 낯선 곳이며 자신들을 포용할만한 여건이 마련될 것 같지 않다고 생각한다. 부친의 고향은 자신들을 기다리지 않으며 귀국하더라도 2등 국민으로 살 수밖에 없다고 생각한다. 이들이 사할린 경제에서 차지하는 비중은 결코 작지 않다.

오늘날 1세들의 귀국은 과거 이들이 사할린으로 끌려가면서 그랬던 것처럼 새로운 이산가족을 만들어내고 있다. 사할린 한인들이 보기에 그들의 조국 한국정부는 자신들의 요구에 소극적으로 대응해왔다. 그들은 이스라엘이나 독일 일본이 행하는 해외 교민들에 대한 배려를 눈으로 보면서 "한국도 이제 먹고 살만한데 왜 충분한 지원을 하지 않는가" 혹시 우리를 영 버리는 것은 아닌가"하는 의구심을 가지고 있다. 이제 그들은 돌아가고 싶은 한인들에게는 돌아갈 기회를 제공하고 잔류하려는 한인들에게는 현지사정을 고려한 적극적인 지원대책을 요구하고 있다.

사할린으로 이주했던 식민지시대에는 조국이 없었으나 이제는 자신들을 보호해주어야 할 조국이 있다고 생각한다. 사할린 한인들에게는 조국 뿐 아니라 고향도 매우 중요하다. 사할린 한인들에 대한 장기적 대책을 세우는 것을 중앙정부만의 몫으로 치부하기보다 지방정부들도 적극적으로 여기에 참여해야 한다.

부산일보 1999.8.5. 부일시론

재벌개혁과 지역주의

최근 대우의 부채 문제가 심각한 것으로 드러나면서 재벌개혁논쟁이 일기도 했다. 재벌개혁이 곧 재벌해체인가 아닌가를 두고 논란이 있었지만, 전반적인 개혁의 필요성에 따라 총수 개인의 독단적 결정과 선단식 경영이 불가능해지는 쪽으로 사회적 합의가 이루어지고 있다.

우리 사회에서 재벌이 사회적 문제가 된 것은 1960년부터였다. 부정축재라는 오명을 쓰고도 군사정권의 필요에 의해 되살아났던 것이다. 1970년대 이후에는 문어발 선단식 경영, 가족주의와 세습, 재벌2세들의 도덕적 타락 등 많은 해악을 끼쳐온 것으로 인식되어 왔다. 국가주도형 경제성장 전략이 어느 정도 먹혀 들면서 이런 비난은 잠재워져 왔지만 IMF사태 이후 재벌체제는 더 이상 효율적인 체제가 아닌 것으로 드러났다. 무한경쟁의 시대에 덩치만 커진 허약한 거인은 이제 설 자리가 사라지게 된 것이다. 환란의 주범으로 몰렸던 김영삼정권의 최고 권력자들조차 IMF사태의 원인을 누적된 경제구조적 문제 탓으로 돌리지 않았는가. 한국의 재벌체제는 국가 주도형 경제성장정책의 산물이었고 국가의 둘도 없는 동맹군이었다. 재벌들에게 각종 특혜를 주는 대가로 정치자금을 받아 통치비용을 마련했던 권위주의 정권이었다. 그렇지만 재벌개혁에는 수많은 걸림돌이 있는 것으로 보인다.

추상적으로 언급되는 재벌은 너무 쉽게 비판의 대상이 되지만 우리의 생활세계로 내려오면 그렇게 만만한 것이 아니다. 한국의 재벌체제는 오랫동안 구조화된 것이어서 이미 우리 생활주변 곳곳에 그리고 의식 깊숙이 뿌리 내리고 있다는 점을 간과할 수 없다.

첫째, 과거의 성장정책을 옹호하고 재벌만이 세계화시대에 경쟁력을 갖추고 있다고 생각하는 언론과 지식인들이 매우 많다. 지난 40년간 재벌체제 군부독재 그리고 보수 언론 등이 돌아가면서 서로를 끌고 밀어 왔는데 그 고리를 끊기가 쉽지 않다. 특히 재벌의 쌍생아인 재벌언론과 함께 언론재벌 또한 재벌체제를 유지하는데 핵심적인 역할을 담당해 왔다는 점을 유의해야 한다.

둘째, 재벌은 재벌이라는 하나의 이름으로 존재하는 것이 아니다. 재벌기업은 사실 우리 사회에서 취업희망 1순위 직장이었고 우리가 좋아하는 축구나 야구 팀을 보면 알 수 있듯 체육이나 문화산업 또한 재벌에 의존하거나 운영되는 정도가 엄청나게 크다. 민주적 노동운동을 이끌어온 대규모 노동조합들은 재벌기업을 배경으로 조직된 경우가 많으며 재벌개혁은 노동시장 구조조정과 불가피하게 관련을 맺고 있어 노동운동에 영향을 미치지 않을 수 없다.

셋째, 가장 두려운 것은 우리 사회에서 재벌기업이 대기업으로 존재할 뿐 아니라 "우리 향토기업"으로 존재한다는 사실이다. 재벌개혁에 저항하는 세력이 가장 이용하기 좋은 것이 이 향토주의 내지 지역주의이다. 그동안 모든 지역사회에서 지역경제 발전을 위해 꼭 필요한 또는 꼭 유치해야할 대상이 주로 재벌급 대기업이었다. 그러나 우리는 이미 재벌에 대한 향토주의적 해석의 폐해를 자동차나 전자산업의 구조조정과정에서 실감했다. 광주에서의 기아자동차 국민기업설, 부산에서의 삼성자동차 향토기업설 등은 정치와 경제 그리고 지역사회의 상호관계를 바라보는 우리의 관점이 얼마나 시대에 뒤진 것인가를 잘 말해주는 것이다. 연고주의적 향토주의적 의식을 뛰어넘어 모순적 상황을 돌파할 수 있는 힘은 오직 성숙한 시대인식을 가진 시민들로부터 나온다. 과연 우리 시민들은 정부에 재벌개혁의 단호한 의지를 끝까지 줄기차게 요구할 준비가 되어 있는가.

부산일보 1998.8.26. 부일시론

문화도시 만들기 허와 실

지방자치 실시이후 약 6년간 한국의 도시나 지역들에서 가장 뚜렷한 변화는 각종 지역발전계획의 폭증과 지역축제의 확대일 것이다. 이런 변화는 공업중심적 발전으로부터 문화중심적 발전으로의 전환과 문화산업 개념의 확립을 가져왔다. 최근 지역문화발전 프로젝트는 이벤트형을 벗어나 '문화도시 만들기'형으로 나아가고 있다. 특히 자신을 저발전지역이라고 인식하는 도시들은 정보화와 문화산업화에 많은 기대를 걸고 있다. 문화를 지역발전의 자원으로 삼아 도시경제를 활성화하고 도시의 경쟁력을 강화한다는 것이다.

전국의 거의 모든 도시가 이런 전략을 채택하고 있어서 도시간 경쟁이 치열해지고 있다. 지난 주말에 부산에서 문화도시 만들기의 현실에 관한 사회학자들의 토론이 있었다. 핵심쟁점은 근래에 진행되고 있는 문화산업육성전략이 공업화전략의 대체물일 수 있는가, 그리고 현 정부의 문화산업육성전략은 적절한 수위를 유지하고 있는가였다. 영화 한편이 수천대의 자동차와 맞먹는다는 일부의 주장은 충격적이기는 하지만 사실은 일면적인 것이다. 경제를 생각할 때는 부가가치뿐 아니라 고용효과도 같이 고려해야 한다는 비판이 제기되었다. 또한 문화산업은 일부 선진국의 독점물이라는 점이다. 이런 사실은 우리에게 이중적인 성찰을 요구한다. 한국도 부가가치가 많은 문화산업을 육성해야 하지만, 우리의 경우 어느 정도나 문화산업이 가능한지를 냉정하게 따져보아야 한다. 문화산업에 대한 강조는 좋지만, 과도한 환상은 자칫 수많은 청소년들의 미래를 그르칠 위험이 있다.

한국의 도시들은 1960년대 이래 자신의 발전을 공업화로 등치시킨 후 공장유치를 위해 부단히 노력해왔다. 그러나 공장유치는 몇몇 공업 도시를 제외하고는 제대로 추진되지 못했다. 80년대 이후 자본의 자유로운 이동이 확대되면서 공장유치의 문제는 일국적 맥락을 벗어나게 되었고, 특히 노동집약적 공장시설의 해외이전 경향 때문에 공장유치는 지극히 부진했다. 이 때문에 이들 도시는 대안적 발전전략을 모색할 수 있는 조건에 놓였고, 이의 구체적 대안이 문화도시전략이었다.

'문화도시만들기'는 첫째 중앙정부의 문화산업 육성정책, 둘째 지방정부의 지역발전정책, 셋째 도시성장 패러다임의 전환을 추구하는 시민운동적 요소의 결합 산물이다. 현재의 문화도시만들기는 시민내부로부터의 요구 축적에 의한 것이라기보다는 중앙정부의 지식기반산업에 대한 강조와 문화산업단지 지원계획에 자극을 받은 결과이다.

그러나 중앙정부로부터 지방정부로의 권한이양이나 재정구조의 불변 등이 지방(도시)들의 독자적 계획추진능력을 크게 제약하고 있다. 또한 시민들의 삶의 질 향상에 초점이 두어지기보다는 문화산업, 특히 애니메이션 및 영상산업 육성 일변도로 나아가는 문제를 가지고 있다. 이것은 최근 정부에서 지원하기로 결정한 4개 도시의 문화산업단지 조성계획에서 잘 드러나고 있다.

'문화도시만들기'는 문화적 삶의 질을 고양하기 위하여 시민 스스로가 주체가 되는 신문화운동의 한 표현이어야 한다. 신문화운동은 시민들의 자기계발과 도시공동체의 형성, 아름다운 경관조성 및 문화공간의 충실화, 문화산업의 지속성 확보를 위한 기초이자 결과이다. 무엇보다도 문화도시만들기는 시민적 문화역량에 기초해야 하기 때문에 시민들의 문화적 욕구를 정확하게 파악해야 하고, 문화시민운동의 육성을 위한 종합적 프로그램이 문화산업단지 조성과 함께 마련되어야 한다. 시민들의 문화력이 뒷받침되지 않는 문화산업육성은 실패할 수밖에 없다. 문화적 삶의 질을 수시로 체크할 수 있는 지표를 개발하고 통계를 작성하는 일 또한 중요하다. 과연 우리의 문화도시 만들기가 '중앙으로부터의 지방자치'가 아니라 '지방이 스스로 창조하는 시대'를 열 수 있을지.

경향신문 2001.5.29. 정동칼럼

선진적 문화도시를 위하여

최근 우리 광주에서 문화수도론에 대한 논의가 뜨겁다. 참여자치 21에서 도시디자인센터를 발족시키면서 이를 위한 토론회를 개최했는가 하면, 지난 주에는 문화연대와 광주문화자치회의가 공동으로 '광주 문화수도론'의 진단과 전망이라는 토론회를 개최하였고, 이번 주에는 광주전남 비전 21에서 문화수도는 과연 가능한가라는 보다 도발적인 질문을 내세우면서 토론회를 개최하였다. 비전 21 토론회에는 문화관광부 장관이 직접 참여하여 지난 1월 노무현 대통령이 후보 시절 공약한 광주 문화수도론의 실체를 어느 정도 밝혔다.

광주 스스로의 실질적 준비 중요

필자가 두번째 토론회에서 밝혔듯이 문화수도론은 행정관청의 이전을 핵심으로 하는 행정중심적 패러다임, 문화산업론을 근간으로 한 경제주의적 패러다임, 시민 생활의 질의 제고를 중심으로 하는 생활론적 패러다임으로 구분된다.

어느 패러다임에 서느냐에 따라 광주 문화수도론을 바라보는 입장이 크게 달라진다. 문화수도가 개념적으로 가능한가로부터, 광주가 문화수도가 될 수 있는가, 가능하다면 그것을 어떻게 만들어가야 하는가. 우리는 이런 방식의 질문을 1980년대에 예향론을 둘러싸고, 2000년을 전후한 시기에는 문화도시론을 둘러싸고 제기한 바 있다. 그런 논의의 성과가 광주비엔날레의 창설이었고, 또 문화광주 2020 기본계획의 수립이었다.

최근의 토론에서 몇가지 잠정적으로 합의되어가는 것이 있다. 첫째, 문화수도를 만들기 위해서는 매우 오랜 시간이 걸린다는 것, 둘째, 벤치마

킹의 대상은 세계도시가 아니라 인구 100-200만의 문화도시여야 한다는 것, 셋째, 하드웨어 중심으로 접근해서는 안된다는 것, 넷째, 대규모의 단일 프로젝트보다 다수의 중소규모 프로젝트가 바람직하다는 것, 다섯째, 광주비엔날레나 민주인권도시라는 이미지와 같은 현재의 자원을 최대한 활용해야 한다는 것, 여섯째 문화상품의 생산뿐 아니라 일상생활에서의 향유와 소비를 고려해야 한다는 것.

그러나 역시 가장 중요한 것은 더 이상 정부에 기댈 것이 아니라 실질적인 준비를 광주 스스로가 해야 한다는 점이다. 사실 광주의 현재의 역량으로 문화수도라는 이름에 걸맞는 선진적 문화도시를 만드는 것은 힘겨운 일임에 틀림없다. 부족한 역량으로 큰 일을 해내기 위해서는 지역사회에 흩어져 있는 역량들을 최대한 유기적으로 결집해야 한다.

여기에서 몇가지 제안이 가능하다. 우선, 시의 문화관광국, 비엔날레 재단, 대학의 문화관계 연구소, 문화관련 시민단체의 핵심실무자들이 허심탄회하게 모여 토론하는 자리를 자주, 또는 정기적으로 만들어야 한다. 권위나 형식을 내세우지 않고, 실제로 기획과 연구 능력이 있는 사람들이 모일 필요가 있다. 지금까지 이런 모임은 영역간의 네트웍 부족 또는 상호불신에 의해 제대로 마련되지 못했다.

둘째, 국내외 사례들에 대한 정보를 축적하는 시스템이 필요하다. 문화관련 방문, 답사, 연구가 이루어지면 꼭 리포트를 작성하고 이를 발표하여 아이디어를 공유할 필요가 있다. 이것은 전문연구자 뿐 아니라 지역정치가나 행정 당국자, 문화운동가들에게도 해당된다. 가칭 광주 문화문고를 창설하여 출간함으로써 이런 토론과 리포팅 시스템을 지원해야 한다.

셋째, 광주비엔날레를 최대한 활용해야 한다. 광주비엔날레는 한편으로는 그 자체로 광주라는 도시를 세계에 알리는 효과적인 수단이자 다른 한편으로는 이를 기초로 문화산업을 일으키는 징검다리이다.

지역사회 역량 유기적 결집을

광주 비엔날레가 그동안 거둔 성과가 많지만, 가장 부족한 것은 문화예술적 담론 생산 기능이 떨어진다는 것이다. 미술의 전시에 그치는 것이 아니라 그것의 준비과정에서 그리고 그것의 평가과정에서 학술적 토론을 통하여 논쟁을 만들어내야 하는데, 문화예술의 전시와 학술적 비평-연구가 충분히 결합하지 못했다. 아울러 공공미술의 영역에 더 많은 관심을 가지고 비엔날레의 성과가 아름다운 도시 만들기에 기여하도록 유도할 필요가 있다. 그것의 성과가 공중으로 사라지거나 창고에 들어가는 것이 아니라 광장과 거리로 나와야 한다. 우리는 세계적인 예술의 도시 파리가 수차례에 걸친 만국박람회의 산물이었음을 잊어서는 안된다.

시민의 소리 2003.03.29. 투데이오늘

지방대, 지방혁신의 핵으로

분권-균형과 함께 '지역혁신체계'가 개혁정책의 핵심 화두로 떠오르고 있다. 지역혁신체계란 지방정부의 독점적 정책결정과 집행구조에서 벗어나 지방대학 및 연구소, 지역 산업체, 시민단체가 협력하여 지역을 변화시키려고 노력하는 체제를 의미한다.

참여정부는 세계화와 함께 진행하는 지방화전략으로 지방대학의 육성을 통한 지역혁신의 길을 택하였다. 이 구상에 따르면 지방대학은 한편으로는 중앙정부로부터, 다른 한편으로는 지방정부와 지역기업으로부터 지원을 받아 지식기술과 인재양성 등 지역발전에 기여해야 하는 책임을 부여받고 있다.

지역간-지역내 불신 여전

과연 우리의 지방대학은 지역발전의 중추기지 및 기획센터의 역할을 감당할 수 있는가. 이같은 지역혁신체제의 구축에는 만만치 않은 장애물들이 도사리고 있다. 첫째는 현재의 지방정치문화이다. 국가균형발전 모델은 내생적 발전 전략을 통해 전국 각 지역을 상호의존 및 상생의 그물망으로 발전시켜, 전국토의 성장 잠재력을 극대화하려는 것이지만, 전국 정치를 향한 지방의 시각은 저마다 다르다. 지금 각 지방정부는 근본적으로 지역균열정치의 산물이라고 할 수 있다.

실제로 분권과 분산을 주장하는 사람들 사이에서도 정책의 우선순위와 구체적 방법을 둘러싸고 생각이 서로 다르다. 수도권 대 지방의 관계가 화두에 오르면, 모든 지방이 분권과 분산이라는 총론에 찬동하면서도 정작 각론에 들어가면, 지방간에 경쟁과 대립이 일쑤여서 오히려 다른 지방보다는 수도권을 선택하는 자기모순에 빠진다. 이 점에서 지역혁신체제 구축은 논리적 타당성과 함께 그것을 실현할 수 있는 '지방연합'의 구축여부에 성패가 달려있다. 지방대학의 성장도 마찬가지이다.

두번째 장애요인은 지방정부와 지방대학간의 원활하지 못한 의사소통구조이다. 같은 지역사회에 있으면서도 지방자치단체와 지방대학은 중앙의 부처들과 서로 다른 관계를 맺고 있어서 공동의 의제를 둘러싸고 상호 토론과 협조, 지원한 경험이 많지 않다. 지방대학의 총장들이 자신의 이해관계를 벗어나 지역혁신체제를 이끌아갈 비전과 능력을 겸비하고 있는가도 따져봐야 한다. 이런 상황을 도외시하고 막연히 지방대학에 지역혁신의 중심 역할을 맡긴다면, 추상적 공론에 빠질 위험이 있다.

셋째는 지방대학 내부의 문제이다. 지방대학은 단일-동질적 존재가 아니다. 지방대학도 역시 국립대학과 사립대학, 거점대학과 '주변대학'으로 위계화되어 있다. 지방대학은 좁은 교육시장을 둘러싼 경쟁에 치중한 나머지 협조관계를 발전시키지 못했다. 어떤 경우에는 '내부 식민지'라고 불릴 정도로 지배 종속관계가 강한 반면, 어떤 경우에는 자존심 경쟁으로 인해 의사소통이 두절되어 있다. 모든 지방대학을 육성해야 하는가라는 의문이 나오는 것도 이 때문이다. 따라서 대학간 역할 재조정이 불가피하다.

대학역할조정-특성화를

넷째, 전략적 발전단위로서 지방대학 육성은 특성화를 전제로 한다. 그동안 지역별 대학별 특성화를 위한 노력을 경주해왔지만, 과거의 국제지역연구 프로그램이나 근래의 생명공학기술, 정보통신기술, 문화산업 육성 등에서 보듯이, '특성의 획일화'로 귀결된 측면이 있다. 이런 시행착오를 반복하지 않으려면 능력에 맞는 규모의 프로젝트를 수행하고 연구자의 대학간 이동이 보다 자유롭게 이루어지도록 제도개선이 필요하다.

지역혁신체계 구축에 참여해야할 각 주체들은 지금껏 중앙집권체제하에서 서로 간에 신뢰와 협조관계를 구축하기보다는 무관심과 불신이 더 컸다. 성장주의 일변도의 지방자치단체장들, 상시적 위기에 처해 있는 지방산업체들과 함께 지역혁신이라는 중차대한 임무를 수행해야 하는 우리의 지방대학은 분명 새로운 도약의 기회를 맞고 있지만, 거기에는 무거운 책임이 함께 다가오고 있다.

한국일보 2003.5.8. 아침을 열며

5월문화운동의 성과를 위하여

광주는 근래에 도시발전전략으로 문화수도로 표현되는 선진적 문화도시, 그리고 민주인권도시를 표방하고 있다. 이 두가지 목표는 서로 경쟁적이거나 배타적인 것으로 생각되기도 하지만, 실은 이들이 취사선택의 대상이 아니라 유기적으로 결합되고 종합되어야 할 대상이다.

이 두 영역을 아우르는 기초는 바로 1980-90년대의 치열했던 5월문화운동이다. '1980년의 광주'를 정신적 원천으로 삼아 전개된 오월문화운동은 매우 어려운 조건에도 불구하고 주목할만한 문화적 작품들을 생산해왔다.

워낙 문화운동이라는 영역은 한국 민주화운동이 만들어낸 중요하고도 특이한 성과이면서 한국 대중문화의 역동성이 살아 숨쉬는 영역이기도 하다. 문화운동이론을 제외한다면, 문학, 노래, 그림, 연극, 영상 다큐멘터리 등의 다양한 영역에서 얻은 성과와 노하우는 전국의 어느 도시보다 광주가 가장 풍부하다. 어쩌면 이 문화운동으로 인하여 지난 20여년간 광주는 광주답게 되었는지도 모른다.

지금 돌이켜보면 5월문화운동은 1980년대의 우리나라 전체의 문화운동을 이끌어간 키잡이였고, 나아가 한국 현대문화를 일방적 소비문화로 떨어지지 않도록 견인하면서, 우리에게 어떤 삶이 바람직한가를 제시하는 방향잡이였다. 민주화를 달성하지 못한 나라들에게는 하나의 전범을 제공하는 역할도 했다. 예컨대 5월의 노래는 세계 여러 나라 민주화운동단체들이 부르는 보편적 운동가요가 되었고, 5월의 그림이나 연극들은 세계 어느 곳에 내놓아도 손색이 없다는 평가를 받았다.

5.18 정신의 계승이라는 측면에서 오늘날 광주가 안고 있는 하나의

문제는 이런 중요한 5월문화운동의 성과를 한데 모아 정리하고 연구하는 기구나 제도가 어디에도 없다는 점이다. 광주시나 비엔날레 재단, 또는 민간 문화재단 어디도 이 소중한 5월문화운동 자료들을 체계적으로 수집하는 곳이 없다. 5.18 문화관이 건물로써는 존재하지만, 기능으로써는 빈약하기 그지없다. 어쩌면 우리에게 너무 익숙한 것이어서 그것의 소중함을 잘 모른다고 말하는 것이 더 솔직한 고백일 것이다. 그러나 이것이야말로 다른 곳에는 없는 우리의 소중한 자산이다.

또 하나, 광주가 갖고 있는 문제는 세대간 경험의 단절현상이다. 5월의 경험은 소중하게 간직되어야 할 뿐 아니라 세대적으로 재생산되어야 한다. 그러나 5.18을 직접 경험한 세대와 직접 경험하지 못한 젊은 세대의 문화를 읽는 방식은 사뭇 다르다. 젊은 세대가 문화에 접근하고 읽어내는 방식에 맞추어 5월정신이 재해석되지 않으면, 세대간 간격은 더 벌어질 것임에 틀림없다. 이는 말로써가 아니라 다양한 문화적 형식들을 통해서만 가능하다.

전남대 5.18연구소는 제주 4.3연구소와 함께 5월 15일부터 17일까지 3일간에 걸쳐 "역사적 기억과 문화적 재현"이라는 주제로 국제 심포지움을 열었다. 이 심포지움은 1980-90년대 문화운동의 자료를 한자리에 모으고 이를 이론적으로 탐구하려는 최초의 시도라는 점에는 매우 중요한 의미를 지니고 있다. 또한 이 심포지움은 제주와 광주라는 한국 현대사의 가장 중요한 사건의 현장을 서로 묶어주어 실질적인 지역간 연대를 실천하기 시작했다는 점에서 매우 큰 의미가 있었다.

심포지움의 과정에서 많은 참석자들은 이구동성으로 문화운동의 중요성에 대하여 다시 인식하게 되었다고 말했다. 또한 문화운동이 매우 강하지만, 이에 대한 정확한 평론가와 이론가가 부재한 광주의 상황에 대해서도 인식을 같이 하게 되었다. 우리의 음악운동을 이론적으로 주도해온 노동은 교수는 드디어 광주에도 음악 연구자가 나오게 되었다고 감격해했다.

비록 홍보에 문제가 있어서 이 심포지움에 대한 시민 참여자가 별로 많지 않았지만, 정말 뜻깊은 학술행사였다고 생각된다. 겉으로만 거대하고 화려한 것을 추구할 것이 아니라 실속 있는 내용을 추구해야 하는 것, 이것이 바로 광주가 선진 문화도시 또는 민주인권도시로 나아가는데 있어서 시민들이 갖추어야할 가장 중요한 덕목이라는 점, 우리가 다시 한번 생각해보아야 할 대목이다.

시민의 소리 2003.5.24. 투데이오늘

참된 지방시대를 위하여

근래에 우리 사회에 새롭게 던져진 '지역혁신체제'라는 용어 때문에 지방정부나 시민사회 모두 소란스럽다. 이것은 시대적 변화에 적합한 지역발전체제를 어떻게 만들 것인가를 생각하면서 제시된 개념이지만, 그것의 참된 의미를 공유하고 자기성찰을 하기보다는 '주도권' 경쟁의 양상으로 논의가 전개되고 있다.

참여정부가 출범한 이래 광주와 전남에서 진행되고 있는 지역발전을 둘러싼 논의들을 지켜보면서 참된 지방시대와 시민의 주체성 형성에 저해가 되는 지난 시기의 유산들을 다시 생각하게 된다. 무엇보다도 담론에 따르지 못하는 현실이 두드러지게 보이기 때문이다. 너무나 원칙적인 말이지만, 지역발전을 장기적인 안목에서 보고, 중앙정부, 지방정부, 그리고 지역 시민사회의 유기적 분업체제를 가다듬어야 한다.

시민주체 형성 가로막는 유산들

첫째, 지역사회와 중앙정부의 관계를 재정립해야 한다. 오랫동안 호남에서 중앙정부는 정치적 억압자 또는 반대자이면서 지역발전을 위한 예산 따내기에서는 어쩔 수 없이 허리를 굽혀야 하는 상부의 권력이었다. 이와는 달리 국민의 정부 출범 후의 중앙정부는 '우리가 만들어 낸 우리의 정부'라는 인식이 강했다. 중앙정부는 정치적으로 믿고 의지하는 대상이었지만, 스스로 해결해야 할 것조차 위임함으로써 지역사회의 주체적 자율성은 별로 신장되지 못했다. 노무현 정권아래에서는 이런 양극을 오가는 방식이 아니라 지역의 주체성을 기초로 하여 중앙정부와 지역이 서로 믿고 협조할 수 있는 관계로 나아가야 하는데, 여기서의 가장 큰 걸림돌은 지방정부의 정치적 성과주의이다. 지방정부는 다시 중앙정부를 예산확보를 위한 압박의 대상으로 보고 있으며, 이를 선거정치를 위한 실적으로 활용하려는 기미가 보인다.

둘째, 지방정부와 지역 시민사회와의 관계를 재정립해야 한다. 우리 사회에서는 오랫동안 지방자치제가 실시되지 않음으로써 지방정부는 오랫동안 존재하지 않았고, 지방자치제가 실시된 이후에도 과거의 관주도적 방식이 체질화되어 그것이 관주도인지도 모르고 기존의 통제 또는 관리 방식을 그대로 재생산하는 경향이 있다.

지역혁신체제는 이런 관주도형 방식을 바꾸어 지방정부와 지역시민사회가 수평적 동반자 관계로 지역발전을 달성해가는 것을 의미한다. 그러나 지방정부는 시민사회에 책임있는 무엇인가를 맡기는 것을 불안해 한다. 참여라는 이름 하에 주민들을 들러리 세우는 방식은 그대로 유지되고 있다.

시민사회 또한 지방정부를 일방적으로 밀어부치거나 그렇지 않으면 재정지원요구의 대상으로만 바라보는 시각이 많이 남아 있다. 이런 어려움들은 시민들이 직접 자신의 손으로 구성한 지방정부이지만, 그럼에도 불구하고 이를 전폭적으로 신뢰하지 않는데 있다. 지난 시기에 국회의원 선거나 지방자치단체장 선거가 그 자체로 중요한 최종적 정치행위가 아니라 보다 '큰 권력'의 생산, 즉 대통령선거에 종속되었기 때문이다. 그만큼 지방정치는 파행적이었다.

전문성 신뢰성 갖는 시민단체·지방정부 필수
셋째, 그동안 우리 지역의 시민사회는 많은 발전을 했지만, 여전히 오랫동안의 반독재투쟁의 전통에 영향을 받아 '통일전선식 대오'를 갖추는 것에 익숙해 있으며, 개별 시민단체가 창조적 방식으로 독자적인 사업을 하는 것에 대해 고운 시선을 보내지 않는다.

때때로 특정 시민단체가 나름대로의 사업을 훌륭하게 하고 있는 경우조차 긍정적 평가를 하는데 인색하다. 시민사회의 연대는 매우 중요한 가치이지만, '과도한 연대'는 개별 시민단체의 성숙을 가로막는 부정적 효과가 있다. 또한 우리 시민단체는 전문성과 다양성을 포용하는 폭이 그리 넓지 않다. 보다 적극적으로 전문성을 갖출 필요가 있다.

동원에서 참여로, 참여에서 주체로 전환하는 것은 그리 쉬운 일이 아니다. 참된 지방시대를 위해서는 시민단체의 내적 역량의 성숙과 함께 신뢰할만한 지방정부의 존재가 필수적 조건이 된다. 주민들이 훌륭한 대표자를 갖고 있음을 긍지로 느낄 수 있는 정도의 식견과 지도력을 겸비한 인물이 나올 수 있도록 준비해야 한다. 시민단체의 리더들 또한 다양성을 인정하고 전문성을 중시하는 자세를 가다듬을 필요가 있다.

시민의 소리, 2003.07.14. 투데이오늘

3대 개혁특별법과 지역의 비전

대통령이 제안한 국민투표 문제로 시끄러운 가운데, 지난 15일 드디어 '3대 개혁 특별법안'이 국무회의를 통과했다. 지방분권특별법은 자치단체의 입법권 강화와 함께, 교육, 경찰, 세금제도 등에서 지방자치적 성격을 강화하는 내용을 담고 있다. 국가균형발전법안은 정부의 5년 단위의 국가균형발전계획, 시도단위의 지역혁신발전계획, 지역전략사업의 구조 고도화 및 투자유치촉진 등을 핵심내용으로 하고 있다. 신행정수도건설 특별조치법은 수도권의 정부소속 투자 출연기관을 비수도권으로 이전하는 것으로, 2004년 행정수도 입지결정, 2012년 중앙행정기관의 이전을 목표로 하고 있다.

제 정파·수도권주민 동의 관심
이 개혁특별법안들은 내주 초에 국회에 제출될 예정인데, 현재의 극단적 여소야대 상황의 국회에서 이 법안들의 운명이 어떻게 될 것인지 궁금하지 않을 수 없다. 국회를 장악하고 있는 야당들이 이 법안을 정파를 초월한 국가적 필요에 의한 것으로 해석하고 동의할 것인지, 아니면 노정권에 대한 무조건 반대의 관성대로 이를 좌초시킬 것인지 불투명하다.

정당의 정파적 이익을 쫓는 요즘의 정치적 분위기 이외에도 처음부터 이 개혁법안에 반대하는 분위기가 우세한 수도권의 국회의원들의 태도 또한 안심할 수 없다. 지금도 서울 시의회에는 수도이전 결사반대라는 플래카드가 걸려 있고, 또한 경기도와 경기도의회는 국가균형발전이나 행정수도 이전에 대해 반대하는 분위기가 강하다. 수도권의 논리는 항상 세계화시대의 국가경쟁력이었으며, 따라서 이 개혁특별법들이 차질없이 통과

되고 실현되려면 이 특별법들이 장기적으로 지향하고 있는 국가적 비전을 수도권 주민들이 공유하고 동의하는 절차가 중요해진다.

광주나 호남의 주민입장에서 보면, 지역균형발전법과 지방분권특별법이 국회에서 통과되어야 하는 것은 당연하지만, 민주당이 어떤 당론을 만들 것인지를 넘어서서, 실질적으로 지역균형을 달성할 수 있는 방법과 내용이 무엇인가, 그리고 분권이 이루어졌을 때 과연 현재의 지방정부에게 커진 권한을 기꺼이 맡길 수 있는가를 숙고하지 않을 수 없다. 지역적 이해와 국가적 비전을 균형있게 인식하고 이끌어갈 참다운 권위, 즉 제대로 된 지방정부를 갖는 것이 점점 중요해지고 있다.

균형발전의 방략에 관해서 말한다면, 최근 급진전되고 있는 문화중심도시만들기 계획이 그 중심에 있을 수 밖에 없다. 여기에 관하여 많은 토론이 있었지만, 아직도 국가와 지방정부, 그리고 시민사회의 역할분담에 관해 충분한 토론이 이루어지지 않은 느낌이다.

과거와 같은 정부주도형 계획도 아니고 그렇다고 해서 지방정부가 모든 것을 결정하는 것이 아닌 국가와 지방, 그리고 정부와 시민의 협력형 모델을 성공적으로 만드는 것이 광주를 아시아의 문화중심도시로 거듭나게 하는데 결정적인 요인이 될 것이다.

'법안 실행', 제대로 된 지자체 첩경

신뢰할만한 지방정부에 관해 말한다면, 걱정과 우려가 앞서는 것이 솔직한 심정이다. 오랫동안의 민주화운동이 '큰 권력'을 중심으로 전개되었기 때문에, 전국적으로나 세계적으로 내세울만한 지방정부를 세우는데 소홀히 했고, 이 때문에 많은 주민들이 자신의 지방정부에 대해서는 긍지를 가지지 못하는 것이 오늘의 엄연한 현실이다. 이를 극복하기 위해서는 지역정치가 더 활성화되어 경륜과 능력이 더 적절하게 배치되도록 유도할 수 밖에 없다.

아무튼 이번에 만들어진 '3대 개혁 특별법'은 노무현 정부 출범 후 지속된 정파적 논란과 갈등을 국가적 발전과 비전의 문제로 국민들의 관심을 옮겨놓는 효과를 가진 것이다. 그 효과가 지난 8개월간의 소모적 정쟁을 잠재울 수 있을지, 아니면 그동안의 소용돌이에 말려들어 개혁법안 자체가 유야무야될지 알 수 없지만, 분명한 것은 이런 실질적 개혁프로그램의 실행이 적극적 지지로부터 출발했으나 소극적 재신임에 기댈 수 밖에 없는 상황으로 몰린 노정권이 선택할 수 있는 정치적 자원이자 원래의 정상적 궤도로 돌아오는 첩경임에는 틀림없다.

시민의 소리 2003.10.18. 투데이오늘

문화도시 광주, 소프트파워 키워야

지난 주말, 서울 한남동 삼성미술관 리움에서 열리고 있는 '코리안 랩소디'라는 전시회를 관람했다. 이 전시회는 일제 강점기와 해방 후 사회상을 보여주는 한국미술사의 명작 회화들을 사진 및 영상작품들과 함께 전시하고 있는데, 한마디로 '역사와 기억의 몽타주'라는 부제에 잘 어울리는 내용이었다.

한국의 근대사를 보여주는 출발점으로 네델란드계 미국인이라는 휴버트 보스의 '서울풍경'(1899)과 안중식의 '백악춘효'(1915)라는 작품이 입구에 전시되어 있고, 이 작품들 속에 있는 광화문이 인상적이었다. 나에게 이 전시회가 매우 의미있게 다가오게 한 것은 해방 직후의 역사의식과 사회상을 보여주는 작품들이었다.

해방 직후인 1946년 이응노는 한편으로는 '3·1운동'(1946)을 회상하고, 다른 한편으로는 미군기지 주변의 '양색시'들의 출현을 개탄하는 그림을 그렸다. 월북작가로 널리 알려진 이쾌대의 '해방고지'(1948), 그리고 제주 43항쟁 당시 제주도민들을 그린 강요배의 '한라산자락 사람들'도 현대사의 첫머리를 장식했다. 사실 이쾌대의 작품들은 언젠가 광주에서도 전시된 바가 있었던 것으로 기억한다. 이어 장욱진의 '나룻배'(1951), 변영원의 '반공여혼(反共女魂)'(1952) 등이 한국전쟁을 증언하고 있었다. 1980년대 초반의 대표적인 운동권 그림인 신학철의 '한국근대사-종합'도 다시 볼 수 있었다.

나는 지난 봄, 제주도에서 강요배 화백과 만났을 때 삼성미술관측의 작품선정에 관해 이야기를 나눌 기회가 있었다. 전시 작품들을 직접 보면서, 이런 작품들을 선정할 수 있는 삼성미술관의 안목에 대해 놀라지 않을 수 없었다. 어떤 맥락에서 리움이 이런 작품들을 선정할 수 있었을까. 좋은 작품은 모름지기 이념을 초월하기 때문일까, 아니면 다른 이유가 있었을까.

나는 유럽의 유명한 미술관이나 기념관을 둘러보거나 서울에서 좋은 전시회를 볼 때마다, 광주 문화도시 프로젝트가 떠오른다. 한편으로는 그들의 깊고 두터운 문화력에 대해 놀라고 다른 한편으로는 광주의 빈약한 문화인프라에 대한 걱정이 앞선다. 10년전 광주 문화도시 계획을 수립할 때 나는 시민들의 의지만 있으면 문화도시를 만들 수 있다고 생각했고, 젊은 세대의 문화적 잠재력을 기대하였다. 그러나 근래에는 문화도시라고 하는 것이 하루 아침에 만들어지는 건 아니라는 점을 절감하고 있다.

돌이켜보면 16년전 광주는 비엔날레를 창설해 한국의 문화산업과 문화도시 프로젝트의 시대를 열었다. 늘 예향이라는 자부심에다가 남종산수화에 익숙했던 광주 시민들은 비엔날레 첫 해의 각종 설치미술을 보고 깜짝 놀랐다. 정확하게 말하면 미술의 개념을 다시 정립해야 하는 상황이었다. 그 후 광주는, 한편으로는 광주 비엔날레의 영향을 받아 뒤늦게 출발한 부산 국제영화제의 성공에 당황스러워했으며, 다른 한편으로는 광주비엔날레의 계속된 개최에도 불구하고 그 성과가 도시내부에 별로 쌓이지 않는 현상에 괴로워했다. 비엔날레는 광주를 문화도시로 거듭나게 하는 데 기여했을지 모르지만, 그 성과는 기대만큼 뚜렷하지 않고 또한 시민들의 일상생활에 축적되고 있다고 말하기 힘들다.

곧 문화의 전당이 완성될 것이다. 그렇다면 이제 다시, 문화의 전당 내부를 채울 소프트웨어는 충분한가를 물어야 할 때가 오고 있다. 많은 분들이 이를 위해 준비하고 또 수고하고 있지만, 그 해답은 분명하지 않다. 나는 광주 비엔날레가 좀더 긴밀하게 문화도시 형성과 연결되어야 한다고 생각한다. 2000년 비엔날레의 한가지 주제였던 공공미술은 이런 문제에 대한 해답이자 과거의 시행착오를 넘어설 수 있는 대안으로 생각된다. 총감독을 매번 교체하지 않고 지속적인 구상이 가능하도록 하면서 기본 방향을 공공미술로 잡아서 그 성과가 도시 곳곳에 쌓이게 하면 어떨까. 길게 보고 소프트 파워를 키워야 한다.

전남일보 2011.7.20. 전일시론

지역 언론 기사

필자는 2003년 전남대학교에서 서울대학교로 근무지를 옮기게 되었다. 당시 지역 언론에서는 비중있게 다루었다. 이를 회고할 때마다 상당한 부담을 느끼고 감사하게 생각한다. 다음은 이와 관련된 기사의 일부이다.

지역 등지고 서울로 떠나는 교수들

1980년 5월을 미술로, 인권의 역사로 정리하던 학자들이 광주를 떠난다. 전남대 미술학과 이태호 교수는 3월부터 명지대 미술학과 교수로 재직 중이다. 전남대 사회학과 정근식 교수는 이번 학기를 마지막으로 모교인 서울대로 돌아갈 예정이다. 이들의 이직이 주목되는 것은 두 사람 모두 지역의 목소리를 전국에, 세계에 대변하는 데 큰 역할을 했던 인재였기 때문이다. 때문에 지방분권화가 강조되는 이 시점, 이런 두 사람의 이동은 지역발전의 큰 손실이라는 평까지 나오고 있다. 이하 생략.

시민의소리 2003.03.08

정근식 전남대 교수 고별강연,

이정우 기자

'광주여' 하고 부르면 울컥 솟는 젊은 날의 열정

지난달 21일자로 전남대에서 서울대로 옮긴 정근식(46·사회학) 교수의 고별강연이 6일 북구문화의 집에서 열렸다. 참여자치21·광주인권운동센터·광주전남문화연대 등 정교수가 직간접적으로 관여해온 지역사회단체가 주최한 이 자리에서 정교수는 '민주, 인권, 문화, 그리고 광주'라는 주제로 약 1시간 30분 동안 자신의 의견을 내 보였다.

지인들과 제자, 일반시민 등 60여명이 참석한 가운데 정교수는 "너무 젊은 나이에 교수로 와서 가르쳤다기보다는 배웠다"고 말하고 "이제 막 가르칠 만하니까 떠나게 됐다"며 강연을 시작했다. 강연을 통해 정교수는 개인적으로 맺었던 여러 인연들을 밝히면서 그 과정에서 터득한 연구성과 등을 소개하고, 자신이 부임했던 85년 이후 광주에 주어졌던 과제들을 시대별로 정리했다. 특히 정교수는 "많은 일을 맡겨준 덕에 나는 행운아"라고 강조하고 "어느 시인의 표현처럼 나를 만든 건 팔할이 광주"라고 표현했다.

앞으로의 연구주제에 대해 정교수는 "큰 틀에서 식민지근대성 문제와 문화사회학"이라고 밝히고 "문화사회학 광주문화수도와 관련이 있는데 솔직히 잘 몰라서 공부해보려는 것"이라고 말했다. 현장과 지역을 강조하면서 광주를 떠나버리면 어떻게 하느냐는 한 참석자의 질문에 대해 정교수는 "솔직히 할말이 없다"고 전제하고 "지역 버리고 서울로 간 게 아니라 광주가 확장된다고 생각해달라"고 말했다. 또 "너무 빨리 전남대 교수가 돼서 제자들이 지금 중견이 되어버렸다"며 "떠나야지 그 빈자리가 더 의미있게 채워질 것이라고 생각한다"고 말했다.

전북 익산에서 태어나 남성중·전주고·서울대를 나온 정근식 교수는 1985년 29세의 나이로 전남대 사회학과 교수로 부임한 이후 5·18 민중항쟁, 영호남 지역감정, 농촌사회, 민중미술, 광주비엔날레, 도서문화, 문화도시 육성 등 지역현안에 깊은 관심을 갖고 연구하여, 100여 편의 논문과 저서를 발표했다. 정교수는 또 영광핵발전소, 제철소가 들어선 광양 태인도, 광주 하남공단 등의 주민운동을 연구해 지역현장통, 발로 뛰는 연구자로 알려졌다.

정교수는 전남대 사회과학연구소장, 호남문화연구소장 등으로 일했고, 광주 빛고을미래사회연구원 원장, 동아시아 평화인권 한국위원회 사무국장, 5·18기념재단 기획위원, 광주인권운동센터 대표 등을 지냈다. 다음은 강연 요약.[1]

지금 생각해보면 그 당시의 사고와 실력으로 어떻게 교수 역할을 했을까 신기할 정도로, 지식과 경험이 일천한 상태로 교수로 부임했다. 나는 전남대와 광주에서 가르치는 게 아니라 배웠다고 말할 수 있다. 나의 첫번째 선생은 바로 학생들이었고, 두번째 선생은 광주와 전남 지역 그 자체였다. 광주라는 도시에서 그리고 전남지역의 마을, 서남해안의 섬을 돌아다니면서 주민들로부터 배웠다. 지난 18년은 배움의 시간들이었다. 이제 좀 가르칠 수 있는 단계로 접어들었는데, 떠나게 되었다. 그러나 남의 말을 듣기보다 자신이 말하기 좋아하는 시점, 그때부터 위기가 온다. 말이 많아지는 것은 교만일 수 있기 때문에, 그런 것을 끊기 위해 환경을 바꿔보자는 생각도 했다.

1985년 당시에 나의 학생들은 서울에서 훌륭한 선생이 왔다고 '잘못'

---

[1] 이하의 내용은 당시의 거칠고 부정확한 표현을 수정하고 내용을 보완한 것이다.

생각하면서 열정을 바쳐 공부했다. 나는 그러한 학생들을 통해 배웠고, 학생들은 나를 통해 배웠다. 나와 학생들을 묶어 준 것은 열정이었다. 또 광주에 온지 1~2년 만에 좋은 선배 교수들을 만났고, 또 삶의 현장에서 해방과 전쟁을 몸으로 경험하고 역사를 위해 '투쟁했던' 분들을 만났다. 이들을 통해 "역사라는 것이 죽어있는 게 아니라 살아 있구나"라는 생각을 했다. 또 민주화의 시기에 한창 달아올랐던 농민, 노동운동에서 또 배웠다. 그런 식으로 조금씩 조금씩 무엇인가 생각할 수 있는 사람이 되어가갔다.

나의 고향은 전북이기 때문에 광주에 오기 전에는 광주를 전혀 몰랐다. 아마도 광주를 처음 의식하게 된 것은 대학 3학년 때인 1978년도 무렵일 것이다. 나는 1977년 대학 2학년 2학기부터 친구의 권유로 사당동 야학에서 일을 하였는데, 졸업할 때까지 관여를 하였다. 1978년 가을에 광주의 어떤 야학에서 학생들을 가르치는 데 필요한 교재가 필요하다고 연락이 왔다. 나중에 알게 되었지만 들불야학이었다. 그것이 처음 광주를 의식하게 된 계기다. 그 후 1980년 5월에 두번째로 광주를 의식하게 되었다. 자취방 주인 아저씨가 광주에 다녀 온 후 광주에서 큰 시위가 벌어지고 시민들이 다 죽게 되었다고 말했다. 나는 이런 상황에서 서울에서도 무엇인가 상황의 반전이 필요한 것이 아닌가라는 생각을 했다. 그 일 때문에 곤욕을 치루었지만, 그 사건이 나를 광주로 내려와서 열심히 공부하도록 한 간접적인 동기가 되지 않았을까 생각해본다. 광주에서 뭔가 의미있는 연구를 하면서 살아가라는 무언의 메시지가 아니었을까….

1985년에 광주로 와서 선배 교수들에게 1980년의 상처와 침묵의 그림자들이 짙게 남아 있는 것을 알게 되었다. 이들은 새벽 서너시까지 술 마시면서 울분을 토했다. 부용산 노래도 처음 들었다. 자주 이런 상황에 직면하다보니 고민이 생겼다. 공부를 해야 하는데 시간이 아깝기도 했다. 첫번째 광주사람 되기는 선배교수들을 통해서인데, 그 팀이 이른바 망운 연구팀이었다. 한 지역을 선정하여 깊게 연구해보자는 의견을 모았다. 토지대장 분석, 학교 학적부 분석 등을 통해 전남 농촌의 역사적 변화를 함께 연구했던 팀이었다. 나는 1930년을 전후로 학교 중퇴생이 급증하는 현상을 확인하면서 세계 대공황이 전남 농촌의 구석까지 영향을 미쳤다는 사실에 놀랐다.

1980년대 후반은 민주화운동이 활발했던 때였다. 대학에서도 이에 합류하여 민감한 정치적 사안에 대한 서명운동이 자주 있었다. 1970년대 후반과 1980년의 경험상 대학교수들의 서명은 상당히 위험한 것으로 인식되고 있었기 때문에, 젊은 나이에 대학에 부임한 내가 여기에 참여하는 것을 가까운 선배교수들이 막아주기도 했다. 그들은 나를 연구자로 성장하도록 돌보아 주었다. 그런 점에서 오늘날의 나를 만든 건, 어느 시인의 표현처럼 "8할이 광주"였다.

그 당시 사회학자가 식민지시대를 연구하는 것은 어렵지 않았지만, 한국전쟁에 관해서, 특히 전쟁기의 민간인 학살에 관해서는 접근하기가 어려웠다. 무안 망운 연구가 진행될 때 나는 그 지역의 중심 마을과 외곽 마을이 좌우로 나뉘어 싸웠고 아직까지도 앙금이 남아 있다는 것을 알아챘지만 미처 접근하지 못했다. 면 직원들은 그에 관해 언급하는 것을 꺼렸고, 그 연구는 하지 않는 것이 좋겠다고 말했다. 당시 우리 학계에서는 〈해방전후사의 인식〉과 〈한국전쟁의 기원〉이 큰 충격을 주고 있었지만, 이에 관련된 현장 연구는 쉽지 않았다. 그렇게 한국현대사의 감각을 키우고 배운 시기가 1980년대 후반이었다.

두 번째 광주사람 되기는 우연히 찾아온 이재윤 선생과의 만남이었다. 일제말기 근로정신대 경험을 가지고 있던 이 선생은 광주의 일제 자본이 설립한 종연제사와 종연방직 연구로 나아가게 했다. 전남 일원의 제사업이나 조면, 방직, 탄광산업이 이 연구의 줄거리로 엮어져 나왔다. 또 하나의 창구는 1988년도에 설립된 한국현대사사료연구소였다. 당시 송기숙 선생님은 지금 제대로 모으지 않으면 5·18 자료가 다 없어질 수 있다고 생각하여, 힘들게 후원자들을 모으고, 연구소를 설립하여 5·18 참가자들에 대한 조사를 시작했는데, 최대한 위험을 피하기 위해 연구소 명칭을 현대사사료연구소로 정했다. 이때 나는 조사원들에 대한 교육을 담당했고, 이들을 통해 당시로서는 생소했던 '구술사 방법론'에 관해 골똘히 생각할 수 있었다. 한국에서 구술사는 '일본군 정신대' 연구와 4·3 문제의 해결과정에서도 발전했지만, 구술사 연구, 이의 방법을 둘러싼 토론은 광주에서 시작되었다. 한 사람의 연구자가 역사의 현장에서 생각하고 토론할 수 있는 기회를 가진다는 것은 큰 행운이다.

세 번째 광주의 현실을 접하는 통로는 무등교회 노동상담소였다. 광천동을 중심으로 하는 노동 실태 조사와 노동자 상담을 하는 사업이었다. 형식상 자문위원이었지만, 실제로는 심리적 지원의 역할이었다. 그러나 이를 통해 '민중교회'의 활동을 알게 되었다. 무등교회에는 5.18 당시 활동했던 분들이 목회자요, 주요 성원들이었으므로, 이들을 통해 5.18의 심층을 접할 수 있었다. 이들과 함께 1991년 일본의 가와사키 지역을 방문하게 되었다. 나로서는 최초의 해외여행이었다.

1989년 5월, 5.18에 관한 학술회의가 처음으로 전남대학교에서 열렸다. 현대사사료연구소가 이 회의를 주최하였기 때문에 그 분위기를 잘 기억하고 있는데, 토론의 치열함, 또는 아슬아슬함이 대단했다. 이 회의에서 제기된 박현채 선생의 신군부 광주선택설이 지금도 마음 깊게 남아 있다.[2] 1990년 5.18 학술회의는 3당합당에 의한 제2의 광주 고립화라는 상황 때문에 이를 돌파한다는 맥락에서 서울의 연세대학교에서 열렸다. 처음에는 이 회의를 내가 맡아서 조직하기로 하였는데, 중간에 이에 반대하는 의견이 있어서 뒤로 빠지게 되었다. 당시는 이른바 사회구성체 논쟁, 또는 NL

---

[2] 훨씬 뒤에 알게 된 사실이지만, 광주 505보안부대에서 근무했던 허모씨가 1988년에 신민당에 서울의 봄 시기에 만들어진 작전 계획을 제보했고, 이를 박현채 선생이 인지했을 가능성이 있다.

과 PD 사이의 격렬한 논쟁이 지배하던 시기였으므로, NL쪽 단체들이 나를 반대했다고 나중에 들었다. 서울대 사회학과가 이른바 PD의 중심이어서 나도 이 진영에 가깝고, 광주의 기본정서를 대변할 수 없다는 이야기였다. 그러나 결국 이 회의에 참여하여 5.18의 사회경제적 배경이라는 글을 발표하였다.

이후 1990년대 초반에는 광주 전남의 근현대사 연구, 인물사연구에 매진할 수 있었다. 동학농민군의 최후의 격전지 장흥지역을 답사하고, 식민지하 최대의 항일운동이었던 전남협의회 사건이나 해방직후의 건준, 미군정기 및 한국전쟁기로 이어지는 현대사를 추적하여 광주일보에 연재하는 일을 젊은 연구자들과 함께 진행하였다.

1990년대 초반, 지역사회와의 만남의 창구는 목포대학교 도서문화연구소의 이해준 교수가 제공하였다. 그는 이 연구소가 본격적으로 시작한 완도의 섬 연구에 나를 끌어들였다. 최초의 연구는 소안도 연구였다. 나는 여기에서 어촌 공동체 연구를 하였지만, 항일운동 기념비 연구를 통하여 기억과 기념 연구를 시작할 수 있는 계기가 되었다. 어촌 공동체 연구는 거의 10년간 지속되었고, 기념비 연구에서 얻은 통찰력은 기억연구의 자양분이 되었다.

나는 1993년 7월, 하바드 엔칭 프로그램으로 1년간 미국에서 연구할 수 있는 기회를 얻게 되었다. 흥남 질소비료공장 연구를 할 계획이었지만, 북한 학자들의 방문이 무산되면서 이 연구보다는 식민지 시기 서구 선교사들의 한센병 환자 구제에 관한 연구를 수행했다. 미국 노스 캐롤라이나의 블랙 마운틴에서 은퇴생활을 하던 윌슨 선교사의 아들 존 윌슨을 만나 과거의 자료를 제공받던 기억이 생생하다. LA에서도 대구 애락원을 운영했던 플레처 선교사의 가적들을 만나 이야기를 들을 수 있었다. 이런 경험은 여수 애양원 연구와 고흥 소록도병원 연구로 나를 안내했고 한국의 나병사 연구, 나아가 일본과 대만과의 비교연구의 길을 열어주었다. 또한 학문적 자신감과 함께 여러 가지 이론적 부담감에서 벗어날 수 있는 계기를 제공하였다.

　미국에서 돌아온 후 광주에서 치열하게 진행되던 시민운동에 관심을 갖게 되었고, 이른바 '광주성역화를 위한 시민운동' 모임의 성원들을 만나게 되었다. 이들은 광주 시민연대를 만들었다. 이때는 5.18 보상문제를 넘어서 학살자 처벌 문제가 초미의 관심사였고, 지방자치제의 부활을 앞두고, 광주의 정체성이 무엇이냐는 논란이 거세었던 시기이기도 했다. 1987년과 1992년 대통령 선거에서의 김대중 후보의 연속적인 패배는 광주시민들의 패배와 동일시되었고, 여기에서 촉발된 지역간 불균등발전과 대안적 발전모델에 관한 문제의식은 광주의 정체성을 핵심 쟁점으로 끌어 올렸다. 5.18의 전국화가 어렵다면 세계화를 하자는 여론에 힘입어 동티모르 지원이나 동아시아 청년 캠프를 통한 국제 연대에 힘을 기울였다. 예향론과 민주성지론은 1990년대 후반에 문화도시론과 민주 인권도시론으로 각각 발전했다.

　1980년대와 1990년대에 광주는 수많은 연구 과제들을 한국 사회과학계에 던져주었다. 그 하나의 사례가 5.18 전야제였다. 나는 이를 일종의 '혁명축제'로 해석하기 시작했다. 5.18은 한국의 사회과학자들에게 무엇을 연구과제로 삼아야 하느냐는 과제를 안겨주었고 그것을 풀어가는 과정에서 새로운 사회운동론과 문화론이 정립됐던 것이다. 민주, 인권, 문화는 광주만의 문제가 아니라 한국 사회과학계 전체가 안고 있는 문제이자 해결점이었다. 외국의 책과 이론을 요약하고 발표하는 것이 아닌 우리 현장을 조사하고, 거기서 자극과 충격을 받아서 새로운 상상력으로 우리 사회를 연구하는 학문적 순환의 길이 만들어졌다.

　앞에서 언급해듯이 도서문화연구는 현장의 의미를 강조할 수 있는 또 하나의 좋은 사례다. 우리가 육지에 산다고 해서 섬이나 바다의 생활도 똑같다고 생각하면 오산이었다. 섬사람들마저도 섬의 문제에 관심이 없었지만, 이들의 세계관을 이해한다는 것은 큰 소득이었다. 에컨대 우리가 남해라고 말하는 바다는 어디에 있는가? 남쪽에 있는 바다가 남해라고 말한다면, 우리는 무의식적으로 제주도 주민들에 대한 폭력을 행사하는 것은 아닐까라는 의심을 할 수 있어야 한다. 제주도민의 입장에서는 남해가 남쪽에 있는 바다가 아니라 북쪽에 있다는 사실. 유지는 개방되었지만, 바다와 섬은 폐쇄되고 고립된 세계라는 생각도 항상 옳은 것은 아니다. 그것은 육상교통이 중심인 근대 이후에만 맞는 말이기 때문이다. 육로가 없거나 거칠어 다니기 어렵다면, 오히려 섬은 바다를 통해 외부에 훨씬 더 열려 있다는 사실도 인식할 수 있다. 나는 최근 영암 구림연구를 하면서 우리 나라의 서해안 지역은 지난 천년간 또는 백년간 엄청난 생태학적 변화를 겪었다는 사실을 절실하게 깨달았다. 왕인 박사 시절에 구림이 일본으로 가는 항구였다는 사실을 지금 이 지역을 답사하면서 상상하기란 쉽지 않다. 정착민과 유목민의 자연관이나 세계관이 매우 다르지만, 문명이라는 이름으로 전자가 후자를 야만으로 치부하거나 열등한 것으로 간주하는 폭력, 이런 흥미로운 가설과 상상력은 섬 연구가 제공해주는 선물이라고 할 수 있다.

1990년대 후반 2000년대는 인권의 문제가 대두된 시기였다. 그동안은 민주, 혁명이라는 거대담론에 가려서 개개인의 존엄성이나 자기결정권 문제에 둔감했다. 사회운동에서 다른 영역과 연대의 필요성이 제기되면서 인권문제는 적극적으로 재해석되기 시작했다. 고귀한 이념과 추상적인 개념은 구체적인 삶의 현장에 적용되고 확인되지 않으면 의미를 상실한다. 갇혀보지 않은 사람은 자유가 얼마나 중요한지 모르듯이. 1998년부터 2000년 사이에, 우리 현대사에서 4·3항쟁과 여순사건, 전쟁기 민간인학살 문제가 서로 연계되면서 정치사회적 쟁점으로 떠올랐다. 나는 4.3 50주년에 제주에서 개최된 동아시아 평화인권 국제회의에 참가하면서 오키나와나 대만문제에 눈 뜨기 시작했다. 2000년은 5.18 20주기였으므로 이를 기념하는 국제행사로 제4회 동아시아 평화인권국제회의를 광주에서 개최하였다. 나는 한국위원회 사무국장으로 이 회의를 주관했는데, 5.18재단의 지원에 힘입은 것이었다. 이 모임에서 한국과 대만의 장기수들이 만났고, 또 일본군 위안부 할머니들이 양심적인 일본 시민들과 만나 포옹을 했다. 5.18 20주년은 광주 뿐 아니라 동아시아의 시민들에게 큰 희망을 가져다주었다.

이와 함께 5.18 20주년을 기념하는 또 하나의 작은 행사에서 나는 "광주, 부산, 제주의 역사적 연대를 위하여"라는 제목의 발표를 했다. 광주의 민주주의에 대한 에너지가 영호남 화합을 이끌고 또 4.3이라는 체제적 사건의 해결을 위한 용기를 제공하자는 의미였다. 왜 2000년에 와서야 이런 문제의식이 뚜렷해졌을까. 세계적인 탈냉전과 한국의 민주화는 남북정상회담을 가능하게 했고, 또 '광주정신'이 실현될 수 있다는 가능성을 심어주었기 때문이다.

2000년대 들어서 두드러진 또 하나의 화두는 문화다. 1995년 광주비엔날레의 창설이후 문화도시나 문화산업의 중요성이 점점 커지고 있는데, 이는 '80년 광주'의 진실을 묻는 5월문화운동의 자그마한 결실이기도 하다. 우리는 이제 '문화'라는 화두가 100년의 광주를 담보할 수 있는가를 질문해야 하는 상황이다. 한국의 민주화를 이끌었던 광주가 문화의 문제에서도 한국이나 동아시아를 이끌어갈 수 있는 에너지를 제공하고 있는가? 문화수도 혹은 문화중심도시 문제와 관련해서 나는 아직 답을 내리지 못하고 있다.

가장 큰 문제는 이와 같이 산적한, 이전부터 꾸준히 제기되고 부분적으로 해결해왔던 문제를 고민하고 생각할 수 있는 젊은이들이 지금 우리들에게는 없다는 점이다. 우리가 언제 10년, 20년 후를 내다보고 사람을 키운 적이 있었던가? 앞으로 100년 동안의 광주를 생각할 수 있는 젊은이들을 어떻게 기를 것인가? 4년마다 5년마다 돌아오는 선거라는 정치적 환경하에서 장기적인 비전과 이를 실현할 수 있는 역량을 가진 인재를 길러내는 프로그램과 시스템을 마련해야 하지 않겠는가?

다시 한번 지난 18년간 나를 깨우쳐주고 또 호흡을 함께 하면서 지혜를 모았던 광주의 모든 분들께 감사드린다.

전라도 닷컴 2003.8.9. 전라도 엿보기

6장
인권 수호를 위한 쟁점들

정상회담과 장기수 송환

지난 5월 19일 전남 구례에서는 우리 현대사의 미아인 비전향 장기수들의 생활실태와 송환문제에 관해 당사자들로부터 직접 설명을 듣는 기회가 있었다. 제4회 동아시아 평화·인권 국제회의가 마련한 자리였다. 여기에는 30년 이상 수감생활을 한 10명의 장기수들이 초대되었다. 이들의 투옥기간을 모두 합하면 300년도 넘었다. 한 장기수 할아버지는 더 이상 늙어 귀먹기 전에 아들이 아버지를 부르는 소리를 듣게 해달라고, 손에 감각이 남아있을 때 50년 이상 헤어져 있는 아내의 손을 잡아볼 수 있도록 배려를 해달라고 호소했다. 치매 오기 전에 그리운 이름들을 불러보고 싶다는 것, 그것은 무시무시한 이념의 목소리가 아니라 굴곡의 역사를 보낸 70~80대 노인의 인간적 목소리였다.

마지막 장면은 더욱 감격적이었다. 이 회의에 참석했던 대만의 한 참석자가 간담회 끝 무렵 자리에서 일어섰다. 국민당 정권하에서 36년간 정치범으로 투옥당했던 진명충 선생과 그의 부인이었다. 이들은 한국에서 36년간 영어의 몸이었던 고성화 선생에게 다가가 포옹을 했다. 일본, 오키나와, 대만, 그리고 한국의 각지에서 온 300여명의 참석자들은 누가 말하지도 않았지만 모두 일어났다. 기립박수는 거의 5분간이나 이어졌다. 인간 승리에 대한 경의의 표시요, 역사의 엄중함에 대한 깨달음의 표시였다.

36년이란 세월은 짧지 않다. 일제가 우리를 지배한 그 지긋지긋한 세월, 그 기간이 바로 36년이었다. 20세기 인류의 양심의 표상인 넬슨 만델라 전 남아공 대통령은 28년을 감옥에서 보냈다. 그보다 훨씬 더 긴 기간을 감옥에서 보낸 비전향 장기수들이 우리 사회에는 77명이나 있다. 30년 이상을 0.75평의 독방에서 지낸다는 것은 인간으로서는 참기 어려운, 이

시대 최고의 선객이나 견뎌낼 만한 고통이었을 것이다. 그러나 이들의 얼굴은 한결같이 깨끗하고 안정되어 보였다.

이번 대회에 참가한 오키나와 대표는 한국의 진보적 인사들이 일본의 천황제에 대해 상대적으로 무감각한 것 같다고 지적하였고, 대만측 참여자들은 한국측이 그렇게 민족통일을 원하면서 중국의 통일에 대해서는 왜 그렇게 방관적인가라고 질문하였다.

일본의 천황제 문제나 중국의 통일문제를 한반도 통일문제와 연관시키는 비판은 정말 따끔한 것이었다. 과연 이런 문제들에 관하여 우리는 우리도 모르는 사이에 무감각해져 있었던 것이다. 한국의 평화통일은 기본적으로 자주적 힘에 의한 것일 수밖에 없지만 일본과 중국, 그리고 미국과 러시아로 이루어지는 주변 4강의 국제관계가 하나의 현실적 조건을 이루는 것임을 잊어서는 안된다.

이번 동아시아 평화·인권 국제회의에 참여한 모든 참석자들이 곧 열리게 될 남북정상회담의 성공을 기원하면서, 이것이 예전처럼 정략적인 차원에서 끝나지 않고 동아시아 평화에 진정으로 기여하기를 원했다. 아울러 비전향 장기수들의 송환이 하루 빨리 이루어지기를 촉구했다. 비록 북한이 한국만큼 정치적 자유가 주어지는 것은 아닌 사회라 하더라도, 그리고 비록 북한에 있는 국군포로의 문제가 남아 있다 하더라도 상호주의 원칙에 너무 매달릴 경우 분단체제의 극복은 그만큼 늦어지게 된다.

우리는 진정한 의미의 송환은 갔다가 다시 돌아올 수 있는 것까지를 보장하는 것이 되어야 함을 알지만 가족의 품으로 돌아가는 것, 그리고 자유의사에 의한 거주지 선택과 거주이전은 인간의 기본권에 속하는 것이다.

분단체제는 우리에게 사실과 규범, 현실과 법의 괴리를 강요했고 또한 상호주의 원칙을 강요하고 있다. 그러나 옳은 것은 조건을 달지 않고 행하는 것이 진정으로 우리 스스로를 이기는 길이다. 현충일에 비전향 장기수 송환을 거론해야 하는 착잡함, 그것 또한 분단체제를 사는 우리의 운명이다.

경향신문 2000.6.6. 시론

인권법, 대통령 결단내려야

어느 때보다 요란하고 화려하게 시작한 밀레니엄의 첫 해가 근심과 우수의 그림자를 짙게 드리우고 종착역을 향해 가고 있다. 남은 기간은 불과 한 달 여….

지금으로부터 3년전 대통령 선거국면에서 김대중 후보를 적극 지지하고, 또 평화적 정권교체 이후 구조개혁작업에 큰 기대를 걸었던 많은 사람들이, 최근 정치권 행태에 실망하여 지지를 거두거나 냉소적으로 되어가는 현상이 뚜렷하다. 최근 현대건설 문제나 검찰총장 탄핵소추 문제에 관한 처리방식을 보면서 "저런 사람들과 함께 어떻게 개혁을 하고, 어떻게 제대로 된 정치를 할 수 있겠는가"라고 말하는 사람들이 부쩍 늘어났다. 여당이나 야당 관계없이 정치권에 대한 총체적 불신은 점차 대통령에 대한 우려로 번지고 있다.

개혁은 3년 전부터, 아니 10년 전부터 우리 사회의 시대적 화두였지만 대북관계를 제외한 모든 영역에서 개혁이 제대로 수행되지 않고 있다. 이런 상황을 두고 지금까지는 "무조건 뒷다리를 잡는 야당" 탓을 해왔지만, 집권 3년이 가까워지면서 이제는 많은 국민들이 그런 주장을 변명으로 치부하기 시작했다. 냉전적 사고에 젖어 아직도 30년 전의 깜깜한 시대에 살고 있는 사람이나, "정신나간 소리"에 속이 후련하다고 맞장구치는 일부 야당의원들만을 탓할 일이 아니다. "개혁 피로증"은 개혁의 결과 때문에 생긴 것이 아니라 개혁을 향한 결단이 자꾸 지연되기 때문에 발생하고 있다.

지지부진한 개혁과제들이 한둘이 아니지만 그 중에서 중요한 것의 하나가 인권법, 또는 인권위원회 설치문제이다. 그동안 인권위원회의 위상을 두고 "국가기관론 대 민간기구론"이 대립해왔다. 얼핏보면 뒤바뀐 듯한 논쟁의 지형이지만, 실은 "법무부로부터 독립한 국가기관론 대 법무부 산하 민간기구론"이 핵심이다.

인권위원회가 시정 명령권이 아닌 시정 권고권만을 갖는 것도 우려할 만한데 인권에 관한 한, 주요 감시대상의 하나일 수밖에 없는 법무부가 인권법 제정을 주도하고 인권위원회를 자신의 산하기구로 한다면 그것이 있으나마나한 기구가 될 것임은 불문가지이다. 현재의 여당이 야당 시절에 '검찰은 정치의 시녀'라고 비판했는데, 지금은 입장이 완전히 바뀌어 여당은 '검찰은 정치의 시녀가 아니다'라고 강변하고, 야당은 '검찰은 정치의 시녀'라고 비판하고 있다. 비판과 옹호의 논리를 뒤바꾸면서, 여당이나 야당 모두 입장의 변화이유를 얼버무리고 있다.

검찰은 정치권에 한없이 약하지만, 국민들에게 한없이 강한 것은 예나 지금이나 마찬가지이다. 그런 상황에서 인권위원회를 법무부 산하로 해야 한다는 논리는 근거가 별로 없는 정략적 산물일 수밖에 없다.

우리는 2년전, 대통령의 인권선진국에 대한 포부를 밝혔을 때, 적극 환영했고 12인의 민주원로들이 올바른 국가인권기구 설치를 촉구했을 때 희망을 포기하지 않았다. 그러나 이제 상황은 달라지고 있다. 현재의 중앙집권화된 국가기구와 그 속에 똬리를 틀고 있는 엘리트주의도 개혁대상 중의 하나이다. 더 이상 법무부와 검찰이 정치의 시녀라거나 국민들에게 군림하는 권력기구라는 비난을 받지 않고 정의를 옹호하고, 국민들로부터 사랑받는 기구로 거듭 태어나려면, 스스로 견제받는 장치를 만드는데 기꺼이 동의해야 한다. 권력은 견제를 받을 때만 존경받는 권위로 전환된다.

해를 넘기면서 질질 끌어온 인권법 제정, 민주당 인권위원장이 정말 오랜만에 제대로 말한 것처럼, 그런 방향으로 인권위원회를 설치해야 한다. 대통령의 결단을 통해, 지루한 인권법 논란을 마무리하는 것, 그것이 국민들의 개혁 피로증을 치유하는 하나의 방법이고 '인권한국'의 기초를 튼튼히 하는 것이다.

경향신문 2000.11.21. 정동칼럼

역사의 희생자 소리 들어줄 때

'진실·화해를 위한 과거사 정리 위원회'가 광복 60년 만에 출범했다. 돌이켜 보면 지난 60년은 전쟁, 빈곤, 독재로부터 경제 성장과 민주화로 나아간 숨 가쁜 질주의 세월이었다. 민족은 여전히 분단된 채 남아 있지만, 한국은 이제 제법 품격을 갖춘 나라의 모습을 찾아가고 있으며, 법적·제도적 절차가 뿌리내린 민주주의 사회로 부르기에 손색이 없을 정도가 되었다.

많은 논란이 있었지만, 우리 사회는 성공적인 정치 민주화와 함께 5·18, 4·3, 민주화운동 희생자 보상 등 과거사 청산 작업을 비교적 성공적으로 추진해 왔다. 현재 진행 중인 식민지 시기 반민족행위 진상규명과 함께 한국전쟁 전후 민간인 학살 문제를 원만하게 해결한다면, 국제사회뿐 아니라 우리 스스로에 대하여 당당한 자세로 '문화적으로 다듬어진 국가 한국'을 말할 수 있게 될 것이다. 그런 점에서 우리는 해방된 지 60년 만에 나라다운 나라로 전환되어 가는 마지막 고비를 넘고 있는 셈이다.

과거사위 출범 반대는 속 좁은 것

현대 한국사의 거대한 수레바퀴에 치어 희생된 사람들의 고통을 돌아보고 치유하는 작업이 왜 중요한가. 사람이 사람답게 산다는 것은 정치제도나 경제적 부 못지않게 이웃의 기쁨과 고통을 함께 나눌 수 있고, 그것을 보편적 언어로 소통할 수 있다는 것을 의미한다. 국가권력에 의해 혹은 다수의 횡포에 의해 납득할 수 없는 죽음과 희생을 당했음에도 불구하고 한마디 호소할 곳 없이 침묵하지 않으면 안 되는 사람들이 사회 곳곳에 존재한다면, 우리가 어찌 그런 사회를 문명이나 문화라는 이름으로 부를 수 있겠는가.

사실 이들이 보낸 지난 55년의 세월은 소리 없는 통곡의 세월이었다.

이들에게 강요된 침묵 때문에 대부분의 국민들은 그 신음소리를 듣지 못했다. 정확하게 말하면 생존의 위협이나 이기심 때문에 들으려 하지 않았다. 따라서 나는 이 역사 프로젝트가 우리 사회의 한구석에 남아 있던 야만적 요소를 털어버리는 작업 그 이상도 그 이하도 아니라고 생각한다. 이 위원회의 출범을 전후하여, 먹고 살기도 힘들어 죽겠는데 또 과거사 타령이냐는 말도 심심치 않게 들리고, 일부에서는 과거의 상처를 들추어 덧나게 하고 새로운 갈등을 일으키는 진상 규명이 되지 않을까 우려하고 있다. 그러나 과거에 대한 진정한 반성을 할 줄 모르는 나라가 국제적으로 어떤 대접을 받고 있는지를 생각해 본다면, 다른 나라에 요구하는 잣대를 우리에게 똑같이 적용해 본다면, 위원회 출범 자체를 왈가왈부하는 것이 얼마나 속 좁은 것인가를 쉽게 알 수 있다.

솔직히 말하면 '진실·화해를 위한 과거사 정리 위원회'의 앞날은 별로 순탄치 않아 보인다. 위원회의 정치적 토대는 취약하고 법적으로는 모순적 요소를 안고 있다. 일할 인력은 감당해야 할 일에 비해 턱없이 부족하다. 더구나 당시의 전쟁은 내전이면서 국제전이었기 때문에 우리 국가나 시민사회의 힘만으로는 진실에 완전히 다가갈 수 없다. 또한 실제 작업을 통해 진실 규명이 정말 화해와 상생으로 이어질 것인가 하는 의구심을 해소해야 한다. 따라서 사정을 조금이라도 아는 사람은 너무 큰 짐을 지고 출발하는 모습을 안쓰럽게 생각하지 않을 수 없다.

관용과 신뢰의 사회 만들어야

그럼에도 불구하고 위원회의 사명은 막중하다. 역사의 희생자들에게 강요된 침묵으로부터 벗어나 소리를 내게 하고 말을 할 수 있는 기회를 제공하고, 나아가 한국의 모든 시민들에게 50년 이상 저 깊은 땅속에서 울려 나오는 역사의 소리를 들을 수 있는 감수성을 키워주는 일, 이것이 이들에게 맡겨진 책무이다.

우리가 이 위원회를 통해 관용과 신뢰의 수준이 높은 사회, 그리고 역사의 희생자나 사회적 약자에 대한 공감의 폭이 큰 사회를 만들기 위하여 무엇을 해야 하는가를 토론할 수 있게 된다면, 그것만으로도 위원회의 존재가치는 충분하다고 본다.

한국일보, 2005.12.5. 한국시론

1971년 봄을 회상하며

지금은 많은 시민들의 기억에서 사라졌지만, 올해는 한국정치사의 운명을 갈랐던 1971년 대통령선거가 있은 지 40주년이 되는 해이다. 박정희와 김대중의 세기적 대결이었던 이 선거에서 호남주민들은 제3공화국의 정치경제정책에 대한 반대의 태도를 명확히 하였다. 이 선거는 지금도 그 정당성에 대한 의문이 남아 있을 정도로 치열하고 논란이 많았지만, 이를 계기로 호남과 광주는 김대중이라는 정치인의 자신의 대변자로 인식하고, 함께 30여 년을 보내면서 민주주의의 실현을 위한 에너지를 생산하는 핵심적 근거지가 되었다.

이 선거는 1969년의 3선개헌에 바탕을 둔 것으로, 중앙정보부가 처음부터 치밀하게 기획하여 진행한 것으로 유명하다. 혁신적 공약을 내걸어 선풍적인 지지를 얻어가던 김대중 후보에 대응하여 당시 중앙정보부와 민주공화당은 한편으로는 간첩사건조작, 다른 한편으로는 호남을 버리고 영남을 택하는 "두 국민 프로젝트"를 가동하여 박정희 대통령의 3선을 실현하였다.

사회적 소수자를 "사회적 타자"로 만들어 국민 다수를 통합하려는 전략은 분단시대의 비극이었다. 선거를 앞두고 발생하는 간첩사건들이 이를 대변한다. 이런 선거 전략은 1967년의 동백림사건으로부터 시작되어 1971년의 "재일교포 학원침투간첩단" 사건으로 이어졌으며 이후에도 지속되었다.

가장 널리 알려진 것이 서승과 서준식 형제 사건이다. 이 해 3월, 재일교포 유학생으로 서울대 대학원에서 학위논문을 쓰고 있던 서승은 보안사요원들에 의해 김포공항에서 연행되었다가 일단 석방되었는데, 그의 동생 및 주변에 있던 친구들과 함께 김대중 후보의 장충단 유세가 있었던 4월 18일 다시 연행되었고, 대통령선거가 있기 일주일 전에 간첩사건의 주인공으로 발표되었다. 그는 고문에 못이겨 분신자살을 기도하였다. 그는 이후 옥중에서 사상전향 공작에 맞서 싸우면서 19년의 장기수가 되었고, 1990년에 석방되었다. 그의 화상입은 얼굴은 고문이라는 국가폭력을 증언하는 거울이었고, 감옥은 '양심수'를 탄생시키는 산실이었다.

이로부터 40년이 흐른 2011년 3월, 지난 토요일에 '서승과 함께하는 동아시아의 평화와 인권'이라는 모임이 서울 유스호스텔에서 열렸다. 이 모임은 그의 대학교수 정년 기념으로 열린 것이지만, 실질적으로는 재일교포에게 자행한 과거의 국가폭력에 대한 일종의 시민적 속죄의례였다. 이 유스호스텔은 박정희시대 중앙정보부 건물을 개조한 건물로, 멀리는 러일전쟁 후 일제가 통감관저를 두었던 곳이기도 하다. 이날 모임에서 40년전의 사건을 회고하면서 한 참석자가 흥미로운 증언을 했다. 당시 서승과 친밀하게 지내던 대학원생들이 모두 잡혀와 취조를 당했는데, 수사관들은 "너희들 중에 3명은 구속돼야 한다"고 말했다. 며칠 후 서 형제 이외에 실제로 구속된 사람들은 전북, 전남, 제주 출신 대학원생들이었고, 다른 지역출신들은 모두 석방되었다.

출신지역에 따른 선택적 구속은 이 사건이 실제의 범법행위나 우연성에 입각한 것이라기보다는 기획에 의한 조작적 사건임을 나타내는 여러 지표의 하나이다. 이 사건이 보여주듯이 영국의 정치사회학자 제솝이 말했던 두 국민전략, 즉 국가권력이 특정 집단과 보호와 수혜를 교환하고 그럼으로써 이들의 지지를 기초로 정치권력을 재생산하는 정치공학이 한국에서 강력하게 작동하고 있었다. 여기에서 배제된 집단은 2등국민이 되고 정치적 소수자로 전락하게 된다. 이런 전략은 지역간 불균등발전과 정치의식의 지역간 차이를 구조화하였고, 이후 수십 년간 한국정치를 규정하는 조건이 되었다.

우리는 과거사 정리라는 이름으로 산업화 시대가 남긴 '발전'의 상처들을 치유하는 작업을 시도했으나 아직도 과거의 어두운 그림자를 완전히 걷어내지 못하고 있다. 새롭게 대두하고 있는 문화적 인권도시라는 이상이 실현되려면, 1960년대 이래의 지역간 불균등 발전과 1997년 이후의 세계화의 지평에서 발생하는 심리적 박탈감을 극복한 바탕 위에서 1980년의 경험에서 성장한 이념으로서의 '인권' 개념을 미래지향적으로 재구성해야 하는데, 그것이 쉬운 과제가 아니라는 점은 명약관화하다.

전남일보 2011.3.28. 전일시론

전남일보 오피니언

◆전일시론

1971년 봄을 회상하며

"출신지 따른 용공조작·두 국민 정책
지역불균등 발전 40년간 구조·고착화"

정근식 서울대 사회학과 교수

지금은 많은 시민들의 기억에서 사라졌지만, 올해는 한국정치사의 운명을 갈랐던 1971년 대통령선거가 있은 지 40주년이 되는 해이다. 박정희와 김대중의 세기적 대결이었던 이 선거에서 호남주민들은 제3공화국의 정치경제정책에 대한 반대의 태도를 명확히 하였다. 이 선거는 지금도 그 정당성에 대한 의문이 남아 있을 정도로 치열하고 논란이 많았지만, 이를 계기로 호남과 광주는 김대중이라는 정치적 상징인물과 함께 30여년을 보내면서 민주주의의 실현을 위한 에너지를 생산하는 핵심적 근거지가 되었다.

이 선거는 1969년의 3선개헌에 기초하여 진행된 것으로, 중앙정보부가 처음부터 치밀하게 기획하여 진행된 것으로 유명하다. 혁신적 공약을 내걸어 선풍적인 지지를 얻어가던 김대중 후보에 대응하여 당시 중앙정보부와 민주공화당은 한편으로는 간첩사건조작, 다른 한편으로는 호남을 버리고 영남을 택하는 '두 국민 프로젝트'를 가동하여 박정희 대통령의 3선을 실현하였다. 분단시대의 '사회적 타자'였던 간첩사건을 선거에 활용하는 전략은 1967년의 동백림사건으로부터 본격화되어 1971, 서승과 서준식 형제로 대표되는 '재일교포 학원침투가 첩단' 사건에서 재연되었다.

이 해 3월, 재일교포 유학생으로 서울대 대학원에서 학위논문을 쓰고 있던 서승은 보안사요원들에 의해 김포공항에서 연행되었다가 일단 석방되었는데, 그의 동생 및 주변에 있던 친구들과 함께 김대중 후보의 장충단 유세가 있었던 4월 18일 다시 연행되었고, 대통령선거가 있기 일주일 전에 간첩사건의 주인공으로 발표되었다. 그는 고문에 못이겨 분신자살을 기도하였다. 그는 이후 옥중에서 사상전향공작에 맞서 싸우면서 19년의 장기수가 되었고, 1990년에 석방되었다. 그의 화상입은 얼굴은 고문이라는 국가폭력을 증언하는 거울이었고, 감옥은 한국에서 '양심'을 탄생시키는 산실이었다.

이로부터 40년이 흐른 2011년 3월, 지난 토요일에 '서승과 함께하는 동아시아의 평화와 인권'이라는 모임이 서울 유스호스텔에서 열렸다. 이 모임은 그의 교수 정년 기념으로 열린 것이지만, 실질적으로는 재일교포에게 자행한 과거의 국가폭력에 대한 시민적 속죄의례였다. 이 유스호스텔은 박정희시대 중앙정보부 건물을 개조한 건물로, 멀리는 러일전쟁 후 일제가 통감관저를 두었던 곳이기도 하다. 이 날 모임에서 40년전의 사건을 회고하면서 참석자가 흥미로운 증언을 했다. 당시 서승과 친밀하게 지내던 대학원생들이 모두 잡혀와 취조를 당했는데, 수사관들은 "너희들 중에 3명은 구속돼야 한다"고 말했다고 한다. 며칠 후 서 형제 이외에 실제로 구속된 사람들은 전북, 전남, 제주 출신 대학원생들이었고, 다른 지역출신들은 모두 석방되었다.

출신지역에 따른 선택적 구속은 이 사건이 실제의 범법행위나 우연성에 입각한 것이라기보다는 기획에 의한 조작적 사건임을 나타내는 지표의 하나이다. 이 사건이 보여주듯이 영국의 정치사회학자 제섭이 말했던 두 국민전략, 즉 국가 권력이 특정 집단을 보호와 수혜를 교환하고 그럼으로써 이들의 지지를 기초로 정치권력을 재생산하는 정치공학이 한국에서 강력하게 작동하고 있었다. 여기에서 배제된 집단은 2등국민이 되고 정치적 소수자로 전락하게 된다. 이런 전략은 지역간 불균등발전과 정치의식의 지역간 차이를 구조화하였고, 이후 수십년간 한국정치를 규정하는 조건이 되었다.

우리는 과거사 정리라는 이름으로 산업화 시대가 남긴 '발전'의 상처들을 치유하는 작업을 시도했으나 아직도 과거의 어두운 그림자를 완전히 걷어내지 못하고 있다. 새롭게 대두하고 있는 문화적 인권도시라는 이상이 실현되려면, 1960년대 이래의 지역간 불균등 발전과 1997년 이후의 세계화의 지평에서 발생하는 심리적 박탈감을 극복한 바탕위에서 1980년의 경험에서 자라난 이념으로서의 '인권' 개념을 미래지향적으로 재구성해야 하는데, 그것이 쉬운 과제가 아니라는 점은 명약관화하다.

인권도시헌장의 4대 원칙

지난 8일 광주시가 추진하는 인권도시헌장 제정위원회가 발족했다. 이 헌장의 기본정신은 아주 쉽게 말하면, 광주를 우리나라에서 가장 인권이 살아 숨 쉬는 도시로, 나아가 세계가 인정하는 살 맛나는 도시공동체로 만들자는 것이다. 그러나 정말 이 헌장을 제정한다고 해서 광주가 달라질 수 있을 것인지, 시민들의 삶이 개선될 것인지 걱정이 앞선다. 어렵고 무거운 발걸음이다.

광주는 1980년 이래 민주주의나 인권이라는 화두와 인연을 맺기 시작했다. 1998년 5월, 광주 시민연대는 홍콩의 아시아 인권위원회와 협의하여 1998년 5월 광주에서, '아시아인권선언'을 발표한 적이 있었다. 이 선언은, 내용은 훌륭했으나 이 정신을 발전시키고 선언의 이행을 모니터하는 등의 후속 노력이 없었기 때문에 한번의 이벤트로 전락해버렸다는 평가를 받았다.

광주는 또한 우리나라 광역 자치단체로는 처음으로 2009년에 '인권증진 및 민주 인권 평화 도시 육성 조례'를 만들었다. 이것은 2010년 '경상남도 인권 증진 조례', '전라북도 인권 증진에 관한 조례'에 영향을 미쳤다.

이 조례에 대한 정확한 평가를 하기에는 이른 감이 있으나, 광주의 역사적 정체성이 충분히 반영되었는지, 그리고 여론수렴을 위한 노력이 충분했는지에 대한 자성의 목소리가 있는 것이 사실이다. 새로운 인권헌장 제정을 위해서는 이런 과거의 미흡했던 점을 교훈삼지 않을 수 없다.

그렇다면 어떤 원칙하에서 이 헌장을 제정해야 하는가. 필자의 좁은 소견은 다음과 같다.

첫째, 헌장의 제정 주체는 시민적 대표성에 충실하게 구성될 필요가 있다. 인권도시헌장은 광주시와 시민들의 사회협약이다. 이때 제정에 참여하는 시민들은 남녀노소를 불문하고 각계 각층을 대표해야 한다. 특히 시민사회단체와 노동단체, 사회적 약자나 소수자단체, 인권단체의 목소리가 반영되어야 하고, 시민의 대의기구인 시 의회에서도 충분히 검토해야 한다. 일단 제정위원회가 31명으로 출발했으나 이런 원칙에 비추어 좀더 보강될 필요가 있다.

둘째, 제정절차가 투명하고 시민들의 자발적 참여가 보장되어야 한다. 여러 차례의 시민공청회를 통해 그 내용을 확정해가야 하는데, 가장 큰 고민은 오늘날의 시민공청회가 참여와 여론수렴에 미흡한 제도라는 것이다. 이를 보완하는 제도가 필요하다.

셋째는 헌장의 내용이 진취적이고 혁신적이어야 한다. 이를 위해서는 광주의 역사적 경험에 바탕을 두면서도 세계의 보편적 흐름을 잘 이해해야 하고 전문가들의 도움이 필요하다. 광주 인권도시론은 5·18이라는 경험에서 성취한 역사적 공동체에 기초하고 있다. 그 공동체는 '밥과 피'로 상징되는 공화주의적 원리에 충실하였다. 그런데 1980년 이후 약 한 세대가 지나면서 세계적으로 인권과 시민들의 도시에 대한 권리의 사상이 많이 변화하였다. 자본주의적 소유권의 원리가 배타적으로 지배하는 도시가 아니라 새롭게 형성되고 있는 시민들의 권리인 주거권, 이동권, 문화권, 학습권 등이 충분히 보장되는 도시가 강조되고 있다.

넷째는 헌장은 실질적인 효력이 있어야 한다. 헌장의 정신을 법적 효력이 있는 조례와 연결시키고 인권지표를 구성하여 주기적으로 모니터를 하면서 구체적인 정책으로 순환하는 체계가 만들어져야 한다. 인권도시는 쉽게 만들어지는 것도 아니라, 부단한 시민적 노력에 의해 장기간에 걸쳐 형성되는 것이다. 또 현재의 도시정부의 정치적 판단에 의해 재단되거나 짧은 기간의 정치상황에 의해 휘둘려서도 안된다. 특히 전시 행정이나 일회적 행사에 종속되어서는 안된다.

대한민국이 산업화와 민주화를 동시에 성취한 나라라고 할 때 그 절반의 몫은 광주에 있는지도 모른다. 1980년의 피가 한국 민주주의의 기초가 되었고, 5월운동과 광주의 정치적 지혜가 민주정부를 성립시키는 기초였음을 부정할 수 없다. 그러나 '밥'의 문제는 그에 비례하여 개선되지 않았다. 인권도시의 빛은 공간적으로나 사회적으로 어두운 그림자를 비춰야 하는데, 이를 위해서는 세계적 신자유주의의 파도를 견딜만한 경제적 기초가 필요하다. 문화적으로 잘 다듬어진, '세계로 열린 도시 공동체', 그것이 인권헌장의 중심에 자리잡아야 할 광주의 미래상이다. 그것은 상호 교류와 협력이 가능한 적정규모의 세계의 여러 생태문화도시들과 함께 하는 연대의 도시라고 할 수 있다.

전남일보 2011.4.25. 전일시론

민주인권기념관 건립을 구상하면서

이을호를 아시는가? 그는 1985년 10월, 민주화운동청년연합의 상임위원회 부의장으로 활동하다가 김근태 의장과 함께 체포되어 남영동 대공분실에서 혹독한 고문을 받고, 그 후유증으로 정상적인 사회생활을 할 수 없었던 민주화운동의 이론가이자 실천가였다. 그런 그가 바로 자신이 고문 받았던 장소에서 처음으로 열린 6·10 민주항쟁 32주년 기념식의 단상에 올라가 다른 고문 피해자들과 함께 힘차게 애국가를 4절까지 불렀다. 감격스러운 장면이었다.

이날 기념식에서는 단지 지나간 과거를 회상하고 기념하는 것이 아니라 아직 해결되지 않았거나 현재 진행형의 인권 피해 당사자들의 목소리를 듣는 시간도 가졌다. 국가 의례로서는 약간은 파격적이었고 신선했다.

"우리의 민주주의 역사에는 고문과 불법감금, 장기구금과 의문사 등 국가폭력에 희생당한 많은 분들의 절규와 눈물이 담겨 있다"는 문재인 대통령의 말처럼, 우리는 민주주의를 생각하면서 동시에 인권을 생각해야 하고, 우리가 빚지고 있는 사람들의 희생을 바로 새겨야 한다. 이런 맥락에서 질풍노도와 같았던 "민주주의의 역사적 시간과 공간을 되살리기 위하여" 남영동 대공분실 터에 민주인권 기념관을 설립하는 것이 작년에 결정되었다.

남영동 대공분실은 어떤 곳인가?

권위주의적 독재가 절정이던 1976년, 지상 5층 규모로 신축되어 치안본부 대공과에서 사용한 건물로, 1983년 12월 지상 7층으로 증축되었으며, 민주주의가 어느 정도 공고화되었던 2005년, 경찰청은 인권경찰로 거듭나기 위한 의지를 담아 이곳을 인권센터로 조성한 곳이다. 이곳이 민주인권기념관으로 재탄생하기까지는 많은 우여곡절을 겪었다.

　우리 사회에서 민주화운동의 기억을 보존하고 연구할 필요가 있다는 논의는 2001년으로 거슬러 올라간다. 이때 우리는 민주주의의 지속적 발전을 위하여 국가인권위원회를 설립하였고, 또 민주화운동기념사업회를 설립하였다. 전자가 인간으로서의 존엄과 가치를 구현하고 민주적 기본질서의 확립에 이바지함을 목적으로 했다면, 후자는 민주화운동을 기념하고 그 정신을 계승하기 위한 사업을 수행함으로써 민주주의 발전에 이바지하는 것을 목적으로 했다.

　민주화운동기념사업회는 처음부터 민주화운동기념관의 건립 및 운영, 민주화운동의 역사를 정리하기 위한 사료의 수집과 보존·연구, 그리고 각종 민주 발전을 위한 지원사업을 담당하는 기관으로 설립되었다. 이에 따라 기념사업회는 2006년 한국 민주주의 전당 설립계획을 만들었다. 그러나 이 계획은 순조롭게 추진되지 않았다. 많은 사람들이 민주화운동과 관련된 의미있는 장소에 이를 세우기를 희망하였고, 남산 안기부 터를 비롯한 여러 장소들을 검토했지만 여러 정치적인 이유와 예산상의 문제로 난항을 겪었다. 이 계획을 추진하는 과정에서 또 하나의 난관은 이를 건립하기를 희망하는 도시들 간의 경쟁이었다. 이 기념관은 당연히 서울에 자리잡아야 한다는 생각과 한국 민주화운동에서 중요한 역할을 했던 도시에 세우는 것이 좋겠다는 생각이 서로 충돌했다.

쟁점들

민주주의의 후퇴를 극복하기 위한 촛불혁명은 민주주의 전당 건립 계획을 다시 추동하는 에너지를 제공하였다. 남영동 대공분실 터가 기념관 부지로 확정되면서 민주주의와 함께 인권이 핵심 의제로 추가되었고, 동시에 새로운 논쟁거리도 생겨났다. 첫째, 이 민주인권기념관이 한국의 민주화운동과 인권운동을 망라하는 종합적 기념관이어야 하는가, 다른 도시의 기념공간들과의 유기적 분업 원리에 충실한 기념관이어야 하는가? 둘째, 지난 20년간 구상해온 민주주의전당이라는 개념에 충실한 기념관이 되어야 하는가, 아니면 남영동이라는 장소성을 중시하면서 건물과 장소의 원형 보존에 충실한 기념관이 되어야 하는가? 셋째, 역사의 기록에 충실하고 희생자들을 추모하는 기념관이어야 하는가, 현재 진행형의 인권적 쟁점들을 토론하면서 좀더 미래지향적인 소통공간으로 만들어야 하는가?

그해 겨울, 박종철로부터 시작하여 초여름의 이한열로 마무리된 6월 민주항쟁의 기억은 우리가 걸어온 지난했던 민주화의 길을 다시 생각하도록 하는 원천이다. 그러나 영화 '1987'에서 다시 보았듯이, 이를 경험했던 사람들은 '호헌철폐 독재타도'의 국민적 함성이 엊그제 같다고 말하지만, 이를 경험하지 못한 젊은 세대는 6월 민주항쟁을 일종의 전설이나 신화로 느끼기도 한다. 이런 세대 간의 차이를 극복하고 민주주의와 인권의 지속적 발전에 이바지할 수 있는 기념관, 이를 위하여 보다 많은 토론이 필요한 시점이다.

아주경제 2019.6.11.

진실과 화해로 가는 길

제2기 진실화해위원회가 한국전쟁 전후에 발생한 민간인 희생과 국가공권력에 의한 인권침해의 진상을 규명하는 작업을 다시 시작하였다. 제1기 진실화해위원회가 2006년 1년간 신청을 받고 진실규명작업을 한지 15년 만에 다시 한국현대사의 어둡고 아픈 부분을 드러내 치유하는 작업을 시작한 것이다. 이번 진실화해위원회는 제1기의 성과를 계승하면서 미진했던 사건들을 처리하고, 또 인권의식의 고양과 함께 새로 제기된 문제들을 처리해야하는 과제를 안고 있다.

"돌고 돌아온 머나먼 길"
작년 12월 10일 진실규명 신청 첫 날, 한 피해자는 눈물을 글썽이며 이렇게 말했다. "멀고 먼 길을 돌아 결국 여기까지 왔습니다." 이들에게 진실규명신청은 말하지 못했던 고통과 강요된 침묵을 깨는 것이어서 많은 용기가 필요한 실존적 결단이기도 하다.

그 이후 지금까지 약 7,000명의 피해자들이 4,000건 정도의 진실규명 신청을 하였다. 가장 많은 신청은 역시 한국전쟁 직전에 그리고 전쟁중에 국가공권력에 의해 희생된 민간인들이다. 여기에는 보도연맹 관련자, 형무소 재소자, 부역 혐의자, 폭격 피해자 등이 포함된다. 적대세력에 의해 희생된 사람들로 전체 희생자의 15-20%로 추산되며, 납북자나 미송환 포로 등의 문제도 해결되지 않은 채 남아있다.

권위주의하에서 발생했던 인권침해사건들도 다시 위원회에서 다루어야 한다. 5.16 군사쿠데타 이후 군사정부의 정당성 확보를 위해 자행된 이념적 탄압과 서산개척단과 같은 노동력 강제 동원, 독재정권하의 다양한 간첩조작, 삼청교육대나 강제징집과 같은 5.18 직후 자행한 국가폭력, 1980년대 민주화운동 고조기에 행해진 의문사 사건들이 여기에 포함된다.

이번 제2기 진실화해위원회에서 새롭게 다뤄야 할 문제는 사회사업이나 복지라는 이름으로 행해진 수용시설에서의 인권침해문제이다. 부산의 형제복지원이나 안산의 선감학원 사건이 대표적이다. 이들은 말 그대로 한국사회의 높아진 인권감수성과 피해당사자들의 자각에 의해 문제가 부각되었다. 이들은 자신들을 피해생존자라고 부르는데 그것은 곧 이들이 생사의 기로에서 말할 수 없는 고통을 겪었음을 의미하는 것이다. 실제로 형제복지원에서 500여명, 선감학원에서 수백명의 사망자들이 확인되고 있다. 부랑자 일소와 거리 정화는 국가공권력의 오용과 남용을 수반했다. 수용시설에서의 아동 인권침해는 2000년 이후 유럽이나 오스트레일리아 등지에서 새롭게 부상한 문제이기도 하다.

화해를 위하여

국가공권력에 의한 인권침해의 진실을 밝히는 책임은 당연히 국가에 있다. 독재정부가 국가폭력의 주체였다면 민주정부는 진실규명의 주체라고 할 수 있다. 국가는 진실이 일시적으로 은폐될 수 있지만, 영원히 덮을 수는 없다는 것을 증명해야 자신의 권위를 되찾게 된다.

진실은 책임의 문제를 수반한다. 진실화해위원회는 처벌로 가는 길보다 사과와 용서의 길을 지향한다. 따라서 어떻게 하면 화해와 사회적 통합을 달성할 수 있을까를 고심하지 않을 수 없다. 화해는 사회적 타자로 규정되어 죽임을 당한 이들에 대한 명예회복과 사죄, 그리고 배보상을 통해 이루어진다. 제1기 진실화해위원회에서 진실이 규명된 희생자의 일부는 소송을 통해 배보상을 받았지만, 진실규명신청을 하지 못했거나 진실규명이 되었다고 하더라도 소송기회를 놓친 유족들도 많다. 일부 피해자들은 국가공권력에 의한 피해가 아니라는 이유로 소송이 기각되기도 했다.

이제 세계는 이념적 양극화의 시대를 건너 사회적 양극화의 시대로 가고 있다. 우리 사회도 마찬가지이다. 사회적 약자들이 희망을 잃지 않도록 다양한 방안들을 모색해야 하며, 이런 노력들은 과거사에도 적용되어야 한다. 이념적 타자로 간주되었던 피해자와 유족 뿐 아니라 인권침해의 피해자들이면서 자신의 목소리를 내지 못했던 사회적 약자들에 대한 이해와 공감이 이행기 정의의 출발점이다. 철저한 진실규명과 화해의 관점을 견지하는 것이 이번 진실화해위원회의 가장 중요한 덕목이라는 점을 말씀드린다.

다산포럼 2021.6.7.

전쟁 유복자들이 간절하게 부르는 이름, 아버지

한국에서 가장 매력적인 치유의 숲길 중의 하나가 오대산의 선재길이다. 월정사에서 시작되는 이 길은 산 높고 물 깊어 유장할 뿐 아니라 숲의 청량감이 세상의 번뇌를 잊게 한다. 이 길의 끝자락에 '천고의 지혜'를 품은 도량, 상원사가 자리잡고 있다. 필자는 6.25전쟁 당시 자신의 몸을 던져 유서 깊은 이 사찰의 법당을 구했던 노선사와 그를 흠모한 한 장교의 이야기를 화두로 삼아 이 길을 오르내리면서 다가오는 가을을 생각했다. '좌탈입망'의 경지를 보여주고 사바세계를 떠난 그의 빈 자리를 메운 사람들은 누구였을까?

유복자 회장님들

전쟁은 인적으로나 물적으로 많은 피해를 낳는다. 전투에 참가한 병사들은 물론이고 민간인들도 이루 말할 수 없는 피해를 입는다. 한국전쟁의 경우, 보도연맹원과 형무소 재소자들이 대규모로 희생되었던 7월, 적대세력에 의한 희생이 많이 발생했던 9월, 그리고 부역혐의로 몰려 많은 희생자가 발생했던 10월이 우리 국민들에게 유독 잔인했던 시간들이었다.

민간인 희생자들의 가족들은 어떠한가? 이들 중에서 딱한 사람들이 '전쟁미망인'과 '전쟁고아'였다. '전쟁미망인'이라는 말 자체가 원래의 의도와는 달리 어색한 표현이지만, 그나마 민간인 희생자의 부인들에게는 이 말이 잘 적용되지 않았다. 이들 못지않게 서러운 인생을 살았던 사람들이 또 있다. 전쟁 유복자들이다. 동족상잔의 북새통 속에서도 그해 여름부터 이듬해 봄까지 새로운 생명들이 적지 않게 태어났는데, 이들의 상당수는 아버지가 세상을 뜬 뒤 태어난 유복자들이었다. 이들이 자신에게 꼭 있어야 할 존재가 없다는 사실을 깨닫는 데는 많은 시간이 필요하지 않았다. 이들과 그 어머니들은 이루 말할 수 없는 고초를 겪으면서 세상을 살아왔다. 그러나 유감스럽게도 우리 정부나 사회는 이들을 돌보지 않았다. 아니 돌볼 여유가 없었다고 표현하는 것이 더 정확할 것이다. 우리 사회가 어느 정도 안정을 되찾은 뒤에도 그들에게 따뜻한 위로의 말을 전해지지 않았다. 그렇게 하는 것이 국가책임의 일부라는 것조차 느끼지 못했다.

전쟁 유복자들에게 가장 큰 고통은 아버지의 죽음의 진실을 모른다는 사실이었다. 조국 근대화와 총력안보라는 표어로 점철된 권위주의 시기에 청년시절을 보냈던 이들에게 아버지를 찾을 기회는 주기는커녕 연좌제라는 그물을 씌워 삶을 위협하기도 했다. 지난 10여년 전 제1기 진실화해위원회 시기에 활동했던 유족들이 주로 전쟁당시 세상 물정을 조금은 알았던 소년 소녀들이었다면, 제2기 진실화해위원회 시기에 활동하고 있는 유족들은 전쟁기억이 별로 없는 세대들이다. 일흔을 넘긴 전쟁 유복자들은 충주, 진주, 영암, 함평, 완도 등 전국에 산재한 한국전쟁 유족회의 회장님들이 되었다.

이들에게 아버지는 잊혀진 존재였을까? 아니다. 한국전쟁 유족회가 주최하는 추모제나 유해발굴 현장에 가보면 어김없이 '불러보고 싶은 이름, 아버지'라는 표현이 자주 등장하는데, 이는 자신의 삶을 정리할 때가 되었다고 느끼게 된 전쟁 유복자들에게 아버지가 사무치게 그리운 존재가 되어가고 있음을 단적으로 보여준다. 이들의 사부곡과 추모사는 한국 현대사가 오랫동안 잊어버리려고 했던 애달픈 세레나데이며, 사회적 양심을 깨우는 죽비소리이기도 하다. 이들이 가슴에 간직하고 있는 간절한 소망은 아버지의 죽음의 진실을 밝히고, 고인의 명예를 회복하면서 마음의 평화를 얻는 것이다.

용산공원에 화해와 치유의 추모비를

용산에 있는 미군기지에 시민들의 삶을 풍요롭게 하는 공원을 조성하는 계획이 진행 중이다. 이 용산공원에 '통일과 화합의 숲'을 조성한다는 안이 포함되어 있다. 얼마 전에 한 유복자 회장님과 유족 한 분이 필자를 찾아와 이 숲에 작은 추모비를 세워달라고 요청하였다. 이들은 천만 명의 시민이 사는 수도 서울에 한국전쟁 민간인 희생자들을 위령하는 추모비 하나 없는 현실을 개탄하면서, 국가 공권력에 의해 희생된 사람들 뿐 아니라 적대세력에 의해 희생된 사람들의 명복도 함께 비는 화해의 위령비가 필요하다고 말했다. 마침 이 장소가 전쟁기념관과 가까이 있기 때문에 그것이 실현된다면, 그 의미는 작지 않을 것이다. 아무쪼록 이들의 염원을 담아 화해와 치유의 추모비가 천년의 지혜처럼 세워질 수 있기를 희망한다.

다산포럼 2021.9.7.

서산개척단, 그 배후에 있는 폭력을 생각하며

며칠 전에 서산에 사는 윤씨 할머니가 돌아가셨다. 그 할머니는 해남이 고향이었다. 지금으로부터 59년 전인 1963년, 그녀는 서울에 사는 사촌 언니 집에 놀러왔다가 돌아가는 길에 서울역 부근에서 알 수 없는 사람들에게 붙잡혔다. 수예학원에 보내준다고 했는데 도착한 곳은 서산자활개척사업장이라는 간판을 달고 있었다. 그녀는 속은 것을 알았지만 통제가 엄격하고 무서워 도망칠 수 없었다. 얼마 지나지 않은 9월 26일, 125쌍의 서산개척단원 합동결혼식이 열렸을 때, 그녀는 자신의 뜻과는 무관하게 면사포를 썼다. 그로부터 1년 여가 지난 1964년 11월, 서울시장 주례로 225쌍의 합동결혼식이 워커힐에서 열렸는데, 좀더 그럴듯하게 보이기 위하여 1년전에 결혼했던 사람들 다수가 다시 동원되었다. 당시 언론들은 이 신부들이 한때 윤락 여성이었으며, "서울시립 부녀보호지도소에서 재생한 여성들이다"고 보도했다. 할머니는 그렇게 국가와 언론이 씌운 굴레와 낙인에 평생 괴로워하며 살았다.

'사회악 일소'의 어두운 그림자

한국현대사에서 사회악 일소나 사회정화라는 용어는 별로 낯설지 않다. 가장 널리 알려진 것은 1980년 5·18 직후 국가보위비상대책위원회가 발표했던 삼청계획 5호였다. 이것은 사회정화와 사회악 일소를 명분으로한 '불량배 소탕계획'이었는데, 이는 1961년 5·16 직후의 국토건설단을 참고한 것으로 알려져 있다. 1961년 5·16 직후 군사정부는 사회악 일소를 내세워 깡패나 부랑자들을 대대적으로 단속했다. 깡패들에 시달리던 일부 시민들은 환영했지만, 법적 근거도 없었을 뿐 아니라 잡혀간 사람들 중에

'선량'한 사람들이 너무 많았다. 그들에게는 국토건설단이나 서산개척단과 같은 고상한 이름이 주어졌지만, 그들에게 돌아온 것은 아무 것도 없었다.

군사정부는 1961년 7월 12일 서울의 부랑아 정착사업으로 450명을 대관령으로 보냈다. 현지 수용소 감독관은 최고회의가 지명한 장교였고, 수용소 경비책임은 군 헌병이 맡았다. 뒤이어 11월에 서산개척단이 발족했다. 이들은 종종 대한청소년개척단이라고도 불렸는데, 이의 뿌리는 1961년 5월 1일, 청계천의 한 자동차정비공장에서 출범한 대한청소년기술보도회였다. 5·16 쿠데타 이후 이들의 리더였던 김춘삼이나 민정식이 군사정부와 연이 닿으면서 군사정부의 사업이 되었고, 중앙정보부도 개입했다. 바로 뒤이어 장흥개척단이 만들어졌다. 1962년 2월 서산개척단에 2진이 도착하고 폐염전을 개간하는 작업이 시작되었다. 1963년에는 100여 명의 여성들도 잡혀왔다. 그 후 계속 인원이 증가하여 1,700명에 이르렀다. 초기 간부들은 불량배 출신들이 많았지만, 이들의 중심은 피난민이나 전쟁고아, 도시 주변의 가난한 젊은이들이었다. 이들은 강제로 잡혀가 낯선 곳에서 두들겨 맞으면서 일을 해야 했다. 이들에게는 개간이 완료되면 3,000평의 농지를 분배한다는 약속이 주어졌지만, 도망자들이 속출했다.

1966년 6월, 일부 젊은이들이 조회시간에 들고 일어나 기존의 지도부를 쫓아냈다. 이들은 이 사건을 이를 서산개척단의 '민주화', '자유화' 또는 '해방'이라고 부른다. 이들 800여 명은 박정희 대통령에게 당시 정부가 개척단 사업에 사용해야 할 비용을 어떻게 유용했는지를 묻는 탄원서를 제출했다. 1968년 7월, 정부는 '자활지도사업에 관한 임시조치법'을 제정하여 개척농민들에게 토지를 분배한다고 약속했다. 이에 따라 서산에서는 토지 가분배가 이루어지기도 했다. 그러나 실제 분배를 집행할 시행령이 제정되지 않았다. 1982년 12월 법률이 폐지되면서 약속된 무상분배도 무산됐다.

진실규명결정서를 영전에

윤 할머니가 돌아가시기 바로 전에 진실화해위원회는 서산개척단 사건에 대한 진실규명 결정을 하였다. 진실규명 신청 1년 반만에, 조사개시 1년만에 내린 결정이었다. 위원회는 감금, 폭행, 강제노역, 강제결혼 등에 대한 적절한 피해보상과 함께, "국가는 위법한 공권력에 의한 강제수용 및 강제노역, 폭력 및 사망, 강제결혼 등 신청인의 인권을 침해한 점에 사과해야 한다"고 권고했다. 사실 이런 진실규명이 있기까지 피해당사자들의 끈질긴 요청과 뜻있는 언론인, 문화운동가들의 노력이 있었다. 다큐멘터리 영화도 만들어졌다. 위원회의 진실규명이 늦기도 했지만, 할머니의 고통을 모두 치유하기에는 턱없이 부족하다. 그럼에도 불구하고 작은 성과를 영전에 드린다.

다산포럼 2022.5.28.

'복지'라는 이름의 진실 앞에서

지난 주에 진실·화해위원회는 우리 사회의 오랜 쟁점이자 숙제였던 형제복지원사건에 관한 1차 진실규명을 발표하였다. 이는 1975년부터 1987년까지 국가공권력이 부랑인으로 간주되는 사람들을 부산의 형제복지원에 강제로 수용하고, 이들에 대한 강제 노역, 폭행, 가혹행위, 사망, 실종 등 중대한 인권침해가 이루어지는 것을 제대로 관리감독하지 않고 방치한 사건이다. 부랑인들의 강제수용은 1975년 내무부 훈령, 그리고 1981년 전두환 대통령의 걸인 일소 지시에 의한 것이었다. 그러나 실제로 이곳에 수용된 사람들의 다수는 부랑인들이 아니었다. 영문도 모르고 잡혀온 사람들에게 형제복지원의 정문 위에 쓰여 있던 '믿음과 소망과 사랑으로'라는 구호는 마치 아우슈비츠 수용소에 써 있던 '노동이 너희를 자유케 하리라'와 같은 역설이었다. 이들은 겉으로 표현된 것과는 전혀 다른 비인간적 통제에 시달려야 했다. 1985년의 경우, 수용 정원 500명에 실제 수용인원은 2,631명이나 되었으며, 일상적으로 구타와 폭행을 당해야 했고, 어린 수용자들은 성폭력의 대상이 되기도 했다. 어둡고 절망적인 14년의 세월동안 형제복지원에서는 무려 657명이 사망하였는데, 특히 1985년과 1986년 2년간 243명이 사망할 정도로 상황이 심각했다. 오죽했으면 당시 무소불위의 보안사령부조차 형제복지원이 교도소보다 통제가 심한 곳이라고 표현하였을까. 그때는 바로 86 아시안게임이 열리던 시기였고, 88 서울올림픽을 코 앞에 둔 시기였다.

그때 우리는 어디에 있었는가?

진실규명 발표 후에 많은 질문이 쏟아졌다. 그 중의 하나가 왜 이 사건의 진실이 35년이나 지난 지금에서야 밝혀지게 되었는가였다. 이 질문은 1970-80년대를 경험하지 못했던 젊은 기자들이 제기할 수 있는 당연한 질문이지만, 그 시대를 생생하게 경험했던 필자에게는 송곳에 찔린 듯 아픈 질문이기도 했다. 이 사건은 널리 알려진 박종철 고문치사사건이 발생했던 1987년 1월, 용기있는 한 검사의 수사로 진실의 일부가 드러났는데, 유감스럽게도 당시의 중앙정부나 지방권력 모두, 이 문제를 은폐하거나 축소하기에 급급했고, 결국 진실은 묻혀지고야 말았다. 그로부터 약 20년이 지난 후 과거사문제를 다루었던 1기 진실·화해위원회에도 피해자 3명이 진실규명을 신청했는데, 이 사건의 중요성을 인식하지 못하여, 조사가 제대로 이루어지지 않았다.

 2012년부터 형제복지원의 피해자들이 목소리를 내기 시작했다. 이들은 자신들을 죽었다 살아났다는 의미에서 '피해생존자'라고 명명했다. 〈살아남은 아이〉라는 책은 이를 대변한다. 흥미롭게도 이 책은 "우리는 어떻게 공모자가 되었나?"라는 부제를 달고 있는데, 이 부제는 우리 사회의 양심이 살아있다는 표시였다. 다행스럽게도 뜻있는 인권활동가 및 연구자, 변호사들이 이들의 목소리를 경청하고 대책위원회를 꾸렸다. 사건 현장인 부산에서도 문제해결을 위한 노력들이 나타났으며, 2018년에는 검찰총장이 피해자들을 직접 만나 사과하면서 눈물을 보이기도 하였다. 국민들의 높아진 인권감수성에 호응하여 국회에서도 법률 개정과 함께 진실·화해위원회를 다시 출범하도록 하였다. 형제복지원 피해생존자 대표가 맨 처음으로 진실규명을 신청하던 날 아침이 기억에 새롭다.

경계하는 마음

형제복지원에 수용되었던 사람들은 연인원 4만명에 이른다. 이번 진실규명 결정은 사건의 핵심적 내용과 함께 우선 접수한 191명에 대한 개인별 조사결과이지만, 진실이 그 자리에 머물지 않고 정의로 이어지지를 간절히 소망한다. 필자는 감춰진 진실을 발표하면서 형제복지원 피해자들에게 느끼는 안타까움과 미안함, 고마움을 드러내지 않으려고 애썼다. 엄청난 폭력에 짓밟혀 생명을 잃어버린 사람들에 대한 안타까움, 그것을 간신히 버텨내고 생명을 부지했지만, 인생이 뒤틀려버린 수많은 피해생존자들에 대한 미안함 등이 뒤섞여 착잡했기 때문이다.

필자는 오래전부터 한센병자나 홈리스와 같은 우리 사회의 약자들에 대한 연구를 수행해왔지만, 형제복지원 사건에 관해서는 젊은 제자들로부터 배웠다. 이들이 연구성과로 냈던 〈절멸과 갱생 사이〉라는 책을 읽으면서 '후생가외'라는 말을 떠올리지 않을 수 없었다. 논어(論語)의 '자한편(子罕篇)'에 나오는 이 표현은 '너로 하여금 어린 양들이 잘못된 길로 들지 않는지' 늘 경계해야 한다는 성경 귀절과 함께 '선생'으로 자처하면서 살아가는 사람들을 깨우친다. 늘 가슴에 새기고 조심해야 할 덕목들이 작은 보람보다 더 무겁게 다가온다.

대학지성 In&Out 2022.8.31.

그 많던 친구들은 어디로 갔을까?

> 바닷가 자갈들도 우리하고 놀고요
> 푸른 하늘 저 별들도 우리하고 놀아요
> 많기도 하구나 우리들의 동무들
> 정다웁게 잘 자라자 선감학원 형제들

1964년 봄이었을 것이다. 몇 명의 소년들은 굶주리다가 죽은 친구를 원내 야산에 묻고나서 이 노래를 불렀다. 숙소로 돌아오는 발걸음은 그들이 흘린 눈물보다 훨씬 더 무거웠다. 경기도 안산의 선감학원에서 있었던 풍경이다. 그 소년은 1963년 5월 1일, 쌍둥이 동생과 함께 이곳에 수용되었다. 그날 서울 시립아동보호소에서 함께 군용 트럭을 타고 온 소년들은 약 25명이었다. 그는 다행히 초등학교 학생이 되었지만, 굶주림에 시달렸고 병약했다. 이듬해 봄을 넘기지 못했다. 초등학교 2학년이었다. 그의 친구들이 불렀던 노래는 조회에서, 작업장에서 부르던 선감학원가였다. 심지어는 얻어맞으면서도 이 노래를 불렀다고 한다.

꽃신의 비밀

태평양전쟁의 소용돌이 속에서 개원한 선감원이라는 이름의 부랑아동수용소, 그곳은 40년간 지속되었던 고난의 현장이었다. 조선총독부는 이곳의 원생들을 '연성'하여 '산업전사'로 만들었고, 전쟁 막바지에 삼척이나 나가사키에 있는 탄광에 보냈다. 광복 후인 1946년 이곳은 선감학원이 되었고 경기도에서 운영 책임을 맡았다. 그러나 유감스럽게도 달라진 것은 별로 없었다. 아동들의 고초는 지속되었다. 기록에 따르면, 1955년부터

1982년까지 4,691명이 수용되었는데, 이들의 일부는 부모가 밝혀져 귀가했지만, 그보다 훨씬 많은 수의 아동들은 귀가하지 못하고, 각종 노역과 굶주림, 질병, 구타와 학대에 시달렸으며, 일부는 꽃다운 나이에 사망했다. 선감학원은 1982년 폐쇄되었지만, 우리가 이들을 일부러 모른 체한 것은 아닐 텐데, 이곳을 나온 사람들은 자신들의 피해를 어디에 호소해야 할지 몰랐다.

2016년 경기도 의회에서 처음으로 진상조사를 하기 시작하였다. 그 과정에서 이곳에 묻힌 그 소년을 기억하는 사람들이 나타났다. 원아대장에는 퇴원 사유가 미상이라고 기록되어 있지만, 친구들은 그의 묘지를 기억해냈다. 그의 작은 무덤에서 꽃신 한 켤레가 흙범벅이 된 채 발굴되었다. 그 꽃신은 누가 주었을까? 그와 함께 끌려 왔지만 곧바로 격리되어 다른 곳에서 살았던 쌍둥이 동생도 그것을 기억하지 못했다. 이에 자극을 받아 경기도는 2017년 선감도의 여기저기에 흩어져 있는 유해를 발굴하기 위한 사전조사를 실시하였다.

이로부터 3년이 흐른 뒤에 진실화해위원회가 다시 출범하자 그의 친구들은 경기도 부지사와 함께 진실규명을 신청하였다. 위원회에서는 지난 1년여 기간에 신청인과 참고인 조사를 거의 완료하고 증언들을 확인하는 단계에 들어갔다. 곤혹스러운 것은 공식적으로 24명의 사망자가 기록되어 있지만, 이보다 훨씬 많은 아동들이 원내에서 사망했고, 또 상당수가 탈출하다가 파도에 휩쓸려 사망했다는 증언이 많다는 점이다. 위원회는 이곳에 묻힌 유해의 일부라도 확인하여 진실을 좀더 명확하게 밝혀야 할 필요가 있다고 판단하였고, 시굴조사를 하기로 결정하였다.

잠자리의 애도

지난 9월 26일 개토제를 열었다. 푸른 하늘 아래, 소년들이 불렀던 노래에 나오는 별들을 대신하여 친구들이 되고자 했는지, 가을 잠자리들이 떼를 지어 날았다. 그 노래를 합창했던 소년들이 이제는 60대 후반 또는 70대 노인이 되었다. 이들에게 친구들의 묘지는 더 작고 편평하게 보였다. 피해자 대표는 어린 아동들이 수용되었고, 탈출하기 어려운 섬에 격리되었으며, 공무원들이 직접 관리했다는 것이 선감학원 인권침해사건의 핵심이며, 완전한 진실규명으로 피해자들이 용서할 수 있을 때 비로소 국가도 그 무거운 책임을 내려놓을 수 있다고 힘주어 말했다. 다음날 오후, 시굴했던 첫 번째 묘지에서 15세 가량의 소년 치아와 학생복 단추 세 개가 나왔다는 전갈이 왔다.

다산포럼 2022.10.4.

7장
소록도를 생각하며

논단

소록도 80년과 부끄러운 시대

정근식/ 전남대 교수·사회학

나환자의 아픔을 노래한
한하운의 가슴 절절한 시를
일제는 빨갱이로 몰았다.
사회를 선동했다는 죄였다.
그리고 한 세대가 지난 뒤
박노해는 똑같은 죄목으로
빨갱이로 몰린다.
다음 세대는 우리 세대를
뭐라 손가락질할까.

올해는 일제가 소록도에 나환자들을 강제로 수용한 지 80년째가 되는 해다. 이번 5월의 80주년 행사를 더욱 뜻깊게 하는 것은 국립 소록도병원에서 80년사를 발행한다는 사실. 이제 비로소 정리된 자기역사를 갖게 됐다.

그렇지만 한쪽 구석에 약간의 착잡한 마음이 없는 것도 아니다. 이웃 일본의 경우 나 요양소마다 환자 자치회에서 발행한 자신들의 역사가 출판돼 있는데 비해 우리에게는 환자들의 주체적인 자기 기록이 없다. 거의 1세기 동안 전개된 근대적 의미의 나정책과 환자들의 고투의 경험으로부터 우리가 역사적으로 배운 것은 과연 무엇일까.

식민주의에 칼을 댄 나환자 이춘상

1916년에 처음 설립된 소록도 나수용소는, 1910년부터 시작된 서양 선교사의 나병원들에 자극을 받은 것이다. 초창기 소록도는 소규모였고 시설도 형편없었다. 그 시기에 일제는 서구제국에 대해 문명국으로서 체면치레가 절실히 필요했다. 일제는 조선을 정치군사적으로 식민지화하는 데 성공했지만, 정신과 문화의 세계에서는 여전히 서구와 헤게모니 경쟁을 벌이지 않으면 안 되는 상황이었다.

1920년대 후반 조선의 지식인들이 전개한 나병 근절 운동, 그리고 1932년 나환자들의 시위에 직면해 일제는 이를 체제내화하기 위해 '조선나예방협회'를 만들고 소록도 규모를 대대적으로 확대했다. '황실의 은혜'를 강조하는 것도 잊지 않았다. 경기도 위생평장이던 주병정 계를 원장으로 임명해, 철저한 강제적 격리와 강제노동으로 시설을 6천여명을 수용할 정도로 늘려 나환자들의 지상의 낙원을 건설했다는 것, 즉 식민주의 승리를 온 세상에 알리고 싶어했다. 1940년에는 일본 나학회를 소록도에서 개최했다.

그러나 이 허황된 생각은 이춘상이라는 환자에 의해 깨졌다. 어떤 사람은 안중근 의사와 그를 비견하기도 한다. 한일합방 직전에 동양평화를 내세운 이토 히로부미의 가슴속에 침략의 마수가 감추어져 있음을 권총으로 쏘아 증명했듯이, 이춘상은 일제의 마지막 발악이 다가오는 시기에, 주병의 심장 속에 감추어진 식민주의의 승리의 깃발이 허황된 것임을 칼로 찔러 증명했다.

그로부터 3년 뒤 해방을 맞았다. 그러나 환자들에게는 일제로부터의 해방에 못지않게 중요한 '일반 사회'로부터의 해방은 오지 않았다. 오히려 1950년대는 더 혹독한 시기였는지도 모른다.

한국전쟁으로 정부가 부산으로 피란가 있던 시절, 언론들은 1949년 발간된 한하운 시초에 실려 있는 시들을 두고, 이것이 허위로 날조한 것이며 한하운이란 인물도 가공인물이라고 떠들었다.

결국 이 가슴 절절한 시를 쓴 시인을 빨갱이로 몰아서 잡아넣었다. 사회를 선동했다는 죄목이었다. 지금 생각하면 웃기기 짝이 없는 일이다.

사회 속에 존재하는 타자는 자신의 전체, 또는 일부를 부정당한다. 이것은 관념으로서가 아니라 육체로서 현실을 노래할 때 훨씬 더 구체적으로 드러난다. 한하운의 시에 보면, "간밤에 얼어서/ 손가락이 한마디/ 머리를 긁다가 땅 위에 떨어"지며, "신을 벗으면/ 버드나무 밑에서 지까다비를 벗으면/ 발가락이 또 한개 없다."

이제 나환자들의 문제는 우리 사회에서 거의 사라졌다. 그러나 정확하게 말하면 극복된 것이라기보다는 덮인 것이다.

정당성이 결여된 사회, 문제가 근본적으로 극복이 안 되는 사회에서는 있는 그대로를 드러내면 안 되는 것이었다. 환자들도 스스로 2세를 위해 그들이 겪은 고통과 애환을 묻었다. 그들은 병이 다 나았음에도, 사진찍히는 것을 싫어하며, 방송이나 신문에 오르내리는 것도 싫어한다.

한하운, 그리고 박노해

한하운의 시대로부터 한 세대가 지난 뒤, 자기 상실된 존재는 다른 내용으로 다시 나타난다. "한번쯤은 똑같은 국민임을 확인하며/ 주민등록 경신을 한다/ …검고 투박한 자랑스런 손을 들어/ 지문을 찍는다/ 아/ 없어, 선명하게/ 없어/ 노동 속에 문드러져/ 너와 나 사람마다 다르다는/ 지문이 나오지를 않아…지문도 청춘도, 존재마저/ 사라져버렸나봐."

이 시가 발표되었을 때 시인이 가공인물이냐 아니냐를 두고 설왕설래했고, 결국 그는 지금도 '철창'에 갇혀 있다. 앞으로 또 한 세대가 지나면, 우리가 그랬듯이 우리의 후배들도 틀림없이 이 문제를 거론하면서 오늘을 사는 우리들을 두고 웃기기 짝이 없는 세대들이었다고 손가락질을 해댈 것이다. 부끄러운 시대다. 卍

소록도 80년과 부끄러운 시대

올해는 일제가 소록도에 나환자들을 강제로 수용한 지 80년째가 되는 해다. 이번 5월의 80주년 행사를 더욱 뜻깊게 하는 것은 국립 소록도병원에서 80년사를 발행한다는 사실. 이제 비로소 정리된 자기역사를 갖게 됐다. 그렇지만 한쪽 구석에 약간의 착잡한 마음이 없는 것도 아니다. 이웃 일본의 경우 나 요양소마다 환자 자치회에서 발행한 자신들의 역사가 출판돼 있는데 비해 우리에게는 환자들의 주체적인 자기 기록이 없다. 거의 1세기 동안 전개된 근대적 의미의 나정책과 환자들의 고투의 경험으로부터 우리가 역사적으로 배운 것은 과연 무엇일까.

식민주의에 칼을 댄 나환자 이춘상

1916년에 처음 설립된 소록도 나수용소는, 1910년부터 시작된 서양 선교사의 나병원들에 자극을 받은 것이다. 초창기 소록도는 소규모였고 시설도 형편없었다. 그 시기에 일제는 서구제국에 대해 문명국으로서의 체면치레가 절실히 필요했다. 일제는 조선을 정치군사적으로 식민지화하는데 성공했지만, 정신과 문화의 세계에서는 여전히 서구와의 헤게모니 경쟁을 벌이지 않으면 안 되는 상황이었다. 1920년대 후반 조선의 지식인들이 전개한 나병 근절운동, 그리고 1932년 나환자들의 시위에 직면해 일제는 이를 체제내화하기 위해 "조선나예방협회"를 만들고 소록도 규모를 대대적으로 확대했다. "황실의 은혜"를 강조하는 것도 잊지 않았다. 경기도위생과장이던 주방정계를 원장으로 임명해, 철저한 강제적 격리와 강제노동으로 시설을 6천여 명을 수용할 정도로 늘려 나환자들의 지상의 낙원을 건설했다는 것, 즉 식민주의의 승리를 온 세상에 알리고 싶어했다. 1940년에는 일본 나학회를 소록도에서 개최했다.

그러나 이 허황된 생각은 이춘상이라는 환자에 의해 깨졌다. 어떤 사람은 안중근 의사와 그를 비견하기도 한다. 한일합방 직전에 동양평화를 내세운 이토 히로부미의 가슴속에 침략의 마수가 감추어져 있음을 권총으로 쏘아 증명했듯이, 이춘상은 일제의 마지막 발악이 다가오는 시기에, 주방의 심장 속에 감추어진 식민주의의 승리의 깃발이 허황된 것임을 칼로 찔러 증명했다.

그로부터 3년 뒤 해방을 맞았다. 그러나 환자들에게는 일제로부터의 해방에 못지않게 중요한 "일반 사회"로부터의 해방은 오지 않았다. 오히려 1950년대는 더 혹독한 시기였는지도 모른다. 한국전쟁으로 정부가 부산으로 피난가 있던 시절, 언론들은 1949년 발간된 한하운 시초에 실려 있는 시들을 두고, 이것이 허위로 날조한 것이며 한하운이란 인물도 가공인물이라고 떠들었다. 결국 이 가슴 절절한 시를 쓴 시인을 빨갱이로 몰아서 잡아넣었다. 사회를 선동했다는 죄목이었다. 지금 생각하면 우습기 짝이 없는 일이다.

사회 속에 존재하는 타자는 자신의 전체, 또는 일부를 부정당한다. 이것은 관념으로서가 아니라 육체로서 현실을 노래할 때 훨씬 더 구체적으로 드러난다. 한하운의 시에 보면, "간밤에 얼어서/ 손가락이 한마디/ 머리를 긁다가 땅 위에 떨어"지며, "신을 벗으면/ 버드나무 밑에서 지까다비를 벗으면/ 발가락이 또 한 개 없다."

한하운, 그리고 박노해

이제 나환자들의 문제는 우리 사회에서 거의 사라졌다. 그러나 정확하게 말하면 극복된 것이라기보다는 덮힌 것이다. 정당성이 결여된 사회, 문제가 근본적으로 극복이 안 되는 사회에서는 있는 그대로를 드러내면 안 되는 것이었다. 환자들도 스스로 2세를 위해 그들이 겪은 고통과 애환을 묻었다. 그들은 병이 다 나았음에도, 사진 찍히는 것을 싫어하며, 방송이나 신문에 오르내리는 것도 싫어한다.

한하운의 시대로부터 한 세대가 지난 뒤, 자기 상실된 존재는 다른 내용으로 다시 나타난다. "한번쯤은 똑같은 국민임을 확인하며/ 주민등록 경신을 한다/ 지문을 찍는다/ 아/ 없어/ 노동 속에 문드러져/ 지문도 청춘도, 존재마저/ 사라져버렸나봐." 이 시가 발표되었을 때 시인이 가공인물이냐 아니냐를 두고 설왕설래했고, 결국 그는 지금도 "철창"에 갇혀 있다. 앞으로 또 한 세대가 지나면, 우리가 그랬듯이 우리의 후배들도 틀림없이 이 문제를 거론하면서 오늘을 사는 우리들을 두고 우습기 짝이 없는 세대들이었다고 손가락질을 해댈 것이다. 부끄러운 시대다.

한겨레21/109호 1996.5.23. 논단

日한센병 인권운동의 교훈

지난 5월 11일, 일본의 구마모토 지방법원은 과거 일본 정부가 행한 한센병환자 강제격리정책에 관한 피해배상 청구소송에서 이를 규정한 나 예방법이 위헌이었음을 인정하고, 피해 배상을 청구한 127명의 환자들에게 18억여 엔의 배상을 하도록 명령했다. 또한 국회의 입법 부작위의 위법성을 지적했다. 이 판결이 일본사회에 미친 충격이 아직도 가시지 않고 있다. 오랫동안 한센병을 잊고 있던 한국에도 그 여파가 다가오고 있다. 지난 식민지시대에 한국에서 총독부가 행한 강제격리를 기억하고 있는 사람들을 일깨우는 듯 하다.

일본에서 이른바 근대적 나 정책은 1907년 시작되었다. 법률 '나 예방에 관한 건'이 그것이다. 이에 의거하여 일본 전국에 5개의 공립요양소를 개설했다. 1916년에는 이 공립요양소 소장들에게 경찰권, 재판권, 처벌권 등 이른바 징계검속권을 부여하여 '작은 나라의 군주'를 만들어주었다. 결혼을 조건으로 단종수술, 임신중절을 강행했다.

1931년 나 예방법을 제정하고 전국의 환자를 강제격리 대상으로 삼았다. 일제의 대륙으로의 침략정책이 뚜렷해지기 시작하는 시점이었다. 미쯔다 원장을 중심으로 하는 '요양소파'와 오가사와라 교토대 교수를 중심으로 하는 '대학파' 간의 논쟁에서 전자가 승리했다. 거국일치, 조국정화의 기치 아래에서 국립요양소 체제와 '나 없는 현' 운동을 통해 파시즘 체제를 형성했다. 온건파들은 국적으로 취급되었다.

흥미로운 것은 이런 강제격리와 철권통제가 결국 식민지 한국에서 최종적인 모습을 드러냈다는 사실이다. 일제는 일본에서 나 예방법을 제정하고, 뒤이어 1934년 조선 나 예방령을 제정하여, 한국의 한센병 환자를 강제수용하기 시작했다. 소록도에 세계 최대의 나 수용소가 건설된 것이 바로 이때부터 약 5년간의 시기이다. 1942년 소록도 원장 수오가 환자 이춘상에 의해 죽음을 당한 후, 일본의 최고의 나 정책가였던 미쯔다는 그에 대한 추도문에서 동아시아 전체에 소록도 모델을 따라 나 수용소를 건설할 계획을 밝혔다.

2차대전 패망 이후 일본에서는 1951년 환자들이 전국조직을 결성하고 새로운 환자정책을 요구했지만, 이들의 반대를 무릅쓰고 1953년 새로운 나 예방법이 제정되었다. 이것은 약간의 외출자유의 허용을 제외하면 '문어체'를 '구어체'로 바꾼 것에 불과했다. 아이러니컬하게도 미군정의 지배를 받던 오키나와에서만 개방된 정책으로 전환되었다.

이 법을 유지하는 동안 일본정부는 세계보건기구(WHO)로부터 여러 차례 이 법의 시정이나 폐지를 권유받았다. 1960년대부터 환자들은 인권침해의 관점에서 이 법의 폐지와 함께 보상을 요구하는 운동을 시작했다. 우여곡절 끝에 1996년 4월에 이르러서야 비로소 나 예방법이 폐지되었다. 그러나 일본의 한센병 인권운동의 역사는 여기에서 그치지 않았다. 1998년에는 구마모토와 가고시마의 요양소 입소자들이, 1999년에는 도쿄와 오카야마에서 환자들이 피해배상 청구소송을 제기했다. 이번 판결은 오랜 한센병 인권운동의 승리이자 국가배상의 서막인 셈이다.

우리는 최근의 일본의 한센병 인권운동으로부터 무엇을 얻을 수 있는가. 환자들의 인권에 관한 사회적 각성과 함께 이 질병과 관련된 과거청산의 문제를 다시 생각해볼 필요가 있다. 한국의 한센병 환자의 고통은 식민지시대에는 주로 강제격리와 단종수술, 강제노동에 있었다. 다행히 해방 한국에서는 일찍부터 강제격리체제로부터 정착촌체제로 전환했다. 또한 일본과는 달리 자녀를 가질 수 있어서 인권과 사회복귀의 경로가 다르게 설정되었다. 그러나 해방 전 일제로부터 겪었던 고통과 희생의 문제, 그리고 해방 후부터 1950년대까지 산발적으로 일어났던 한센병 환자 학살사건들은 진상이 밝혀지지 않은 채 지금까지 잠자고 있는 문제들이다.

경향신문 2001.6.28. 정동칼럼

문화유산으로 바라보는 소록도

며칠 전에 소록도를 다녀왔다. 5년 전 소록도 80주년 무렵에 자주 드나들 었는데, 이번에는 일본 국회의원들의 방문이 계기가 되었다. 일본에서 최근에 환자들의 강제격리에 대한 배상이 결정되면서 식민지 시기 일제가 행한 한센병 정책에 대해 관심이 커지고 있는 반증이다.

소록도는 가볼 때마다 느끼지만, 한편으로는 역사의 엄중함을 깨닫게 하고, 다른 한편으로는 후세들에게 심적 부담을 안겨주는 곳이기도 하다. 85년 간의 굴곡진 한국 근대사를 소록도만큼 있는 그대로 보여주는 역사적 현장은 어디에도 없다. 이번 방문에서 함평 출신의 한 할머니 환자의 이야기를 들었다. 이 분은 집에 숨어서 치료를 받고 있었는데, 동네 사람이 밀고하여 잡혀왔다고 한다. 환자들은 일제의 강제격리조치를 당시의 용어 대로 모집이라고 부른다. 그 때 나이 열 여덟, 지금 일흔 여섯이니 무려 58년을 소록도에서 산 셈이다.

자신은 글자를 안 배워서 몇 년도에 입소했는지 모른다고 말했지만 계산해보면, 한꺼번에 그 이와 함께 350명이 강송되어 온 그 해는 1942년이다. 소록도에는 이처럼 식민지 시대부터 살았던 사람이 70-80명이 살아있다. 물론 이름 그대로 한쪽 구석 만령당에는 만 명이 넘는 고혼들이 한 무덤에 누워있다.

이번 방문에서 가장 아쉬웠던 것은 몇 년전까지 남아있던, 한 때 조선총독이 머물렀다고 하는 구락부 건물, 또는 한달 전까지 남아있던 옛 화장터가 사라지고 없었다는 점이다. 모두 1930년대 만들어진 것들이었다. 병원측의 설명으로는 너무 낡아서 사고날까 두려워 헐었다고 한다.

작년에 한국 한센병 역사의 또 다른 현장인 여수 애양원에 박물관이 세워졌다. 과거 윌슨 선교사가 환자들을 치료했던 병원 건물을 개조하여 만든 것인데, 이 박물관은 획기적인 의미를 갖는 것이다. 무엇보다도 박물관의 입구에 애양원의 주인이 환자들임을 선언하고, 현재 생존해있는 이들의 사진을 걸어놓았다는 점 때문이다. 한국의 한센병 환자들이 자신의 초상을 공공연하게 드러냈다는 것은 그동안 좀처럼 보기 어려웠던 일이다. 그만큼 이제 환자들 스스로가 인간으로서의 자신의 위상과 의미를 인식했다는 것이다.

소록도의 경우 여전히 국립 병원으로 남아 있지만, 이제 소록도의 의미는 많이 달라졌다. 1940년대 초반에 소록도 갱생원장 수호는 소록도를 현재처럼 확장해놓고 세계 최대의 요양원을 만든 기념으로 일본 나학회를 이곳에서 열었다. 역설적이지만, 현재의 소록도는 예나 지금이나 국립 병원이지만, 그 자체가 한국 최고의 역사박물관이기도 하다. 이제 소록도가 가지고 있는 모든 것, 즉 그 속에서 생활하고 있는 사람 뿐 아니라 건물과 자연, 그리고 이들을 관통하고 있는 역사, 모두를 소중한 민족적 문화자원으로 바라볼 필요가 있다. 옛 자혜병원이나 감금실, 해부실 건물들은 사적으로, 식생은 천연기념물로 지정해도 전혀 손색이 없을 정도로 중요한 것들이다. 그 어느 하나 소홀하게 취급되어서는 안되며 관계자의 부주의나 예산부족으로 파괴되어서는 안된다. 역사적 자원의 파괴는 일종의 범죄행위에 속한다.

사실 주무관청인 보건복지부의 의료복지 예산만 가지고는 이 훌륭한 역사박물관을 유지할 수 없다. 문화관광부, 또는 전라남도의 적극적 대책이 필요하다. 말로만 인권복지와 문화관광을 떠들 것이 아니라 구체적인 정책 수립이 절실하다. 이보다 더 중요한 것은 시민들의 관심이다. 정부나 병원당국만을 탓할 게 아니라 시민들이 구체적 행동으로 돕고 지켜가야 할 필요가 있다.

소록도는 그동안 소리없이 돕는 사람들이 많았다. 대구의 참길회는 그 대표적인 모임이다. 이들은 벌써 이십년 가까이 소록도 환자들을 보살피고, 또 현재의 자료실을 만들도록 도왔다. 이들은 흔히 말하는 영호남의 지역적 경계를 넘어선 지 오래이다. 광주에서도, 전남에서도 소록도의 현장을 보존하고 이들이 역사의 산 교육장이 되도록 구체적 행동으로, 그러나 가급적 소리나지 않는 정성을 기울일 필요가 있다.

시민의 소리 2001.9.6.

역사박물관, 소록도를 다시 보며

일본 나고야에 가면 메이지무라라고 하는 역사건축 테마파크가 있다. 이곳은 19세기 후반부터 20세기 중반 개항장 고베에 있던 외인 주택이나 새 수도 도쿄를 나타내던 제국호텔, 전형적인 판옵티콘 형태의 목조 감옥과 전차 등 개발로 인해 사라질 수밖에 없던 건축물들을 옮겨 한 자리에 모은 장소이다. 여기에 서면, 일본인이든 외국인이든 관계없이 누구나 '근대 일본'을 한 눈으로 보고 온 몸으로 느낄 수 있다. 조성에 상당한 비용이 들었겠지만, 그런 비용을 무릅쓰고 이런 테마파크를 만들 수 있었던 상상력이 놀랍다. 일본인들은 시간이 지날수록 이곳이 더욱 값진 장소가 될 것임을 간파했음에 틀림없다. 나는 이 메이지무라를 보면서 10년 전 우리가 허물어버렸던 조선총독부 건물을 생각했다. 광복한 지 반세기가 다되도록 그 자리에 그 건물을 그대로 두었던 것도 민족적 수치였지만, 통째로 없애버린 것도 문제였다. 우리에게 부족한 것은 역사적 경험이 아니라 문화적 상상력이었다. 우리에게는 이와 비슷한 근대건축 테마파크가 아직 없다. 그러나 그보다 더 좋은 조건의 후보지는 있다. 건축물들을 이곳 저곳에서 옮겨올 필요도 없이 일제 시대를 집약하여 한 눈에 보여주는 곳이 바로 소록도이다.

소록도는 강제노동과 구타, 기아와 단종수술로 상징되는 일제의 나환자 정책이 그대로 증언되고 있는 현장이다. 1917년에 지어진 자혜의원 건물과 문화통치의 위력을 보여주는 일본인 원장 기념비, 30년대 지어진 형무소, 시체해부실, 중앙병사 등이 그대로 남아 있다. 한센병 구료를 천황제와 연결시킨 '황태후 송덕비'도 남아 있다. 이 곳은 아직 병력자들이 살고 있는 삶의 현장이다. 한 때 6,000여명을 수용했던 시설에서 지금은 700여 명이 살고 있다. 이들의 평균 나이는 72세다. 길게 잡아 소록도 개원 100주년이 되는 2016년에 이르면, 이 곳은 지금의 국립 병원과는 성격이 전혀 다른 장소가 될 수밖에 없다.

지금의 소록도는 과거에 비할 수 없을 정도로 좋아진 것이 사실이지만, 사라져야 할 것은 그대로 유지되고, 보존되어야 할 것은 사라지는 잘못이 되풀이되고 있다. 사라져야 할 것 중에 대표적인 것이 '부첨인'제도이다. 식민지시대에 만들어진 이 제도는 경증의 환자가 중증의 환자를 돌보도록 하고 약간의 수당을 제공하는 것이다. 이것은 원생들에게 일자리를 제공하여 경제적 도움을 준다는 명분 하에 정상적인 의료서비스를 제공하지 않고, 환자들의 노동을 착취했던 식민지적 잔재다.

각종 복지시설을 개선하면서 동시에 유의해야 할 것이 과거의 아픈 역사를 증언해주는 시설들의 보존이다. 2년 전 소록도를 방문했을 때, 1만여 명의 환자들이 한 많은 삶을 마감했던 화장장이 헐리고 붉은 벽돌의 잔해들만 나뒹구는 것을 보았는데, 과거에 중앙병사로 쓰였던 건물의 복도가 이번 장마가 끝나면 헐릴 운명에 있음을 최근에 알게 되었다. 이 복도는 아주 독특한 분위기를 자아내는 회랑인데, 병원 당국자는 이 것이 낡고, 새로 지은 건물과 높이가 맞지 않아서 헐 수밖에 없다고 말했다. 소록도에서 무슨 일이 일어나고 있는가라고 묻는다면 한마디로 역사적 현장의 파괴라고 대답할만하다. 이런 현상의 직접적 원인은 한정된 예산이지만, 그 근저에는 책임있는 당국자들을 포함하여 우리 사회의 역사적 안목의 짧음이 작용하고 있다.

소록도는 세계에서 가장 좋은 한센병 역사 박물관이 될 수 있는 여건을 갖추고 있다. 소록도는 보건복지부 산하의 국립 병원이지만, 미래의 역사교육과 문화관광의 차원에서 이를 바라보아야 한다. 과거의 혹독했던 식민지 정책과 환자들의 쓰라린 고통을 증언해주는 시설과 현장을 보존할 수 있는 계획과 예산을 시급히 마련할 필요가 있다. 미래를 위해 차분히 준비하는 지혜가 절실하다.

한국일보 2003.7.10. 아침을 열며[3]

---

[3] 전남대 사회학과 교수로 마지막으로 쓴 칼럼.
한국일보 정근식 칼럼(2003.7.10.)의 직접적 영향으로 소록도 주요 유산의 문화재 등록이 이루어졌다.

보건복지부 소록도 등록문화재 지정, 2003.8.8. 보도자료
보건복지부는 일제치하 우리 민족의 암울했던 과거와 한센병 환자들의 피와 땀이 서려있는 국립소록도병원의 근대문화유산을 문화재로 등록하여 보존하고자 한다. 보건복지부는 섬내 시설물 399개소중 1900년대 초기에 축조된 30개소를 보존가치가 있는 대상으로 선정하였다. 이중 건축물 8동 시설물 3개소를 우선 선별하여 문화재청에 국유문화재로 지정하여 주도록 요청할 예정이고 나머지 19동은 자체보존 관리하면서 문화재 지정여부를 협의하기로 결정하였다. 당시 장관은 김화중교수였다.

소록도를 생각하며 쿨리온 섬을 걷다

한달 전에 한센병 문제에 관심이 있는 친구들과 함께 필리핀 팔라완에 있는 작은 섬 쿨리온(Culion)에 다녀왔다. 이 섬에 있었던 한센병 요양소의 역사를 공부하고, 또 여기에 남아 있는 자료들을 유네스코 세계기록유산으로 등재하기 위한 작업을 둘러보기 위한 것이었다. 마닐라, 부수앙가, 코론을 거치는 힘든 여정을 코발트빛 아름다운 해안풍경이 보상해 주었다.

쿨리온은 20세기 한센병의 역사에서 하와이 몰로카이 요양소, 도쿄 젠세이엔, 소록도 갱생원, 말레이시아 숭가이 불로 요양소와 더불어 세계적으로 중요한 장소에 속한다. 19세기 후반에 필리핀에서는 스페인으로부터의 독립전쟁이 시작되었고, 미국이 이에 개입하여 미·스페인 전쟁으로 발전했는데, 결국 1898년 12월, 파리조약이 맺어지면서 미국이 스페인에 2,000만 달러를 지불하고 필리핀의 지배권을 인수하였다. 필리핀이 미국의 식민지가 된 후, 보건당국은 1901년, 당시의 세계적 추세에 따라 쿨리온을 한센병 환자 격리의 섬으로 지정하였다. 이에 따라 쿨리온은 1906년 세부에서 이송된 환자 370명을 수용하면서 한센병 요양소로 출발하였다. 1907년에는 한센병 환자 강제 격리에 관한 법률이 제정되었고, 이후 필리핀 각지에서 한센병 환자들이 이송되어 급속하게 증가했다. 그리하여 1935년에는 무려 6,900여 명을 수용한 세계 최대의 한센 요양소가 되었다.

쿨리온의 역사에서 눈에 띄는 것은 한센병 진단에서 혁신을 가져온 웨이드 박사의 검사법과 이에 관련된 상세한 자료 및 실험도구들이다. 이들이 쿨리온 역사자료관에 고스란히 남아 있었다. 이 섬의 역사에서 아이러니는 과학적 진단의 발전에도 불구하고 지속된 높은 환자 사망률이지만, 가장 큰 비극은 태평양전쟁 시기에 발생한 기아였다. 섬 외부로부터 공급

받고 있던 식량이 일본군 점령으로 인해 두절되면서 약 2,000명의 환자들이 사망하였고, 그 상처는 아직도 충분히 해명되지 않고 베일에 싸여 있다.

쿨리온 요양소는 1980년대에 공식적으로 폐지되고 1992년 일반 마을로 전환되었다. 1998년에는 이 마을에 대한 행정권이 필리핀 보건성에서 지방자치단체로 이관되었다. 다만, 2006년에야 비로소 이 섬이 세계보건기구에 의해 '한센병 자유 지역'으로 선포되었다. 필리핀 유네스코위원회는 쿨리온 요양소의 문서자료를 유네스코 세계기록유산으로 등재하기 위한 중간 단계로 2018년 5월, 아시아·태평양 유네스코 기록유산으로 등재하였고, 쿨리온 역사자료관은 이를 보관하는 기관으로 지정되었다.

쿨리온 마을의 가장 높은 언덕에는 가톨릭 성당이 자리하고 있고, 마을 중심인 작은 광장에는 이 마을의 정체성을 상징하는 세 개의 기념비가 있다. 첫째는 19세기까지의 스페인 지배를 상징하는 신부, 둘째는 한센병 구제에 노력했던 레오나드 우드 총독, 셋째는 필리핀 독립운동을 이끌었던 호세 리잘의 기념비이다. 마을 주변 해안에는 동남아시아의 빈곤과 열악한 위생을 상징하는 수상가옥들이 있는데, 얼마 전에 화재로 인하여 불에 타버린 흔적이 복구되지 않은 채 그대로 남아 있었다.

세계유산으로 가기 위하여

쿨리온 요양소의 역사적 유산들을 둘러보면서, 우리는 소록도 병원을 떠올리지 않을 수 없었다. 미국과 일본의 식민지 지배방식의 차이를 자꾸 상기시키기 때문이다. 소록도는 1917년 최초로 환자들을 수용하였고, 1934년 자혜의원에서 갱생원으로 개명하면서 강제격리의 장소로 전환되었다. 1941년에는 6,100명의 환자들을 수용하면서 세계적인 요양소가 되었다. 환자 수용규모로 보면, 1930년대에는 쿨리온이 세계 최대의 한센병요양소였다면, 1940년대 초반에는 소록도가 그 자리를 차지했던 셈이다.

가장 유감스러운 것은 쿨리온 역사자료관에는 1906년부터 수용된 환자들의 명단을 비롯하여 각종 자료들이 그대로 남아 있지만, 소록도에는 일제강점기에 수용된 환자들의 명단을 포함하여 각종 1차 자료들이 거의 남아 있지 않다는 점이다. 이 시기의 문서자료 멸실의 책임을 누구 탓으로 돌리기 어려울 만큼 소록도가 역사적 격동의 현장이었음을 보여주는 것이지만, 역사적 유산의 보존과 활용의 측면에서 보면 너무 안타까운 것이 사실이다. 이 차이가 소록도의 세계 유산 등재의 걸림돌로 작용하고 있다. 이 시기의 자료만 보면, 미국의 윌슨 선교사가 운영했던 여수 애양원이 '국립' 소록도보다 더 풍부하다.

쿨리온 답사를 하면서 그것이 비록 어둡고 고통스러운 경험이라고 하더라도 이를 잘 보존하고 활용할 수 있는 지혜가 필요하다는 것을 새삼 깨닫는다. 말레이시아 숭가이 요양소도 세계문화유산 등재신청을 하였다는 소식을 접하면서, 한 시대의 어두움이 다음 시대를 비추는 빛이 되고 있다는 사실을 확인하게 된다.

아주경제 2019.3.21.

한센 인권의 날 제정을 제안하며

그날 아침 여덟 시, 입원 환자들의 절반에 해당하는 3,000명이 보는 앞에서, 경북 성주가 고향인 스물일곱 살의 환자 이춘상은 수오 원장에게 "너는 환자들에게 무리한 짓을 했으니 내 칼을 받아라"라고 외쳤다. 그는 거사 후에 체포되어 소록도의 감금실에 감금되었고, 얼마 후에 공회당에 차려진 임시 법정에서 자신의 거사가 일시 귀성 허가의 불공평, 일상 작업의 가혹성, 감금실 운영의 자의성, 강제 헌금, 일본인 간호장의 횡포와 비인간적 대우, 식량 배급에서의 부정 등을 폭로하여 원생들의 처우 개선과 병원 개혁을 도모하기 위한 것이라고 밝혔다.

그러나 그의 주장은 받아들여지지 않았고 사형이 언도되었다. 그는 대구 복심법원에서도 당당하게 자신의 정당성을 피력했지만, 결국 이듬해 2월 19일 사형이 집행되었다. 이춘상에게 죽임을 당한 수오 원장은 칙임관으로 도지사급에 해당하는 고위 관료였다. 이춘상 사건은 일제 35년 동안 조선 내에서 일어난 조선인의 저항 중에서 매우 특별한 의미를 지닌 인권 운동이자 민족 운동이었다.

사실 이춘상 사건은 돌발적인 것이 아니라 일제 말기 조선총독부와 소록도갱생원의 강권적인 통제 정책이 낳은 산물이라고 할 수 있다. 환자들의 저항은 이춘상 사건이 일어나기 1년 전에 이미 나타나기 시작했다. 1941년 5월 20일 소록도갱생원 창립 25주년 기념식에서 원장 동상 건립을 위한 노동과 헌금을 제안한 공로로 박순주라는 원로 환자가 표창을 받았는데, 이는 다른 환자들의 생각과 다른 것이었다. 기념식이 끝난 열흘 후에 이길용이라는 환자가 박순주를 찾아가 그의 잘못을 꾸짖고, 그를 살해했다. 이길용은 자신의 거사가 6,000여 환우의 원한을 풀기 위한 것이었다고 주장했다. 그러나 소록도갱생원의 강권적 통제에는 아무런 변화가 없었다.

문제의 동상은 당시 가난한 환자들이 갱생원에서 한 달 내지 석 달 정도 일을 해야 겨우 벌 수 있는 돈을 강제로 헌납받아 만든 것이었다. 이 동상은 태평양전쟁의 막바지에 물자 부족에 시달리던 상황에서 무기 제조를 위해 헐릴 수밖에 없었던 비극적 운명을 지닌 것이었다.

이춘상 사건 직후에 일본 한센병 정책의 핵심 인물이자 국립 애생원 원장이었던 미츠다 겐스케는 큰 충격을 받고, 그를 이토오 히로부미를 죽인 안중근에 비유했다. 미츠다 원장은 태평양전쟁에서 일본군이 새롭게 점령한 동남아시아 각지에 나환자들을 통제하기 위하여 일본식 나 요양소를 세울 것을 계획했고, 여기에 필요한 인력을 소록도갱생원의 환자들로 충당하려는 생각을 하고 있었다. 수오 원장은 그에게 가장 중요한 동반자였지만, 이 사건으로 인하여 그의 계획은 수포로 돌아갔다.

올바른 미래 기억을 위하여

오늘날의 관점에서 한국 한센 100년의 역사를 다시 생각한다면, 그것은 총독부 당국이나 병원 중심이 아니라 환자들의 인권 회복과 증진의 역사로 서술될 수밖에 없다. 우리 사회에서 이들의 인권 회복 운동은 이미 그동안 상당한 성과를 거두었다. 일본 정부로부터 강제 수용에 대한 보상을 이끌어 냈고, 해방 후에 이루어진 강제 단종과 불임 조치에 대하여 소송을 통한 배상도 이끌어 냈다. 각종 사회적 차별에 대한 치유를 위하여 한센특별법도 제정되었다. 그러나 정작 과거에 이루어진 인권을 위한 환자들의 투쟁은 아직도 정당한 평가를 받지 못한 채 방치되어 있다.

일제강점기에 일본인들이 만든 소록도병원 개원 기념일이 아직도 지켜지고 있는 현실에 비추어 이춘상 선생을 기억하는 공식적 기념일이 아직도 없다는 것은 잘못된 것이다. 과거의 어두운 낙인과 오명을 지울 수 있는 가장 좋은 방법은? 만시지탄이지만, 이춘상 선생을 기억하는 한센 인권의 날을 제정하는 것 아닐까.

다산포럼 2019.6.25.

8장
평등하고 건강하고 안전한 사회를 위하여

논단

한-약 분쟁과 미래의 삶

정근식/ 전남대 교수·사회학

민족의학과 민족적 생활양식은 고정불변의 것이 아니다. 어느 체계가 더 많은 대중들로부터 사랑을 받고 대중적 필요를 충족시키느냐에 따라 기본방향이 달라지고, 또 그렇게 돼야 한다.

한약조제시험이 뒤죽박죽됐다. 시험출제권을 둘러싸고 티격태격하더니 시험이 치러진 뒤 채점이 중단됐다. 1993년부터 불거진 한의사와 약사간의 한약조제권을 둘러싼 갈등이 끝이 안 보일 정도로 계속되고 있는 것이다.

최근 대한약사회는 광고를 통해 "한약취급 약사가 많아지면 한약의 질도 좋아지고 값도 싸집니다"라고 주장하고 있는 반면, 대한한의사회는 "한약은 한의사가 양약은 양약사"라고 반박하고 있다. 많은 국민들은 이런 주장들이 오로지 자기들의 몫을 크게 하려는 '밥그릇 싸움'이라고 생각하고 있다. 그러나 이것을 단순한 '밥그릇 싸움'이라고 치부해 알아서 하라는 식으로 방임하거나, 일을 제대로 처리하라고 정부를 향해 욕이나 한번 하고 말 문제인가.

일제 아래서 바뀐 의료헤게모니

한 나라의 의료체계를 구성하는 데는 자격이 있는 의료인과 무자격 의료인을 구분하는 문제에서부터 한의학과 서양의학이라는 지식체계의 관계, 의사와 약사의 분업관계가 복합적으로 얽혀든다. 우리 현대사에서도 의사와 약사간의 의약조제권을 둘러싼 갈등, 의사와 한의사간의 논쟁, '무자격' 의료인들의 합법화를 위한 투쟁등이 줄을 이었다. 이번 문제는 의약분업의 원리를 한의학에도 적용해야 하는가, 한다면 어떻게 해야 하는가의 문제다.

돌이켜보면 약 1세기 동안 우리 보건의료는 엄청난 변화를 겪었다. 의료인의 양적 확대와 함께 제도적 변화 또한 많았다. 1915년 의사는 9백54명, 약사 63명에 비해 한의사는 5천8백4명이었다. 그러던 것이 1940년에 오면 의사가 한의사보다 더 많아지게 됐고, 1960년에 이르면 약사마저 한의사보다 더 많아졌다. 1994년 현재 의사는 5만4천4백6명, 약사는 4만2천37명, 한의사는 8천1백79명이 됐다. 사실, 의사, 약사, 한의사라는 분류법은 그만큼 우리 사회에서 서양의학이 헤게모니를 장악했다는 것을 의미한다. 서양의학이 헤게모니를 완전히 장악하기 전까지는 의사는 의사가 아니라 양의였다. 즉 의사는 양의와 한의 두 형태가 있다고 말하지 않고, 그저 의사와 한의사가 있다고 표현한다.

일제는 의료문제를 총독부의 관리 아래 두고 모든 의료인의 등록을 받아 체계적으로 관리하기 시작하였는데, 일제 아래서 한의들의 공식명칭은 의생이었다. 의생은 '수준 미달의 의료인'이라는 의미를 가진 것이었다. 관료제에서 한의들을 추방하고 한의학교를 폐쇄했다. 새로 설립된 병원은 물론 서양의사로 충원됐다. 아주 짧은 기간에 서양의료체계는 제도적 우위를 점했다. 일방적으로 몰락의 길을 걷던 한의학은 1930년대에 약간 숨을 돌려 서양의료체계의 결점을 보기 시작했고 이것이 1930년대에 한의와 양의간의 의학논쟁으로 표출됐다. 그러나 이미 기울어진 지형을 반영하듯, 한의 진영은 병행적 발전을 주장한 반면 양의진영은 한의학은 비과학이라고 생각했다.

어떻게 이렇게 짧은 시간에 수백년 아니 수천년간 내려온 한의학이 갓 수입된 서양의학에 자리를 내주게 되었을까. 의료 헤게모니는 누가 의료인인가에 대한 규정으로부터 시작하여, 의료인이라는 자격을 부여하는 권리를 누가 갖는가, 누가 그런 의료인을 만들어내는가로 결정된다고 해도 지나치지 않다. 만약 우리가 일제에 의해 식민지화되지 않고 주체적인 근대화를 이루었다면 오늘날 전개되는 한의학과 서양의학 체계의 갈등, 의약분업 논쟁이 어떤 양상으로 전개되었을까. 지금과 달리 서양적 의학체계와 한의학적 체계가 하나의 단일한 지식과 의료체계를 갖는 구조로 되었을까, 아니면 지금과 별로 다른 것이 없이 두 체계가 서로 병존, 갈등하는 구조를 만들어냈을까.

'밥그릇' 싸움으로만 보지 말자

1950년대 초에 이르러 의생들은 한의사로 복권됐다. 이들은 한의학이야말로 민족의학임을 내세우며 한(漢)의학을 한(韓)의학으로 이름까지 바꾸었다.

사실 '민족의학'과 민족적 생활양식은 고정 불변하는 것이 아니라 장기적으로 그 내용과 형식이 변화하는 것이다. 어느 체계가 더 많은 대중들로부터 사랑을 받고 대중적 필요를 충족시키느냐에 따라 기본방향이 달라지고, 또 그렇게 돼야 한다.

우리 모두는 현재 진행되고 있는 갈등을 단순한 '밥그릇 싸움'으로 보지 말고, 미래 우리의 생활양식을 어떤 내용으로 채울 것인가라는 시각에서 바라보아야 할 것이다. '민족의학', '민족적 생활양식'의 문제는 세계라는 구호가 요란하게 외쳐지는 지금에도 여전히 중요한 문제다.

한–약 분쟁과 미래의 삶

한약조제시험이 뒤죽박죽됐다. 시험출제권을 둘러싸고 티격태격하더니 시험이 치러진 뒤 채점이 중단됐다. 1993년부터 불거진 한의사와 약사간의 한약 조제권을 둘러싼 갈등이 끝이 안 보일 정도로 계속되고 있는 것이다. 최근 대한약사회는 광고를 통해 "한약취급 약사가 많아지면 한약의 질도 좋아지고 값도 싸집니다"라고 주장하고 있는 반면, 대한한의사회는 "한약은 한의사가 양약은 양약사가"라고 반박하고 있다. 많은 국민들은, 이런 주장들이 오로지 자기들의 몫을 크게 하려는 "밥그릇 싸움"이라고 생각하고 있다. 그러나 이것을 단순한 "밥그릇 싸움"이라고 치부하고 알아서 해라는 식으로 방임하거나, 일을 제대로 처리하라고 정부를 향해 욕이나 한번 하고 말 문제인가.

일제 아래서 바뀐 의료헤게모니

한 나라의 의료체계를 구성하는 데는 자격이 있는 의료인과 무자격 의료인을 구분하는 문제에서부터 한의학과 서양의학이라는 지식체계의 관계, 의사와 약사의 분업관계가 복합적으로 얽혀든다. 우리 현대사에서도 의사와 약사간의 의약조제권을 둘러싼 갈등, 의사와 한의사간의 논쟁, "무자격" 의료인들의 합법화를 위한 투쟁등이 줄을 이었다. 이번 문제는 의약분업의 원리를 한의학에도 적용해야 하는가, 한다면 어떻게 해야 하는가의 문제다.

돌이켜보면 약 1세기 동안 우리 보건의료는 엄청난 변화를 겪었다. 의료인의 양적 확대와 함께 제도적 변화 또한 많았다. 1915년 의사는 9백54명, 약사 63명에 비해 한의사는 5천8백4명이었다. 그러던 것이 1940년에 오면 의사가 한의사보다 더 많아지게 됐고, 1960년에 이르면 약사마저 한의사보다 더 많아졌다. 1994년 현재 의사는 5만4천4백6명, 약사는 4만 2천37명, 한의사는 8천1백79명이 됐다. 사실, 의사, 약사, 한의사라는 분류법은 그만큼 우리 사회에서 서양의학이 헤게모니를 장악했다는 것을 의미한다. 서양의학이 헤게모니를 완전히 장악하기 전까지는 의사는 의사가 아니라 양의였다. 즉 의사는 양의와 한의 두 형태가 있다고 말하지 않고, 그저 의사와 한의사가 있다고 표현한다.

일제는 의료문제를 총독부의 관리 아래 두고 모든 의료인의 등록을 받아 체계적으로 관리하기 시작하였는데, 일제 아래서 한의들의 공식명칭은 의생이었다. 의생은 "수준 미달의 의료인"이라는 의미를 가진 것이었다. 관료제에서 한의들을 추방하고 한의학교를 폐쇄했다. 새로 설립된 병원은 물론 서양의사로 충원됐다. 아주 짧은 기간에 서양의료체계는 제도적 우위를 점했다. 일방적으로 몰락의 길을 걷던 한의학은 1930년대에 약간 숨을 돌려 서양의료체계의 결점을 보기 시작했고 이것이 1930년대에 한의와 양의간의 의학논쟁으로 표출됐다. 그러나 이미 기울어진 지형을 반영하듯, 한의 진영은 병행적 발전을 주장한 반면 양의진영은 한의학은 비과학이라고 생각했다.

"밥그릇"싸움으로만 보지 말자

어떻게 이렇게 짧은 시간에 수백년 아니 수천년간 내려온 한의학이 갓 수입된 서양의학에 자리를 내주게 되었을까. 의료 헤게모니는 누가 의료인인가에 대한 규정으로부터 시작하여, 의료인이라는 자격을 부여하는 권리를 누가 갖는가, 누가 그런 의료인을 만들어내는가로 결정된다고 해도 지나치지 않다. 만약 우리가 일제에 의해 식민지화되지 않고 주체적인 근대화를 이루었다면 오늘날 전개되는 한의학과 서양의학 체계의 갈등, 의약분업논쟁이 어떤 양상으로 전개되었을까. 지금과 달리 서양적 의학체계와 한의학적 체계가 하나의 단일한 지식과 의료체계를 갖는 구조로 되었을까, 아니면 지금과 별로 다른 것이 없이 두 체계가 서로 병존, 갈등하는 구조를 만들어냈을까.

1950년대 초에 이르러 의생들은 한의사로 복권됐다. 이들은 한의학이야말로 민족의학임을 내세우며 한(漢)의학을 한(韓)의학으로 이름까지 바꾸었다. 사실 "민족의학"과 민족적 생활양식은 고정 불변하는 것이 아니라 장기적으로 그 내용과 형식이 변화하는 것이다. 어느 체계가 더 많은 대중들로부터 사랑을 받고 대중적 필요를 충족시키느냐에 따라 기본방향이 달라지고, 또 그렇게 돼야 한다. 우리 모두는 현재 진행되고 있는 갈등을 단 순한 "밥그릇 싸움"으로 보지 말고, 미래 우리의 생활양식을 어떤 내용으로 채울 것인가라는 시각에서 바라보아야 할 것이다. "민족의학", "민족적 생활양식"의 문제는 세계화라는 구호가 요란하게 외쳐지는 지금에도 여전히 중요한 문제다.

한겨레21/112호 1996.6.13. 논단

화해문화 찾아가기

남북정상회담의 감격이 채 가시기도 전에 의약분업이나 금융개혁문제로 사회가 어수선하다. 남북간의 거시 역사적인 문제를 쟁점으로 삼다가 하루 아침에 내부의 미시 현실적인 문제를 고민해야 하는 상황의 극단적 반전. 요즈음 수많은 시민들은 일상적 삶의 준거를 어느 수준으로 맞추고 살아야 할지 헷갈린다. 뿐만 아니라 개혁과 이익 사이에서 흔들리고 있다. 수십년간의 성장지상주의 패러다임 아래에서, 불균형적 기득권이 '정상적인 것'으로 오인되고 있다. 2년여 전의 IMF 사태는 시민들에게 개혁의 당위성을, 그러나 수많은 직장인들에게 실직의 공포를 안겨 주었다. 문제는 그것이 동일한 사람이라는 것. 그래서 사람들은 다른 영역에 대해서는 개혁을, 자신의 영역에 대해서는 안정을 요구하는 모순을 안고 산다.

개혁조차 시장원리에 충실한 개혁인지, 공동체주의적 원리에 충실한 개혁인지 불분명하고, 과거의 부정적인 국가상과 사회의 이해조정에 보다 적극적으로 개입해야 하는 국가상이 겹쳐져 있는 상황에서 과거의 유산과 미래 지향의 접점, 개혁과 이익의 균형점을 제대로 찾기란 쉽지 않다.

헷갈리는 사회를 헤쳐나가는 전략의 하나는 그때그때의 집단이기주의, 책임지지 않는 여당, 대안 없는 야당 등의 표현으로 비판의 화살을 남에게 돌리는 것이지만, 그러고 나면 남는 것이 없다. 최근 우리 사회의 현상을 "애나 어른이나 모두 통화중"이라는 말로 표현하고 있듯이 자기표현에 열중할 뿐 현실과 거리를 두고 성찰하지 않는다. 급속하게 변하고 있는 현실 앞에서 과거의 유산을 정리하고 미래의 방향을 성찰할 수 있는 여유가 없다.

어느 사회나 체제의 변동을 급속하게 경험하는 사회에서는 사회통합을 위한 조정과 화해가 불가피하다. 그러나 과거의 적대세력들이 진실된 화해로 나아가지 못하고 힘의 논리에 밀려 엉거주춤 공존하면서, 사회의 심층에는 과거의 그림자들이 지워지지 않고, 갈등과 불화가 그대로 내재하고 있다. 이제 '그들의 파시즘'보다 '우리 안의 파시즘'이 더 중요한 문제가 되었다. 우리의 경우 비록 성공은 못했지만, 해방직후의 친일파 '청산'이나 4월혁명 이후의 자유당독재 잔재 '척결'에서 보여지듯이 화해보다는 발본적인 해결을 요구했다. 1980년대 후반부터 본격화된 민주주의로의 이행기에도 진정한 화해모델보다는 투쟁과 갈등 모델에 더 집착했다.

파시즘에 대항하는 과정에서 배태된 근본주의적 정서는 협상과 타협을 생소한 것으로, 부정적인 것으로 바라보도록 유도했다. 처음부터 적이었던 사람과는 맥락이 달라지면 화해가 쉽게 이루어지지만, 처음에는 동지였다가 방법의 차이로 인해 갈라진 사람들은 화해가 훨씬 어렵다. 이는 분단체제라는 구조적 조건 속에서 역사적 과제의 해결을 추구할 수밖에 없는 제한적 상황이 반영되었기 때문이다.

우리 사회에서 화해라는 말은 매우 일상적으로 사용되지만, 이것이 정치·사회적 용어로 묵직하게 떠오른 것은 남아프리카 공화국의 진실과 화해 위원회가 알려지면서부터이다. 오랫동안 인종분리정책을 통한 심각한 인권유린의 경험을 가진 사회에서 화해란 새로운 국가건설의 제1과제였다.

군부독재 아래의 칠레가 '일반사면 모델'을 취했다면 남아공 모델은 자신의 과오를 확실하게 밝힐 경우 사면하는 '고백화해모델'을 택했다.

이제 화해의 문제가 남한 내부의 차원이 아닌 남북한간 관계의 문제로 급속히 변화되고 있다. 통일로 가는 시점에서 이제야말로 세계사 어디에서도 찾아볼 수 없는 복잡하고 어려운 한국형 조정과 화해모델을 우리 스스로 구상해보고 창출해야 할 시점이다. 지난 시기에 형성된 '전부 아니면 무'라는 태도는 새로운 협상과 타협의 문화 속에 수렴되어야 하고, 이는 역사적 비전의 기초 위에서 형성되어야 한다.

경향신문 2000.7.11. 시론

'의료폐업' 냉소를 넘어서

지금으로부터 100년전 조선 땅에 조선인 의사는 한 명도 없었다. 개화파의 칼에 맞은 민영익 대감의 목숨을 수술을 통해 구해준 알렌을 통해 이 땅에 모습을 보인 '양의'는 일제하에서 '의생'들을 제치고 국가 없던 시절에 '국가'의 보호를 받으며 '의사 선생님'으로 성장했다. 해방 당시에 의사는 약 4,000명, 이제는 7만 명이 되었고 한국 최고의 전문직으로 성장했다. 1970년대 개업의 체제가 확립되고 의료보험제도가 도입된 이래 오늘날 의약품 처방률 85%, 주사제 처방률 56%의 기형적 의료관행이 굳어졌다. 다행히 마약 소비율은 높지 않지만, 항생제 내성률은 세계 최고가 되었다. 국민건강권을 확보하기 위하여 의약분업은 불가피했다.

그동안 의료와 보건분야에서 의사들은 절대적인 권위와 특권을 누렸다. 의사들은 스스로 특권을 요구하지 않았지만, 국가는 이들에게 특권을 부여했다. 약사와 한의사들이 자신들의 권리를 쟁취하기 위해 여러 차례 이익집단으로서의 모습을 보여주었지만, 의사들은 굳이 그럴 필요가 없었다. 그러나 이제는 사정이 확실히 달라졌다. 의사들은 분명히 강력한 이익집단이 되어 자신을 키워준 국가와 맞서고 있다. 의사들의 무기는 '국민건강권'이라는 명분이다. 그러나 의약분업을 실시하는 과정에서 국민건강권은 이제 대부분의 시민들이 가장 싫어하는 단어가 되어버렸다. 유감스럽게도 이들은 의사들의 투쟁을 '가진 자들의 밥그릇싸움'으로 바라본다. 인터넷 사이트에는 더 심한 욕이 횡행한다.

지난번 의사파업사태가 의약분업의 문제였다면, 이제는 사회분업과 정치문제가 되었다. 파업을 주도한 의사들은 구속자 석방, 수배자 해제, 약사법 재개정, 나아가 의료문화의 변혁을 요구하고 있다. 또한 자신들을 이익집단으로 바라보는 시민단체와 언론에 대해 불신하고 비난한다. 사실 의사의 현실은 과거의 이미지에 묶여 많은 오해와 의심을 받고 있지만, 의료계의 자기 현실에 대한 홍보와 계발은 절대적으로 부족했다.

한국의 의사들은 최고 엘리트라는 자부심, 의료지식의 무의식적 독점욕을 공유하고 있다. 그러나 그동안 사회가 많이 변했다. 의료산업보다 건강산업이 훨씬 빠른 속도로 성장하고, 신체와 질병을 바라보는 시각이 변하고 있다. 건강지식이 급속하게 사회화, 상품화하고 있는 상황에서 과거와 같은 의료전문성 독점구조가 유지되기는 어렵다. 또한 시민사회는 의사들에게도 수입구조와 납세의 투명화라는 시민적 윤리를 갖출 것을 강력하게 요구하고 있다.

이를 지적하는 언론뿐 아니라 시민단체까지 적으로 돌리는 것은 지나치다. 현재의 상태로 볼 때 의사들은 정부를 상대로 한 전투에서는 승리하겠지만, 시민을 상대로 한 전쟁에서는 패배할 가능성이 크다. 국민건강권을 내세운 의사들의 싸움은 말 그대로 의료서비스와 사회적 책임에 대한 기대를 훨씬 더 크게 하며, 의사들에게 감당하기 어려운 부담으로 돌아올 것이기 때문이다.

잘못은 사회, 특히 교육에도 있다. 의사들은 적어도 대학 진학 당시에는 우리 사회에서 가장 똑똑한 학생들이었다. 그러나 의대에서 학생들에게는 '의술' 이외에 자신들이 걸어온 역사적 길이나 사회적 역할, 유기적 분업을 통한 사회적 연대감을 성찰할 기회가 충분히 주어지지 않는다. 실제로 의사들이 약사나 한의사, 그리고 간호사들을 국민건강을 지키는 동료라고 인식하는가. 만약 어려운 군사독재의 시절에 '인의협'의 활동이 없었다면, 의사들에게 남아있는 약간의 사회적 존경조차 아예 없었을지도 모른다.

　의사들의 투쟁에 대한 냉소적 자세는 사태해결에 도움이 되지 않는다. 의사들의 전문직 자존심은 존중되어야 하고, 이들이 주장하는 의료문화의 근본적 개혁은 정말 필요하다. 다만 그것은 당장에 결판내야 하는 것이 아니라 장기적으로 그리고 꾸준히 이루어져야 할 것이다. 다음 달부터 의사처방료 9.2% 인상이라는 정부가 제시한 처방도 대통령의 지시에 허겁지겁 내놓은 안이라는 느낌을 지울 수 없다. 의사들의 외과 협상문화뿐 아니라 정부의 허겁지겁 협상문화도 바뀌어야 한다.

경향신문 2000.8.12. 시론

反권위와 예의 사이에서

내가 아는 일본 오키나와의 한 법학 교수는 항상 모자를 쓰고 다닌다. 그의 전공은 헌법학이다. 그는 자신이 일본 국회에 갔을 때 '실내 탈모'라는 구시대적 관행이 그대로 유지되는 것을 보고, 이에 대한 항의의 표시로 모자를 계속 쓰고 다니기로 결정했다고 말했다. 모자를 쓰거나 벗는 것은 개인의 기본권에 속하는 것이며, 그것을 규제하는 것은 일본의 헌법정신에 어긋난다고 생각했다는 것이다. 그는 헌법학 시험에 자신이 모자를 쓰고 다니는 이유를 출제하기도 했다.

우리의 추억 속에 남아있는 학교 교실의 풍경은 모두가 교복을 입고 머리는 짧게 깎고 앉아 있는 것이다. 물론 칠판에는 정숙과 탈모라는 글자가 써있었다. 그러나 오늘날 대학 강의실에서는 모자를, 그것도 삐딱하게 쓰고 있는 학생들이 한둘이 아니다. 처음에는 눈에 거슬리고 나에 대한 도전인가 싶어서 약간 불쾌하기까지 했지만, 요즘에는 이런 모습이 자연스럽다.

옷에도 적용되는 정치논리

엊그제 일어난 유시민 의원의 국회 옷차림에 관한 논란을 보면서, 이런 옷 입기가 어떤 의미를 가지고 있기에 정치적 논란이 되는 것인지, 또한 우리에게 정장은 무엇이며 언제부터 양복에 넥타이를 맨 차림이 정장의 지위로 확고하게 자리잡았는지를 다시 생각해보게 되었다.

옷 입기는 쉽게 생각하면 개인 취향의 문제이지만 실제로는 정치적·문화적 산물이다. 옷 입기를 바라보는 관점은 적어도 네가지로 분류할 수 있다. 첫째는 옷을 규율화라는 시각으로 바라보는 것이다. 이런 방식의 옷 입기는 개인들에게 절제와 금욕을 요구한다. 국민복이나 인민복 입기 등이 이런 것의 전형이다. 둘째는 옷을 자신의 욕망과 개성을 드러내는 매체로 바라보는 것이다. 소비자본주의에서의 옷 입기 방식이 여기에 가깝다. 셋째는 옷을 개인의 지위나 계급을 드러내는 방식으로 바라보는 것이다. 훈장이나 기타 장식물을 달고 위엄을 뽐내는 사례들은 여기에 속한다. 넷째는 의사소통적 옷 입기이다. 옷 입기는 다른 사람과의 특정한 관계를 표현하고 싶어하는 방식이라고 보는 것이다.

어떤 관점이 우세한가는 계층이나 집단에 따라 다르고 또 역사적으로 변화한다. 또한 관점의 다양화는 흔히 민주화의 지표로 작동한다. 어떻게 옷을 입어야 하는가에 관하여 모든 사람들이 동의한다면 그것은 전체주의 사회에 가깝다. 특정 집단에 표준화된 형태의 옷 입기를 강요하는 것은 사회통제를 위한 수단이었다. 이것은 집단 내부의 사회적 통합의 필요성과 결합하여 옷 입기의 문화적 구조를 만들어낸다. 의례에서는 이런 구조적 강제의 힘이 더 크게 작동한다. 특정 집단에 새롭게 들어갈 때의 의례복은 동질적인 성원이 됨을 확인하고 인정받는 중요한 수단이다.

유 의원의 옷 입기는 기존 국회 문화를 비판하기 위한 의도된 연출로, 하나의 정치행위였다. 그는 캐주얼한 일상복을 입음으로써 반권위주의를 드러내고 싶어했다. 그러나 이러한 개인적 취향의 문제들을 벗어나서 보다 긴 국면의 문화사적 시각에서 해석할 수도 있다. 유의원이 대학에 입학하던 1970년대 후반기는 반유신체제의 분위기가 팽배한 시점이었다. 우리의 대학사회에서는 정확하게 77년과 78년 사이에 교복 입기와 학교 배지 달기가 사라졌다. 왜 이 시기에 이런 옷 입기 방식이 사라졌는가에 관해서는 별다른 연구가 없지만, 의류산업의 성장이라는 경제적 요인보다는 유신체제에 대한 무의식적 반감이라는 정치·사회적 요인이 더 크게 작용한 것으로 보인다. 특히 막 형성되기 시작한 민중주의의 영향이 있었다고 생각된다. 그는 권위주의에 관한 한, 자신보다 어린 386세대의 운동권 출신 국회의원들과도 구별되는 문화적 코드를 갖고 있다고 생각된다.

국회문화 변화의 조짐도

흔히 정치적 권위주의와 문화적 보수주의는 매우 친화성을 보이는 것이지만, 이번 사건은 예의와 권위주의의 차이에 관하여, 그리고 정치적 이념과 문화적 취향의 분화 속도의 차이에 관하여 생각하도록 만들었다. 우리 국회는 공안파와 보수파, 진보파로 나누어지는 정치적 이념의 스펙트럼보다 문화적 이념의 스펙트럼이 더 좁은 게 아닐까. 그의 행위가 가볍게 보이기도 해서 굳이 두둔할 생각은 없지만, 이번의 우여곡절은 단지 일회성 해프닝이라기보다는 국회 문화의 변화 조짐으로 읽을 수 있다.

경향신문 2003.5.3. 시론

질병재난 극복을 위한 사회적 제언

지난 2월 19일부터 우리나라의 코로나19 상황이 심각해졌다. 한국의 방역체계는 그 이전까지 효과적으로 작동하면서 세계적인 모범사례로 간주되는 듯했으나 갑자기 대구 신천지교회와 청도 대남병원에서 환자들이 대거 확인되면서 심각한 단계로 돌변한 것이다. 이 교회의 폐쇄적 밀집공간이 감염의 핵심 클러스터가 되었으며, 이들의 전국 조직망이 확산의 통로가 되었다. 또한 이들과의 연결 여부가 아직 밝혀지지 않았지만, 기저질환을 가진 환자들이 모여 있는 병원이 사망자 발생의 주요 근거지가 되었다. 최근에는 이스라엘 성지순례단과 부산 온천교회 등이 새로운 클러스터로 나타나면서 안타까움이 더해지고 있다.

상황의 반전
1차 방역의 성공, 2차 방역의 실패라는 극적인 반전을 보면서 우리 사회 안의 어두운 구석들을 주목하지 않을 수 없다. 그것은 그동안 우리가 긍지로 삼았던 한국사회의 발전모델의 그림자들을 직시해야 한다는 명령이기도 하다. 한 사회가 발전하고 성숙해지는 것을 통칭하여 근대화라고 한다면, 그것은 경제성장뿐 아니라 정치 민주화와 사회 합리화의 균형있는 발전일진대, 과연 그러했는가라는 질문이 따끔하게 다가온다.

우리 국민들은 한국전쟁을 거치면서 생사의 기로에 서는 경험을 하였고, 이후 생존을 위한 극심한 투쟁에 내몰렸다. 그에 힘입어 1960~70년대에 특유의 돌진적 산업화를 이루었고, 1980~90년대에는 극적인 정치 민주화를 이루었다. 그러나 사회 합리화는 충분하지 않았다. 이번 코로나 사태에서 볼 수 있듯이 우리 사회에 합리적 상식으로 이해하기 어려운 조직들이 많이 남아 있는 것은 생존에 대한 불안이 그만큼 크고, 또 이들이 늘 종교적 자유나 정치적인 견해의 차이로 정당화되었기 때문이다. 사회학자 울리히 벡이 말했던 위험사회의 징후들이 우리 사회에서도 이미 여러 차례 반복되고 있지만, 이와는 다른 맥락에서 우리가 목도하고 있는 종말론적 맹신과 과잉 종교화, 근본주의적 신념의 정치화, 가족주의의 사회화와 공공적 책임윤리의 실종 등은 우리 사회의 저변에 남아 있는 전쟁과 권위주의의 오래된 유산인지 모른다.

배려와 격려

그렇지만 지금 이런 비판적 성찰을 반복하는 것은 적절치 않다. 현재 더 급한 것은 코로나바이러스에 시달리고 있는 사람들에 대한 사회적 지지와 방역 현장에서 분투하고 있는 의료인들에 대한 격려이기 때문이다. 전문가들에 따르면, 당분간 지역사회 감염이 늘어나고, 중증 환자들이 증가할 것이며, 사망자도 늘어날 것이라고 한다. 그렇게 되면 지금보다 더 많은 사람들이 불안에 노출될 수밖에 없고, 문제를 유발했다고 생각되는 사람들에 대한 비난이나 혐오가 증가할 것이다. 그러나 지금까지 우리가 얻은 교훈은 그런 현상이 사태해결에 전혀 도움이 되지 않는다는 것이다.

현재의 상황에서 가장 불안하고 힘든 사람들은 확진판정을 받은 사람들이다. 병원에서 치료를 받거나 격리되어 있는 환자들은 누구보다도 치료 가능성을 묻고 있으며, 그에 대한 답이 없을 때 공포를 느끼기 쉽다. 이들에게는 가족이나 사회가 자신을 외면할지도 모른다는 또 다른 공포가 엄습하고 있다. 이 때문에 사태가 호전되더라고 이들은 트라우마에 시달릴 가능성이 있다. 이를 방지하려면 이들에게 치료에 대한 확신을 주고, 항상 가족이나 이웃이 옆에 있다는 것을 느낄 수 있도록 세심한 배려가 필요하다.

중국의 사례에서 보듯이 사태가 대규모화되고 장기화되면, 많은 의료인들이 소진되기 쉽다. 이들은 때때로 치료현장에서 감염되고 희생되기도 한다. 이들에 대한 응원과 격려가 절대로 필요한 시점이다. 정부는 의료 자원의 효율적 배치에 최선을 다해야 하며, 의료 기관은 감염 의심자들을 빠르게 진단할 수 있는 진단 중심 체계를 확립할 필요가 있다.

시민들은 개인위생을 철저히 이행하고, 감염자와의 접촉을 줄이기 위한 노력을 해야 한다. 불필요한 이동을 삼가고 정치적·종교적 집회를 최소화하며 가능한 한 노동조건을 완화하여 재택 근무를 할 수 있도록 해야 한다. 현장에서 분투하고 있는 의료진과 환자들에 대한 사회적 격려와 지지는 이번 사태를 조기에 해결하는 선결조건이다. 특정 집단에 대한 사회적 혐오와 낙인찍기는 그것이 인종주의이건 지방주의이건 삼가야 할 최소한의 시민도덕이라고 할 수 있다. 사태가 진정되면 정부는 반드시 동아시아 차원에서 시민들의 안전을 지키는 방역-보건체계를 만드는 계획을 수립할 필요가 있다.

아주경제 2020.2.25.

코로나 사태와 저활성 사회가 남길 숙제들

아직 안심할 단계는 아니지만, 우리나라의 코로나 사태가 약간씩 진정되고 있다. 그러나 유럽이나 이란, 미국의 상황은 점점 더 악화되고 있어서 걱정은 여전하다. 예방, 검사, 확진, 완치 또는 사망으로 이루어지는 감염병 관리 체계에서 우리나라는 짧은 기간에 독특한 패러다임을 구축했다. 예방수칙 준수, 검사능력과 실적, 그리고 낮은 치명률 등에서 독보적인 지표를 나타내자 세계의 전문가들은 한국의 정보의 투명성과 관리의 효율성을 주목하지 않을 수 없다. 지역 봉쇄와 같은 강권적 조치를 취하지 않아서 인권의 측면에서도 높은 평가를 받고 있다.

역시 공포와 혐오보다는 연대!
이번 코로나 사태는 국제적으로나 국내적으로 인종주의적 혐오와 세계 시민적 연대의 길항을 잘 보여준다. 우리의 경우 초기 국면에서는 중국인들이 주로 혐오의 대상이 되었고, 이들의 입국금지를 일부 보수정치권에서 강하게 요구했지만, 우리 정부는 끝까지 중국인 입국 금지조치를 취하지 않았다. 두 번째 국면에서는 신천지교회의 무언가 숨기는 듯한 행태가 비난의 표적이 되면서 청도 대남병원 정신병동이나 몇몇 요양원들이 방역의 가장 취약한 장소라는 점이 드러났다. 그러나 대구와 경북의 확진자 수 급증으로 병상이 부족한 상황에서 광주가 내민 손길은 일종의 청량제였다. '달빛동맹'이라는 이름하에 이루어진 병상 나눔 운동은 많은 사람을 감동시켰고, 시진핑 주석도 감사의 표시를 전해왔다.

최근 구로 콜센터에서 집단감염이 발생한 이후 열악한 작업환경을 가진 노동현장도 우리가 주목해야 할 장소라는 점이 확인되고 있다. 앞으로 수도권에서의 확산 여부가 코로나 사태의 운명을 결정할 것으로 보이지만, 지금까지의 경험으로 볼 때, 아무리 급박한 위기상황이라고 하더라도 은폐보다는 투명한 공개가, 혐오보다는 연대가 우리가 지향해야 할 사회적 가치임에 틀림없다. 이번 코로나 사태를 겪으면서 사회학자 어빙 고프만의 통찰력에 다시 한번 감탄하게 된다. 그는 일찍이 수용소와 같은 총체적 제도(total institution)와 집단적 오명에 대한 사회적 원리들을 탐구했고, 일상생활에서의 비대면 상황이나 사람들간의 물리적 거리가 갖는 사회적 의미의 중요성을 밝혔다. 물론 그가 감염병 때문에 마스크를 늘 착용해야 하고 사회적 거리두기를 일상적으로 실천해야 하는 시대를 예상한 것은 아니었다.

고활성 사회에서 저활성 사회로

이번 코로나 사태는 우리의 현대사를 다시 돌아보게 한다. 지난 70년 간 우리 사회를 움직여온 에피스테메(인식론적 틀)는 성장론적 발전사관이었다. 특히 박정희 정권에서 이것은 도전할 수 없는 규범이 되었다. 사회는 항상 성장하고 발전하는 것으로 상정되었고, 국가가 규정하는 질서를 비판하거나 회의적 시선을 보내면, 그 사람은 따돌림당하기 일쑤였다. 심지어 공공의 적으로 간주되어 감방에 가기도 했다. 그러나 1998년 우리는 처음으로 IMF 사태에서 경제가 수축되거나 퇴보할 수도 있다는 경험을 하게 되었다. 국난 극복이라는 개념도 등장했지만, 특히 청년들은 국가가 부여하는 규범이 오류일 수도 있다고 믿기 시작했다. 지금으로부터 10여 년 전부터는 민주주의를 핵심으로 하는 정치도 퇴보할 수 있다는 생각을 하게 되었다. 처음에는 경제의 영역에서, 두번째는 정치의 영역에서 발전의 신화가 깨졌지만, 사회의 영역은 그나마 신화가 유지되었다. 한국은 세계적으로 볼 때 가장 많이 일하고, 가장 빠르게 움직이며, 어슬렁거리거나 쉬는 것을 싫어하는 사회, 거기에 하나 더 보탠다면, 좁고 빽빽한 환경에서도 잘

견디는 사회였다. 오죽하면 외국인들이 한국에 와서 처음 배우는 단어가 '빨리빨리'였을까.

나는 이런 특징을 가진 사회를 고활성 사회라고 부르고 싶은데, 이제 우리는 코로나 때문에 처음으로 그것과는 반대인 저활성 사회를 경험하고 있다. 생산과 교육의 공간들이 폐쇄되고 생활공간은 개별화되고 있다. 사회가 돌아가는 속도가 느려지고, 사람들간의 상호작용이 축소되는 초유의 경험이 나타나고 있는 것이다. 이럴수록 그날 벌어 그날 먹고 살아가는 사람들, 특히 서비스업 종사자들이나 자영업자들은 견딜 수 없게 된다. 세계적 공황까지는 아니더라고 심각한 경제적 타격을 최소화할 수 있는 조치를 정부가 앞장서서 준비해야 한다. 전주시가 시행하기 시작한 어려운 사람들을 위한 '코로나 긴급재정지원'이 예사롭지 않다.

다산포럼 2020.03.17.

사회적 거리두기 유감

요즈음 경기북부 지역에서는 지난 가을에 발생한 돼지열병 문제가 종식되지 않은 상황에서 코로나 문제까지 겹쳐 많은 사람들이 봄이 봄같지 않다고 말하고 있다. 돼지열병은 비무장지대와 민간인 통제구역에서의 멧돼지 통제를 강화시켰고, 코로나 바이러스는 경기북부를 포함한 수도권에서 확산이 그치지 않고 있다. 그만큼 이 지역에서는 방역과 위생수칙의 준수가 일상화되어 있다. 특히 코로나 사태에 의한 집단감염의 위험성이 있는 요양원이나 요양병원과 같은 시설에 특별한 관심을 기울일 필요가 있다. 현재 우리 사회의 규범이 된 '사회적 거리두기'가 이런 폐쇄적 밀집공간에서는 거의 불가능하기 때문이다.

원래 일상생활에서 사람과 사람 사이의 물리적 거리가 갖는 사회적 의미에 관해서는 어빙 고프만이라는 사회학자가 많은 연구를 했다. 공식적 의례를 행하거나 예절을 다하려면 사람들은 적절한 물리적 거리를 유지해야 한다. 신체 접촉이 가능할 정도의 가까운 거리는 친밀성의 영역이다. 친하지 않거나 낯선 사람이 너무 가깝게 다가오면, 그것은 무례하거나 공격적인 의사가 있는 것으로 인식된다. 친하지 않은 사람들이 불가피하게 엘리베이터나 좁은 폐쇄공간에 함께 있게 되는 경우, 어색함을 피하기 위하여 시선을 마주치지 않으려고 노력하며, 짐짓 모르는 체하기도 한다. 반대로 친한 사람이 멀리 떨어져 있으면 어색하고 섭섭한 감정을 느끼기 쉽다.

공간적 거리와 위치는 종종 권력을 표현하는 수단이기도 하다. 큰 권력일수록 멀리 떨어져 있고, 앞선 자리에 위치하기 쉽다. 이런 원리를 사회적 거리두기에 적용하면 어떤 해석이 가능한가? 거리두기는 보통 양자가 동등하게 상대방으로부터 떨어진다는 것인데, 실제 현실은 그렇지 않다. 대부분의 거리두기는 사회적 약자가 밀려나는 방식으로 이루어진다. 이들은 멀리 밀려나서 뒤쪽에 위치하거나 아예 보이지 않는 곳에 위치하기 십상이다.

코로나 감염을 최소화하기 위하여 우리는 손을 자주 씻고, 마스크를 써야 하며, 최소한 2m 정도 떨어져 있어야 한다. 이것이 충분한 과학적 근거 위에서 만들어진 것인지는 알 수 없지만, 널리 받아들여지는 위생적 규범으로 기능하고 있고, 실제 효과가 입증되고 있다. 그러나 '사회적 거리두기'라는 용어는 원래의 뜻을 제대로 전달하지 못하거나 오해를 불러일으킬 수 있는 잘못된 것이라는 점을 많은 분들이 지적하고 있다. 사회학자나 국어학자들이 코로나 유행 초기에 제대로 역할을 하지 못했고, 정부가 공식 캠페인을 시작할 때 용어의 타당성을 충분히 검토하지 못했기 때문에 부정확한 용어가 널리 사용되게 된 것이다. 이 말을 좋게 해석하면 범사회적으로 거리두기운동을 하자는 것인데, 문제는 그렇게 해석되지 않고 '사회적 거리를 두자'로 읽힐 수 있다는 것이다. 정부의 공식 캠페인으로 이 용어가 사용되고 있는 현실에서 이를 바꾸자니 많은 비용이 들고, 그대로 쓰자니 찜찜한 진퇴양난이다.

2m쯤 떨어져 있어야 한다는 것과 '사회적 거리두기'는 같은 의미가 아니다. 그래서 대안으로 '신체적 거리두기'나 '물리적 거리두기' 또는 '위생적 거리두기'가 적절하다는 의견이 많다. 세계적으로 이런 제안이 이루어지고 있다. 많은 사람들이 사회적 거리두기의 진의는 '몸은 멀리 마음은 가까이'라고 표현하기도 한다. 여기에서 방점은 뒷 부분에 찍힌다. 코로나로 인하여 어려움을 겪는 사람들에 대한 관심과 배려, 나아가 사회적 연대의 중요성을 강조하는 표현이다. 어려움을 겪는 사람들이란 방역상 격리된 사람들, 봉쇄로 인해 이동의 기회를 박탈당한 사람들, 거리두기의 여파로 경제적 어려움을 겪는 사람들이다. 이들에 대한 관심과 배려는 단지 정

부의 몫이 아니라 시민사회의 몫이기도 하다.

　이번 코로나 사태를 겪으면서 우리가 지금까지 옳다고 믿고 의지해 왔던 가치나 규범, 또는 제도들이 근본적 성찰의 대상이 되고 있다. 뿐만 아니라 유럽이나 미국의 상황에서 서구 문화 속에 내재해 왔던 오리엔탈리즘이나 피폐해진 공공의료의 현실을 적나라하게 보고 있다. 그래서 현재의 지구적 재난이 진정되더라도 우리가 관행적으로 생각해 온 '정상적 질서'로 순탄하게 되돌아갈 수 있을지도 의문이다. 과연 행복한 미래의 꿈을 누가 다시 꿀 수 있을까?

뉴스매거진 21, 2020.4.2.

코로나총선, 민심이 말해준 사실과 충고

세계가 주목한 한국의 총선거가 끝이 났다. 이번 선거는 이른바 코로나 사태가 발생하기 전까지는 '조국-윤석열'이라는 틀로 치러지는 듯했으나 선거결과를 보면, 코로나 바이러스가 선거를 결정하였다고 말할 수 있을 정도로 프레임 변화를 겪은 것이 틀림없다. 전문가가 아니더라도 대부분의 시민들은 이번 선거를 '여당의 압도적 승리, 야당의 참패'라고 요약할 것이다. 사전 여론조사를 통해 어느 정도 이런 결과가 예측되기는 했지만, 막상 그것이 현실화되고 보니 조금은 충격적이다. 코로나에 대처하는 방식을 둘러싸고 정부여당은 투명하고 민주적인 통제방식을 채택한 반면 야당은 중국에 대한 봉쇄정책과 권위적인 통제방식을 줄기차게 주장했는데, 이에 대한 국민들의 평가가 선거결과로 나타났다고 할 수 있다.

이번 선거결과가 보여주는 것들

첫째, 이번 선거는 세계적으로 볼 때 코로나 대유행의 국면에서 치러진 최초의 정치이벤트였다는 점이다. 국내적으로는 코로나 사태가 진정 국면이어서 이미 예정되어 있던 총선거 일정을 지킬 수 있었지만, 세계는 그것보다 한국의 코로나 통제능력을 더 주목할 것이 틀림없다.

둘째, 코로나 사태에도 불구하고 이번 선거는 상당히 높은 투표율을 보여주었다. 특히 사전 투표율이 높았다. 왜 많은 시민들이 투표에 참여했는가? 코로나 사태는 한편으로 자신의 운명을 사회의 운명과 일치시키는 사회통합효과를 만들어냈고, 다른 한편으로는 두 달간 지속된 범사회적 거리두기의 여파로 일상적 지루함의 탈출이 중요했다. 높은 투표율은 이 두가지 요인, 특히 시민들의 지루함으로부터의 탈출 욕구가 표현된 것이라고 해석하고 싶다.

셋째. 이번 선거를 통해 민주진보진영의 올드보이들, 특히 호남에 근거를 둔 거물급 정치인들이 모두 낙선함으로써 확실히 세대교체가 진전된 결과를 가져왔다. 우리 정치에서 아름다운 퇴진이 얼마나 귀하고 중요한 것인가를 보여주었다.

넷째, 이번 선거에서 야당은 참패했을 뿐 아니라 핵심 지도자들이 모두 낙선했다. 막말 정치인들도 큰 타격을 받았다. 이 때문에 야당은 새로운 리더십을 구축할 수밖에 없는데, 그 구심점이 뚜렷하게 보이지 않아서 당분간 많은 혼란을 겪을 것으로 예상된다. 긍정적으로 생각하면 이번 선거는 온건 합리적 보수의 재구성 계기가 될 수도 있다.

다섯째, 촛불혁명의 과정에서 부상한 정치개혁의 과제로 시도된 준연동형 비례대표제가 사실상 실패했다. 야당은 처음부터 이 제도의 도입을 반대했고, 제도가 도입되자 위성정당을 만드는 꼼수를 두었다. 여당은 많은 고민을 했지만, 그 뒤를 따라갈 수밖에 없었고 또 위성정당을 교체하는 두 번째 꼼수를 보여주기도 했다. 앞으로 이 제도의 지속여부를 둘러싸고 많은 논쟁이 있겠지만, 소수의 목소리를 정치에 반영하려는 시도는 큰 시련을 받게 되었다. 배려와 관용이 없는 정치적 후진성이 드러난 것도 이번 선거의 중요한 특징이라고 할 수 있다.

교훈과 과제들

선거가 끝나면 승자에게 축하를, 패자에게 위로를 보내는 것이 도리이지만, 이번 선거는 그런 의례적인 인사로 끝나기에는 찜찜한 구석이 너무 많고 코로나 후속대책도 시급하다. 우선 코로나 때문에 각 정당의 공천과정은 어느 때보다도 부실했고, 시행착오가 많았으며, 시민들의 검증을 충분히 받지 않았다. 당선자들은 이를 명심하고, 임기가 끝날 때까지 겸허한 자세로 국민들의 여론을 경청해야 할 뿐 아니라 포스트 코로나 시대의 뉴 노멀 수립에 힘을 합쳐야 한다.

마지막으로 우리가 주목하고 깊게 생각해보아야 할 것은 대구의 선택이다. 대구는 코로나 사태에서 가장 큰 피해를 입은 도시이다. 대구시민들은 이번 선거에서 모두 야당 후보를 선택했으며, 여당 후보들은 대체로 30% 정도의 득표율을 보여주었지만 모두 낙선했다. 이를 어떻게 해석해야 하는가? 한국사회의 가장 큰 난제이자 한국정치의 가장 큰 숙제가 대구 해법에 있다는 것이 다시 확인되었다. 대구해법이란 시민들의 주체적 선택을 존중하면서도, 감정의 정치 또는 증오의 악순환을 넘어서는 방안을 찾는 것이다.

아주경제 2020.4.16.

포스트 코로나, 세 가지 쟁점

코로나19의 세계적인 대유행이 시작된 지 석 달째로 접어들면서, 우리 사회는 이제 범사회적 거리 두기를 완화하고 생활 방역으로 조금씩 전환하고 있다. 비록 관중 입장은 허용되지 않지만 프로 야구가 무관중 경기로 개막되었고, 세계의 여러 나라들이 이를 중계하고 있다. 고 3 수험생들부터 학교 수업을 정상화할 것을 결정하기도 했다. 아직 그럴 때가 아니라고 하는 우려의 목소리도 있지만, 심각한 타격을 받은 경제를 살리기 위한 방안이 시급하다는 것에는 모두가 동의한다. 대통령은 담화를 통해 전 국민 고용보험제도의 도입을 약속했다. 과연 우리에게 포스트 코로나는 어떤 모습으로 다가올 것인가?

세계적인 대유행의 상황을 분석해 보면, 중국에서 코로나19가 유행하던 시기에 상대적으로 느긋하게 생각했던 선진국들이 가장 큰 피해자가 되었다. 미국은 물론이고 유럽에서도 이탈리아와 스페인보다 늦게 대유행을 겪고 있는 영국이 최대 피해국으로 부상하고 있다. 일부에서는 근대의 문명이 허물어지고 있다고 표현하기도 하고, 복지국가 모델의 실패를 거론하기도 한다.

아시아에서도 방역 모범국으로 간주되다가 상황이 완전히 역전된 싱가포르는 우리를 곤혹스럽게 한다. 싱가포르에서는 시민권을 가진 자국민 방역은 성공했으나 기숙사에서 거주하는 이주노동자들에 대한 관리가 소홀했기 때문에 낭패를 보고 있다.

많은 사람들이 우려했던 아시아·아프리카 개발도상국들의 상황이

상대적으로 안정적인 것은 자신들에게 충분한 의료 역량이 없음을 인정하고 일찍부터 높은 수준의 통제를 실시한 덕분이라는 해석이 설득력을 얻고 있다.

지난 주말 서울의 교통 사정은 코로나 사태가 있기 전의 '불금'처럼 몹시 혼잡했다. 아니나 다를까, 한 달 만에 이태원 클럽이 새로운 집단감염의 현장이 되었고, 소수자 혐오를 동반한 고질적 인권침해가 논란이 되었다. 범사회적 거리 두기가 완화된 지 한 주도 지나지 않은 시점에서 다시 켜진 경고등이다. 외국의 언론들은 방역 모범국인 한국이 경제 재개와 바이러스 차단 사이에서 그리고 인권과의 균형을 잡는 데 어려움을 겪고 있다고 논평했다.

코로나 바이러스의 세계적 대유행이 자연재해인가 아닌가를 둘러싸고 국제적인 긴장이 고조되고 있다. 한국인들은 대체로 이것을 자연재해로 바라보는 경향이 강하지만, 세계 최대 피해국인 미국은 코로나 바이러스 문제의 원천을 중국으로 지목하고 나아가 세계적인 대유행의 책임을 지속적으로 거론하고 있다. 영국도 이에 동조하고 있고, 세계보건기구가 중국에 경도되었다는 비판에는 독일도 동조하고 나섰다.

중국은 오히려 많은 나라들에 대한 지원 공세를 취하고 있어서 세계적인 협력보다는 국제적인 분쟁이 발생할 소지가 농후하다. 이런 중국 책임론의 끝은 어디일까? 코로나의 역설은 치료 약 개발을 위한 전쟁뿐 아니라 군사적 충돌의 가능성을 제고시키고 있다. 우리는 미·중 간 헤게모니 경쟁에서 의연해야 할 뿐 아니라 가장 취약한 고리에서 발생할 수 있는 국지적 분쟁에 대비할 필요가 있다.

코로나 바이러스 피해가 급속도로 증가하고 있을 때, 많은 사람들이 세계는 이제 코로나 이전(BC)와 코로나 이후(AC)로 나뉠 것이라는 예측에 고개를 끄덕였다. 그러나 코로나 확산이 어느 정도 가라앉으면서 그런 비유가 상당히 과장된 것이며, 언제 그랬냐는 듯이 과거로 회귀하는 경향이 확연해지고 있다.

하루라도 빨리 정상으로 되돌아가야 한다는 주장은 경제주의적 관점에 바탕을 두고 있는 데 비해, 코로나 시대를 맞아 새롭게 부상하는 뉴 노멀(New Normal)을 강조하는 사람들은 기존의 세계관으로는 반복되는 대규모 위험으로부터 벗어날 수 없다는 비판을 하고 있다.

뉴 노멀이 과연 생태주의일지 새로운 공동체주의일지 알 수 없지만, 앞으로의 세계가 기존의 정상과 새로운 정상 간의 사회철학적 투쟁의 장이 되리라는 것만은 틀림없다. 우리는 이런 쟁점에 대해 충분히 숙고하고 있는가? 세계는 한국이 가는 길을 주시하고 있다.

다산포럼 2020.5.12.

재난 취약성과 회복탄력성

위험사회의 도래와 함께 취약성과 회복탄력성(실패나 부정적인 상황을 극복하고 원래의 안정된 상태를 되찾는 성질이나 능력)이라는 두 가지 개념이 시대를 진단하는 화두로 떠오르고 있다. 코로나19의 세계적 대유행은 이를 더욱 뚜렷하게 부각시켰다. 코로나19의 초기 국면에서는 어떤 사회 집단에서 감염률과 치명률이 높게 나타나는가, 어떻게 하면 사회 경제적 충격을 최소화할 것인가가 주요 관심사였다. 그러나 이제는 재유행에 대비하면서 정상 상태를 회복할 수 있는 효과적인 방안이 무엇인가가 중요해졌다. 취약성 문제를 넘어 회복탄력성이 재난 극복 논의의 중심으로 들어온 것이다.

회복탄력성

최근의 재난 정책 패러다임은 취약성 논의를 넘어서서 회복탄력성을 강조하는 방향으로 변화하고 있다. 이는 재난이 일과성이 아니라 자주 빈발하며 피해의 규모가 매우 커서, 주도면밀한 회복 계획이 없으면 정상적인 삶을 유지할 수 없는 사람들이 너무 많은 상황이 전개되기 때문이다.

회복탄력성은 홀링이라는 학자가 생태학적 맥락에서 사용한 것인데, 여기에서는 외부적 충격이 진행되어 정점에 이르는 단계와 정상으로 회복되는 단계로 구분되고, 후자를 규정하는 것이 회복탄력성이다. 이 개념은 심리학과 의학 그리고 각종 사회과학에 채택되어 널리 확산되었고, 특히 재난 연구 분야에서 핵심적 용어로 자리 잡았다.

사회적 회복탄력성은 하나의 사회적 단위나 집단이 사회적 정치적 환경적 변화에 의해 나타난 외부적 스트레스나 혼란에 대해 집합적으로 대응하는 능력을 의미한다. 이것은 첫째, 즉각적으로 활용할 수 있는 자원을 동원하여 당면한 위협에 반응할 수 있는 대처 능력, 둘째 과거의 경험으로부터 배우고 미래의 위협을 예상하면서 자신의 삶을 조정할 수 있는 예방적 적응 능력, 셋째 넓은 사회 정치적 영역에서 설비와 도움 장치들에 접근하고 의사 결정 과정에 참여하며 보다 나은 삶을 위하여 제도를 바꿀 수 있는 혁신 능력 등으로 구성된다.

회복탄력성을 높이기 위해서는 어떻게 해야 하는가. 심리학적 연구에 따르면, 회복탄력성을 가진 사람들은 대체로 문제의 원인을 밖에서 구하지 않고 타자를 비난하지 않는다. 또한 자기 자신을 잘 알고 있기 때문에 자신이 모든 것을 다할 수 있다고는 생각하지 않으며, 상대방에게 도움을 청하는 것을 두려워하지 않는 경향이 있다. 이를 사회적 차원으로 연장한다면 회복탄력성을 증진하기 위해서는 다른 사회 구성원들에게 관심을 가져야 하고, 이들의 호소에 반응해야 한다. 이들의 입장을 이해하면서 배려할 필요가 있다는 얘기다. 실제로 사회적 회복탄력성 연구에서는 무엇이 진짜 위협인지를 인식하고 식별할 수 있는 능력, 사회적 네트워크나 제도의 중요성, 그리고 적절한 시점에서의 개입을 강조해 왔다. 과연 한국 사회의 정치나 언론, 또는 시민사회가 이런 방향으로 움직이고 있는가를 질문할 필요가 있다.

지방정부의 역할

회복탄력성이란 개념이 지방정부나 도시 연구에 쓰이기 시작한 것은 비교적 최근이다. 어느 도시나 기후와 환경 악화, 자원 고갈과 인프라 손상, 혹은 불평등으로 인한 사회 갈등에 노출될 수밖에 없다. 한데 문제는 이런 충격을 흡수하면서 시민들이 정상적 삶을 지속할 수 있도록 각각의 도시들이 능력을 발휘할 수 있는가 하는 점이다. 코로나19를 겪으면서 우리가 깨닫고 있는 교훈의 하나는 중앙정부뿐 아니라 인구가 밀집되어 있는 대도시의 행정을 책임지고 있는 지방정부의 역할이 매우 중요하다는 것이다.

코로나 초기 국면에서 대구가 직면했던 어려움이나, 최근의 코로나 재유행 상황에서 서울이나 광주가 직면하고 있는 도전들은, 한국의 도시들이 얼마나 회복탄력성을 갖추고 있는가를 시험하는 대표적인 사례들이라고 할 수 있다. 지방정부는 잠재적인 피해를 효과적으로 줄이기 위해 집중적으로 대처해야 할 취약성을 미리 알고 대비해야 한다. 또한 위험한 상황이 발생했을 때 도시 내의 자원을 효과적으로 배분하고, 필요한 경우 중앙정부나 다른 지방정부에 도움을 요청할 수 있어야 한다. 우리는 한국의 주요 도시에서 생명윤리에 충실하면서도 이를 감당할 수 있는 개방적이고 유연한 리더십을 갖추고 있는가를 수시로 질문할 필요가 있다.

다산포럼 2020.07.7.

잔인했던 8월의 마지막 열흘

8월의 마지막 열흘은 우리 국민들에게 잔인한 시간이었다. 오랜 장마와 코로나 상황에 지쳐 있는데, 일부 교회의 광복절 광화문 집회 이후 코로나 신규 확진자가 200명을 넘고, 400명 선에 이르자 제2차 유행이 온 것이 아닌가라는 불안감이 태풍처럼 엄습했다. 6개월 동안 하루도 쉴 새 없이 달려온 질병관리본부도 당황했고, 정부는 국민들에게 집회 자제 호소를 거듭했다.

이런 상황에서 8월 초부터 시작된 의사협회의 정부 공공의료 확대 방안에 대한 비판이 8월 21일부터 전공의들의 파업으로 이어졌다. 많은 국민들은 "도대체 왜 저러나"라는 의문을 가지기 시작했다. 국민들은 코로나19의 방역과 치료현장에서 헌신하고 있는 영웅들이라는 이미지와 자신들의 이해에 집착하는 이익집단이라는 이미지 사이에서 혼란스러워했고, "정부는 왜 제대로 문제를 해결하지 못하고 강경 일변도로 가는가"라는 불만이 커져갔다.

공공의료를 둘러싼 논란

8월 14일 의사협회는 정부가 추진 중인 의대 정원 확대, 공공 의대 설립, '지역의사제' 설립 등의 정책을 철회할 것을 주장하면서 파업을 하였다. 이미 8월 5일 의사협회의 방침에 따라 전공의와 의대 학생들의 휴업이 이루어졌고, 전국의과대학교수협의회는 이를 지지하는 호소문을 발표했는데, 이들은 정부가 '편향된 통계'로 국민을 호도하고 있다고 비판한 상황이었다.

문재인 대통령은 의사협회의 파업과 전공의 파업 등에 대해 8월 24일, "코로나 확산 저지에 국가적 역량을 모아야 할 상황에서 국민의 생명을 담보로 하는 집단행동은 결코 지지받을 수 없다"고 말하고 "정부는 국민의 생명권을 보호하기 위해서라도 휴진, 휴업 등의 위법한 집단적 실력 행사에 대해서는 단호하게 대응할 수밖에 없다"고 경고했다.

급박한 상황에서 보건복지부와 의사협회는 수도권 코로나 상황이 안정될 때까지 '의대정원 확대와 공공의대 신설 추진을 중단하고 이후에 모든 가능성을 열어놓고 협의한다'는 합의를 하였지만, 대한전공의협의회는 25일 밤 늦게 긴급 임시대의원총회를 열어 이를 거부하고 파업을 지속하기로 결정했다. 이에 대하여 보건복지부는 중환자와 응급환자 진료 공백이 우려된다는 이유로 26일 오전 8시, 수도권 주요 수련병원 전공의·전임의 358명에 대한 업무개시명령을 발동했다.

8월 27일 시민단체들은 의사협회를 강력히 비판하고 "공공병원 확충과 공공의료인력 확대"를 요구하는 성명서를 발표했고, 또 문 대통령은 기독교 지도자와의 간담회에서 "코로나 위기 상황에서 의료인이 의료 현장을 떠난다는 것은 전시 상황에서 군인들이 전장을 이탈하는 것이나 마찬가지"라며 비판했다.

대전협 비상대책위원회는 28일 한국의과대학·의학전문대학원학생협회 및 국회 보건복지위원회, 29일 의학교육 및 수련병원 협의체와 간담회를 진행하여 지역 의료 불균형, 필수의료 붕괴, 공공의료 시스템 부재 및 전반적인 의학교육과 전공의 수련체계의 미비점에 대해 시급한 해결이 필요하다는 데에 공감하고 잠정 중재안을 도출했다. 이들은 29일 밤 늦게 전공의 대표자 비상대책회의를 열어 잠정 중재안을 논의하였으나 파업 지속을 결정했다. 박지현 회장은 그 이유를 "전문가가 존중 받는 의료정책을 위한 것"이라고 주장했지만, '이제는 그만'이라는 목소리가 커지고 있다.

두마리 토끼

정부가 사용하는 OECD 통계에 따르면 한국은 많은 병상 수에도 불구하고 인구 1000명당 의사 수는 33위에 머무르고 있다. 많은 의사들과 대형 병원들은 대부분 수도권에 밀집되어 있어 지방의료 취약지가 발생하고 특정 분야 의사 수가 현저하게 부족하다. 이 통계를 보면 의료 인력 확대가 필요한데, 의협에서는 한국의 인구 정체로 볼 때 머지않아 현재의 의료인력으로 충분한 상황이 도래한다고 주장한다. 또한 지방 의료 취약지 및 특정 분야 전문의가 부족한 것은 사실이지만, 이는 의사들의 특정 분야 기피 때문이며, 의료 수가를 합리화해야 이를 해결할 수 있다고 본다. 그러나 의료 수가를 올리게 되면 국민 개개인이 부담해야 할 건보료가 상승할 수밖에 없다.

정부는 공공의료 확충과 의료 수가 합리화라는 두 마리 토끼를 다 잡을 수 있을 것인가? 논란이 커지면서 "당초에는 의사협회의 주장이 일방적이고 자기 이익만을 좇는 파업이라고 생각했는데 자세히 들여다보면 꼭 그렇지만도 않다"는 견해가 나오고 있다는 것을 주목해야 한다. 의료 개혁을 위해 돌아갈 줄 아는 지혜가 필요하다.

아주경제 2020.8.31.

제2차 코로나 파도와 사회의 지구력

7개월째 지속되고 있는 코로나 시대를 살면서 우리는 이 바이러스의 정체를 알게 된 만큼이나 우리 사회의 속살도 들여다볼 수 있게 되었다. 코로나 제1차 파도와 이에 후속한 소강 국면, 그리고 제2차 파도는 정체불명의 위험에 대응하는 한국 사회의 순발력과 지구력을 차례로 시험하고 있다. 신규 확진자가 하루에 100명 이상 발생하는 기간을 코로나의 파도라고 정의한다면, 제1차 파도는 2월 22일부터 짧게는 3월 14일까지 약 20일간, 길게는 4월 2일까지 약 40일간 지속되었다. 이 제1차 파도는 우리 사회를 빠르게 방역 중심주의로 재편하였다. 국민들은 코로나에 민감하게 반응하였고, 정부도 적절하게 대응하였기 때문이다. 한국사회의 순발력이 유감없이 발휘되었다고 할 수 있다. 이 최초의 국면을 지배했던 원리는 사회적 거리두기와 마스크 착용이었고, 대구와 신천지교회가 관심의 초점이었다.

이후 약 4개월간의 소강 국면이 지속되었다. '생활 속 거리두기'라는 생소한 개념이 전면에 등장했고, 코로나 취약 집단에 대한 관심이 커졌다. 제1차 파도에 의해 충격을 받은 경제를 살리기 위해 초유의 재난지원금 제도가 도입되었다. 다른 나라들에 비해 일찍 코로나 유행을 경험하였고, 또 빨리 진정되었기 때문에, 한국은 방역 모범국으로 인정되었고, 일부에서는 K 방역이라는 용어를 만들어내기도 하였다. 마스크는 공공외교의 중요한 수단이 되었다. 상황에 대한 희망적 낙관적 전망이 '포스트 코로나' 논의를 가능하게 했다.

그러나 광복절 휴가와 함께 제2차 파도가 밀려 왔다. 위기 상황에서 자학은 금물이지만, 봄이 온 줄 알고 겨울잠에서 깨어 밖으로 뛰쳐나왔는데 주변에 찬 기운이 쟁쟁하게 남아있다는 것을 느끼고 '아차' 하는 개구리

신세라고나 할까. 포스트 코로나가 아니라 당장 코앞에서 진행되고 있는 엄중한 현실 앞에서 정부나 국민 모두가 긴장하지 않을 수 없었다. 정부와 방역당국은 방역과 경제 사이에서 고육지책으로 2.5단계라는 개념을 만들어냈다.

방역 중심주의에 대한 도전과 일탈

8월 16일부터 시작된 제2차 파도에 직면하여 우리는 새로운 도전들에 직면했다. 일부 교회지도자들은 정부의 방역 중심주의를 공공연하게 비판하고 무시했으며, 여기에 공공의료 확대 정책에 대한 의료계 내부의 반발이 겹쳐지면서 피로감이 커졌기 때문이다. 이제는 방역에 대한 순발력보다 경제적 어려움과 일상적 지루함을 견뎌낼 수 있는 지구력과 인내심이 더 중요해졌다. 방역 당국은 신체적 방역을 넘어 심리적 방역이 중요하다는 것을 강조했다. 이것은 곧 방역 거버넌스의 지속가능성에 방역 중심주의에 반대하거나 저항하는 사회 집단들을 어떻게 포용하고 이들과 공존할 것인가에 관한 사회철학적 고민이 포함되어야 한다는 것을 의미한다. 방역 중심적 거버넌스를 효과적으로 유지하려면 다양한 이해관계에 있는 집단들을 방역질서에 묶어 둘 수 있는 정치적 명분과 경제적 보상체계, 그리고 사회적 스트레스를 해소할 수 있는 장치가 필요하다. 재정적 우려 때문에 정치권은 제2차 재난지원금의 원칙을 선별적 지원으로 하기로 합의하였지만, 전 국민 지원제도와의 논쟁이 남아있고 코로나 방역 현장에서 수고하는 사람들에 대한 사회경제적 인센티브도 필요한 것은 아닌지 고민할 필요가 있다.

장기 코로나 시대

제2차 파도가 정점을 지나기는 했지만, 우리는 아직도 이 파도에서 벗어나지 못하고 있다. 많은 전문가들은 2차 파도가 끝나더라도 코로나 시대는 지속될 것이며, 올해 늦가을 또는 초겨울에 제3차 파도가 밀려 올 것이라고 예상한다. 세계 곳곳에서 백신과 치료제 개발 경쟁이 이루어지고 있지만, 그것이 완성되려면 적어도 내년을 기다려야 한다고 한다. 장기 코로나 시대인 것이다. 우리가 코로나와 함께 살게 되고, 나아가 지금 예상하지 못하는 또 다른 위험이 늘 우리를 괴롭힌다면, 많은 사회학자들이 관심을 가져왔던 사회의 질에 관한 논의의 패러다임이 바뀔 것이다. 위기에 그때그때 대처할 수 있는 사회의 탄력적 전환능력이 더 중요해지기 때문이다.

한국인들은 코로나 문제를 개인적인 문제로 치부하기보다는 사회적 문제로 인식하는 경향이 강하다. 성공적 방역 여부는 코로나에 대한 민감성 뿐 아니라 사회체제의 지구력에 달려 있다. 그것은 경제적 불황과 사회적 스트레스에 오래 견딜 수 있는 능력인데, 그것은 사회구조와 제도 그리고 문화 등 여러 분야를 관통하고 있다. 그것은 공동체 의식과 사회의 구성원들 상호간의 격려와 배려를 핵심적 덕목으로 하고 있다. 나의 삶이 항상 다른 사람들과의 연대 속에서 지속된다는 것을 잊어서는 안 된다.

다산포럼 2020.9.8.

손흥민과 그의 시대

한국 현대사는 한편으로 끊임없이 터지는 수많은 사건들의 연속이기도 하지만, 해방 이후 지금까지 거의 변화가 없는 분단의 구조가 지속되는 역사이기도 하다. 이런 사건과 구조 사이에 연속되고 또 단절되는 국면들이 가로놓여 있다. 정치사적으로 보면, 약 20년간 박정희의 시대가 있고, 또 약 30년간 김대중의 시대가 그런 국면의 역사를 구성한다. 만약 우리가 국민들의 마음을 오랫동안 사로잡았던 대중적 심성으로 현대사를 바라본다면, 어떻게 말할 수 있을까? 우리 국민들이 힘든 상황에 처해 있을 때는 항상 대중들을 사로잡았던 스타들이 자신들의 시대를 만들어갔다.

대중적 영웅들이 출현하는 장들

전쟁으로 인해 무척 어려웠던 시기를 조금 지나 한국 사회가 막 일어서려고 하던 1960년대에 프로복싱 세계 챔피언 김기수, 프로 레슬러 김일은 국민들의 우상이었다. 흑백 TV가 막 보급되던 시기에 이들은 말 그대로 어려움을 견뎌내는 맷집으로 마침내 경기를 끝내고야 마는 '강력한 한방'을 보여주었고, 국민들은 이에 열광하면서 울고 웃었다. 암울한 시기였던 1980년대에 대중들의 영웅은 독일 프로축구 분데스리가에서 활약하던 차범근이었다. 그는 라인강의 기적을 일군 서독에서 한국을 알리면서 '차붐의 시대'를 열었다. 그러나 당시에는 그의 경기를 직접 중계하는 방송이 없었기 때문에 그의 달리는 모습은 상상 속에 존재했고, '전설'처럼 나중에 알려졌다.

1998년 한국 경제가 IMF 위기에 빠졌을 때 국민들은 자신을 달래줄 새로운 영웅을 필요로 했다. 이때 미국에서 활약한 박찬호와 박세리는 국민들에게 투혼을 보여줌으로써 시대의 부름에 응답했다. 박찬호는 나중에

치과 치료를 받아야 할 정도로 이를 악물고 던졌다. 박세리는 맨발로 물에 들어가 벙커에 빠진 공을 건져내던 의연함으로 20년간 지속되고 있는 한국 여성 골프의 시대를 열었다. 이들의 뒤를 이은 영웅은 박지성과 김연아였다. 박지성은 세계축구의 본산인 영국에서 '두 개의 심장'과 '산소탱크'로 불렸고, 김연아는 세계가 주목하는 우아한 미의 여신이 되었다. 이들은 한국 스포츠뿐 아니라 한국 사회의 발전을 세계적으로 알리는 상징적 아이콘이었다.

한국의 대중적 영웅들이 활약했던 스포츠의 장은 몸과 몸이 직접 부딪치는 복싱과 레슬링으로부터 시작하여 공이라는 도구를 통해 몸의 힘을 전달하는 축구, 그리고 다시 공에 몸의 힘이 전달하는 도구를 사용하는 야구와 골프로 이동했다. 프랑스의 사회학자 피에르 부르디외의 계급적 취향에 관한 이론적 상상력에 입각한다면, 대중적 영웅들은 한국 경제의 발전과 위상의 변화에 상응하면서 종목을 바꾸어가며 출현했다고 할 수 있는데, 민족주의와 강하게 연결되어 있는 축구는 이런 설명의 타당성을 조금은 유보하도록 한다.

손흥민의 시대

코로나 팬데믹으로 시달리고 있는 2020년의 한국사회를 지배하고 있는 대중적 영웅은 누구인가? 많은 사람들이 망설이지 않고 지금을 '손흥민의 시대'라고 표현한다. 사실 이 표현은 코로나 발생 이전에 이미 출현했다. 한 축구 칼럼니스트가 2018년 3월, 처음으로 이 표현을 사용하였고, 그로부터 3개월 후에 카잔에서 열린 러시아 월드컵, 독일과의 3차전을 보고, 한 스포츠 일간지도 "손흥민, 그의 시대가 도래했다!"고 썼다. 2019년에도 이런 표현이 계속 사용되었다. 작년 2월, 유럽의 챔피언스리그에서 뛰고 있는 손흥민을 보고, 한국의 주요 케이블 TV들은 "지금 토트넘은 '손흥민의 시대'"라고 방송했으며, 4월에는 한 일간신문이 "증명했다 '손흥민의 시대'"라고 썼다.

현대 축구가 끊임없이 새로운 전략과 전술·포메이션을 발전시켜 왔지만, 축구 전문가가 아니더라도 우리는 그의 발군의 돌파와 침투능력, 그리고 양 발을 자유롭게 사용하는 폼을 잘 알고 있다. 지난 주말, 한 경기에서 4골을 몰아치는 모습을 보면서, 우리는 그가 속도를 통해 창의적으로 공간을 창출하는 현대 축구의 정점에 서 있음을 새삼 깨달았다.

흥미롭게도 우리들의 집합적 기억 속에 있는 대중적 영웅들의 얼굴 표정은 모두 다르다. 손흥민은 많이 웃고 여유가 있는 긍정의 아이콘이다. 그래서 우리는 더 많이 기대할 수 있다. 코로나19의 지루한 일상을 깨뜨리고, 활력과 즐거움을 주는 손흥민의 시대가 지속되기를.

아주경제 2020.9.23.

9장
교육문제를 생각하며

대학 입시제도의 '폭력성'

수능시험이 끝난 지 2주가 지났지만 고3 학생들은 여전히 불안하다. 출제기관의 예측에 따라 고3 교실은 모두 울음바다가 되었고, 잘못된 예측을 여과없이 보도한 언론들은 사과 기사를 냈지만 이들의 마음은 진정되지 않았다. 고등학교 3년 기간 내내 학생부 성적과 각종 경시대회에 시달리다가 수능시험이 끝나자마자 예상과는 다른 자신의 점수에 충격을 받고, 또 다시 올해는 논술과 면접이 당락을 결정한다는 소식에 따라 너도 나도 고액의 논술학원을 기웃거려야 하니 몸과 마음이 정상이 아니다.

이런 가운데 교육 평가를 담당하는 국가기구는 국민 앞에서 초라해지고, 입시 전문기관이라는 각종 사설학원들의 권력은 무한정 확대되고 있다. 우리 수험생들이 기울이는 노력만을 보면 당연히 이들에게 장밋빛 미래가 보장되어야 하지만 오히려 갈수록 미래는 불안하고 고통은 가중된다. 고3 학생들과 이들의 가족에게 가해지는 엄청난 압박은 차라리 거대한 폭력이라고 해야 적합하다. 알 수 없는 폭력에 시달리는 사람이 어디 고3뿐인가. 초등학교에서 대학교까지 학생을 둔 가족은 모두 마찬가지가 되었다.

교육시장의 변화

최근 수년간 눈에 띄게 달라진 우리 교육계의 풍토는 조기 유학의 급증, 수능에 대한 불신의 증대, 자연계 우수 학생의 의대 일변도 지원, 인문계 대학생의 고시 집중 현상일 것이다. 자녀 교육 문제가 이민의 주된 이유로 된 것은 어제 오늘이 아니며, 대학원 교육의 부실화 또한 두통거리다. 한편으로는 우리 교육이 세계화의 흐름에 휘말리고, 다른 한편으로는 IMF를 겪으면서 생긴 현상이다. 경쟁력 강화와 불안의 증대 속에서 우리 사회는 갈수록 창조적 도전보다는 세속적 안정을 선택하는 경향이 뚜렷해지고 있다. 유기적 분업체제 아래에서 의사와 변호사는 우아하고 고귀한 직업이지만, 모든 젊은 인재들이 그곳으로 몰려갈 때 그것은 국가경쟁력이 약화되고 사회가 천박하게 되는 징후일 뿐이다.

지난해 11월 카타르에서 개최된 세계무역기구(WTO) 제4차 각료회의에서는 2005년 1월까지 교육서비스 시장 개방 협상을 완결짓는 것으로 합의했다. 어떤 수준과 방법으로 교육시장 개방을 해야 할지는 결정되지 않았지만, 개방은 필연적인 흐름이다. 대학이 개방되면 과연 우리의 교육풍토와 취업구조가 어떻게 변화할지 알 수 없다.

교육개혁 문제가 우리 사회의 중요한 화두가 된 이래 다양한 정책이 제시되었지만 그 때마다 결과는 신통치 않았다. 지금까지 교육개혁의 시행착오 과정에서 얻은 교훈이 있다면, 큰 개혁은 장기적 비전 아래에서 진행되어야 하고 작은 개혁은 더욱 투명하고 명확하게 시행되어야 한다는 점이다. 정권이 바뀔 때마다, 또는 장관이 바뀔 때마다 바뀌는 정책으로는 아무리 좋은 개혁안도 결국 개악이 된다는 점이 명확해졌다. 또한 초등교육부터 대학입시까지, 그리고 대학 교육과 취업구조 모두가 한 덩어리로 얽혀 있어서 아무리 작은 개혁이라도 다른 제도와 무관하게 독립적으로 시행하기 어렵다.

수능제도의 개선책

그렇지만 이번 수능시험과 그 이후 과정을 지켜보면서, 수능제도 개선이 필요하다는 것을 절감하게 되었다. 그동안 대학입시제도 개혁에서 본고사가 폐지되었지만 후속 조치는 미흡했던 것으로 생각된다. 무엇보다 전형방법이 다양화되었지만, 단 한번 치르는 수능시험제도는 그대로 유지되었다. 단 한번의 시험으로 학생들의 운명을 좌우하는 것은 학생의 조그마한 실수도 용납하지 않는 가혹하고 비인도적 제도이다. 실수와 운에 좌우되지 않고, 학생들의 실력을 제대로 반영하는 시험제도로 시급히 전환해야 한다. 둘째, 이번 모 일류대학의 수시 입시에서 드러났지만, 수시 입시의 평가기준은 좀 더 투명해져야 한다. 기준을 공개하지 않으면 불신과 의혹의 대상이 되는 것은 당연하다. 우리 학생들의 시험에 대한 불안과 공포를 줄이면서 경쟁과 창조적 도전의 자세로 되돌릴 수 있는 제도, 그것은 정녕 우리 사회에서는 불가능한가.

경향신문 2002.11.21. 시론

서열주의와 적재적소

검찰개혁을 앞세운 파격 인사 문제로 급기야 대통령과 평검사들이 직접 만나 토론을 하는 진풍경이 벌어졌다. 한편으로 보면 정치가 그만큼 민주적으로 활성화된 측면도 있지만, 다른 한편으로는 대통령이 직접 나서야 할 만큼 사태가 심각한 측면도 있다. 검찰의 서열주의, 그것은 오래되고 뿌리 깊은 관행이어서 검찰 조직의 고유한 특성이라고 오인할 수 있을 정도가 되었다.

어느 사회에서나 서열은 존재한다. 물론 재벌 조직처럼 세습적 지위에 의해 최고위 서열이 결정되는 경우가 있으나, 대부분의 근대 조직은 연공이나 능력, 업적 등의 요인에 의해 서열이 결정된다. 이들 요인이 어떻게 조합되느냐에 따라 조직의 안정성과 발전성이 달라진다. 우리 사회처럼 연령이 중요하게 작동하는 문화에서는 때때로 연공적 서열이 연령에 의해 침식당하여 공식적 영역과 비공식적 영역에서 서로 다른 기준이 작동하기도 하지만, 서열주의는 대부분 연공을 기초로 형성된다. 우리가 익히 보듯이 연공만이 중요하게 작용하면 그 조직은 경직되기 쉽고, 능력만이 작동하면 그 조직은 불안정해지기 쉽다.

지난 수십년간 권위주의가 기승을 부릴수록 젊고 유능한 인재들이 정의구현을 내걸고 검사가 되기를 열망했고, 어려운 시험을 거쳐 실제로 검사가 되었지만, 그들에게 돌아온 것은 명예보다는 오욕이었다. 검찰은 사회의 각종 비리를 다루면서 스스로 자신들은 가장 건전하고 정의로우며 국가에 헌신적으로 봉사한다고 믿는다. 그러나 국민들의 눈에 비친 검찰은 그렇지 않다. 국민들에게 사랑받는 검찰이라기보다는 군림하는 검찰로,

힘 있고 강한 자에게 한없이 약한 존재로 비춰진 게 사실이다.

왜 이런 검찰의 자아상과 사회의 평가가 큰 괴리를 보이는가. 그동안 검찰 조직은 검사동일체의 원칙에 의한 상명하복의 문화에 의해 지배되어 왔다. 사실상 연공형 서열주의는 권위주의 정권의 조직관리 방식이었다. 서열주의를 지탱하는 요인의 하나는 충원 경로의 단일성이다. 모든 조직 구성원이 동일한 경로를 밟아 충원되면, 언제 충원되었는가가 서열을 결정한다. 검찰의 엘리트주의적 자기 확신, 그리고 서열주의의 기원이나 문화는 고시제도와 밀접히 관련되어 있다. 어떠한 방식으로든지 고시제도 개혁 없이 검찰의 서열주의를 극복하는 것은 매우 어렵다.

서열주의에 의해 움직이는 집단은 오늘날처럼 다양성이 증대되는 사회에서는 환경에 적응하기 어렵다. 역동적이고 창의적인 조직이 되려면 연령이나 연공 이외에 능력이 서열을 중요하게 결정하는 요인으로 작동할 수 있는 조건을 만들어야 한다. 그렇다면 검찰 조직에서 능력은 어떻게 드러나는가. 그것은 대체로 '승률'로 인식되어왔다. 이 승률을 높이기 위해서는 검사의 업무를 보조하는 인력과 자금이 많이 필요하며 그것의 충당을 위해서는 비공식적 후원자가 필요해진다. 그런데 문제는 그러한 승률이 연공에 따라 커진다는 것이다. 연공이 곧 능력으로 치환되는 조직구조에서 서열주의는 쉽게 사라지지 않는다.

서열주의와 관련있는 또 하나의 요인은 전문화의 정도다. 조직의 전문화가 낮을수록 서열주의는 강화된다. 예로부터 인사의 핵심은 적재적소로 표현되어 왔다. 서열주의와 적재적소의 인사원칙은 서로 배치된다. 현실적으로 적재적소라는 원칙이 실현되려면 구성원의 능력을 판단하는 기준이 뚜렷해야 하고 조직의 전문화가 이루어져야 한다. 조직의 수장은 곧 그 조직의 가장 유능한 사람이 아니라 조직 관리에 뛰어난 사람일 뿐이다.

대학에서 가장 뛰어난 연구자가 꼭 총장이 되어야 할 필요가 없듯이 검찰 또한 가장 훌륭한 수사검사가 꼭 총장이 되어야 할 필요가 없다.

검찰개혁이 외부의 충격에 의해 시동되었다 하더라도, '힘있는 자에게는 추상같고 힘 없는 자에게는 따뜻한 검찰', 그리고 '경륜이 있고 유능한 평검사'라는 개념이 성립할 수 있는 조직문화는 외부의 힘보다는 검찰 스스로가 정립해가야 할 과제임을 잊어서는 안된다.

경향신문 2003.03.10. 시론

미국 박사 위주 교수채용 바람직한가

최근 미국에서 배출한 박사 중에서 서울대학교 출신이 차지하는 비중이 2위라는 사실이 보도되면서 아이러니컬하게도 서울대를 비롯한 국내 유수 대학 교수들의 과도한 미국 의존도가 사회적 쟁점으로 부각되고 있다. 20년 전부터 제기된 한국 학문의 주체성 문제가 예기치 않은 계기로 드러난 셈이다.

광복 직후 고등교육의 기반이 거의 이뤄지지 않은 상황에서 한국의 대학교수들은 식민지교육을 배경으로 한 사람들로 이뤄졌으며, 미국에서의 재교육으로 경험의 부족을 메웠다. 1960~70년대 전반기에는 국내의 유수 대학 졸업생들로 교수시장이 채워졌는데, 70년대 중반부터 미국에 의존하는 현상이 두드러지기 시작하였다. 이후 한국의 대학이 교수의 공급을 미국의 유수한 대학에 의존하는 시대가 약 30년간 지속되고 있다. 이런 현상의 배후에는 한국의 대학에서 체계적인 박사학위 제도가 70년대 중반에야 도입됐고, 실질적인 박사학위의 생산은 80년대 후반부터였다는 사실이 가로놓여 있다.

한국의 교수시장은 어느 대학이나 자기 대학 출신자들의 비중이 높고, 수도권과 지방이 분절적이라는 특징을 갖는다. 수도권 대학에서는 미국학위 의존도가 매우 높고, 지방대학은 수도권대학의 박사학위 소지자와 자기 대학 출신의 미국학위 소지자들이 섞여 있는데 치열한 경쟁으로 인해 국내 학위 소자자의 입지는 갈수록 좁아지고 있다. 이것은 곧 현재의 대학원 진학 상황에 반영된다. 80년대 전반기 주체적인 학문을 위해 국내에서 공부해야 한다는 흐름이 생겼지만, 이후 이런 적극적 의욕은 교수시장의 충원구조라는 벽에 막혀 약화됐다.

현재 한국의 대학원은 이중구조에 의해 규정된다. 전문학자를 양성하는 대학은 재생산 기반이 약화되고 있는 반면, 다수의 열악한 자원을 가진 대학에서는 재정적 이유로 대학원을 너무 키워 부실한 박사학위가 남발되며, 고학력 실업이 심각하다. 서울대 인문사회계의 경우, 본과 출신의 대학원 진학률이 현저하게 감소되고 있으며, 박사과정이 공동화되는 현상이 발생하고 있다. 자연과학이나 공학의 경우 갈수록 유능한 대학원생을 구하기가 어려워지고 있다. 지방국립대의 경우는 사정이 훨씬 어렵다. 교수의 해외의존도가 높아질수록 이런 현상이 가중되고 있다.

21세기의 국가경쟁력이 창의적 기술과 지식의 발전에 달려 있다면, 당연히 교육정책과 학문정책이 균형을 이루며 발전해야 하는데, 참여정부 들어서 학력차별이나 학벌철폐가 쟁점화되면서 이들 간의 불균형이 심화됐고, 교육정책 또한 대학에서 어떻게 좋은 교육을 할 것인가보다는 우수한 인재를 어떻게 나눌 것인가라는 입시정책에 매달려 있는 형편이다. 최근의 일본이나 중국의 야심찬 학문정책과 대학육성정책을 보면 우리의 앞날은 어떻게 될 것인지 걱정하지 않을 수 없다.

그동안 한국의 학문은 한국학술진흥재단과 과학재단의 지원을 바탕으로 하여 눈부시게 발전했지만, 교수나 박사학위 소지자에 대한 연구지원이 중심이지 경쟁력있는 박사학위자를 어떻게 만들어낼 것인가에 관해서는 관심이 적었고, 대학 및 교수 평가 또한 개인의 논문실적 중심이어서 학문 후속 세대의 생산이나 학문적 재생산 기반에 관한 문제는 소홀히 다뤄지거나 제외돼 있다. 대학평가나 교수업적평가는 대학의 위상에 따라 달라져야 하고, 또한 개인적 생산성뿐 아니라 학문의 재생산기반의 확충에 대한 기여도를 중심으로 재편될 필요성이 있다.

이제부터라도 우리는 대학입시정책 중심주의로부터 벗어나 교육정책과 학문정책을 균형있게 발전시킬 방안을 진지하게 모색해야 한다. 이를 위해서는 우선, 현재 한국의 대학원 제도에 대한 총체적 점검이 필요하다. 이의 핵심은 적절한 대학원 규모 조정, 박사학위의 질을 높이기 위한 지원제도 체계화, 그리고 우수한 국내 학위자가 교수시장에서 정당한 평가를 받을 수 있는 방안 모색 등이 될 것이다. 이와 함께 장기적으로 적어도 세계 200위권에 드는 10개 연구대학을 육성할 비전을 세우고 이를 실행할 수 있는 계획을 수립할 필요가 있다. 우리의 실정으로 볼 때, 한국형 연구대학은 수도권의 우수대학과 지방의 주요 거점대학을 기반으로 하면서 이들 소속 대학에 관계없이 연구능력이 뛰어난 학자들이 대학원 운영에 공동으로 참여할 수 있도록 개방적이고 유연한 프로그램을 가져야 할 것이다.

중앙일보 2005.1.24. 내 생각은…

학생운동의 시대는 다시 오는가

올해에 접어들어 KAIST 학생들의 자살, 서울대 학생들의 법인화 반대 농성, 대학생들의 등록금 인하 투쟁이 연속으로 이어지고 있다. 그러나 현재까지 정부나 대학은 대학생들의 항의에 대해 의미있는 해답을 내놓지 못하고 있다. 청와대와 여당의 목소리는 불협화음을 내고 있고, 야당은 등록금 제도에 대한 정책상 검토를 뒤늦게 시작했다. 유감스러운 것은 대학당국이 학생들의 항의와 저항을 바라보는 시선이다. 대학당국은 과거 1980년대 민주 대 반민주 대립시기에 만들어진 이념적 시선으로 학생들을 바라보고 있을 뿐만 아니라 학교정책에 관한 책임있고 자율적인 결정을 할 수 있는 역량이 부족하여 문제 해결이 쉽지 않은 듯 하다.

현재 대학문제에 대하여 우리가 유의해야 할 가장 중요한 사실은 학생들의 요구가 현실적인 근거를 가지고 있어서 이들의 요구를 쉽사리 물리치거나 외면할 수 없다는 점이다. 한국의 대학 등록금수준은, 믿기 어렵지만 2000년 이후 가파르게 상승하여 이제는 세계에서 1~2위를 다툴 정도로 높은 수준이다. 세계적으로 보면 대학은 미국형 모델과 유럽 대륙형 모델로 구분할 수 있는데, 전자는 대체로 등록금이 많은 수익자 부담형이고, 후자는 고등교육을 국가재정으로 충당하므로 등록금이 매우 적거나 아예 없다. 한국은 전자에 속하고 더구나 고등학교 졸업자의 80%이상이 대학에 진학할 정도로 진학률이 높다. 또한 국립대학에 비해 사립대학의 비중이 훨씬 크고 사립대학의 경우 재단 전입금은 최하위 수준에 있다. 사실 높은 등록금이 곧바로 사회문제가 되는 것은 아니다. 대학생들이 졸업 후 취업하여 이를 갚을 수 있는 충분한 기회가 주어지면 되기 때문이다. 그러나 대학 졸업자의 취업률은 자꾸 낮아지고 있고, 젊은이들로 하여금 은행의 불량 채무자로 전락한 상태에서 인생을 출발하도록 방치해두었다. 이런 상태에서 대학생들에게 아무런 목소리를 내지 말고 그저 참고 있으라고 강요하는 것은 무책임 정치의 극치이다.

보름 이상 대학본부를 점거하면서 농성하는 서울대 학생들의 요구는 날치기로 처리한 법으로는 법인화를 할 수 없으니 절차적 정당성을 밟아 다시 논의해달라는 것이다. 워낙 서울대 문제는 입시위주의 교육제도나 학벌주의, 그리고 21세기 국가경쟁력을 생산하는 지식국가의 학문정책 등 여러 차원의 문제가 복합되어 있다. 서울대 문제는 한편으로는 국립대 전반에 대한 정책, 그리고 한국의 대학 전체에 대한 정책의 문제를 공유하기도 하지만, 다른 한편으로는 서울대의 위상 때문에 발생하는 특수한 문제를 동시에 안고 있다. 그러나 현재 학생들은 이런 복잡한 문제가 아니라 우리가 지켜야 할 최소 민주주의를 요구하고 있다. 법인화가 바람직한가 아닌가, 어떤 법인화인가를 따지기 전에, 60년이상 유지되어 온 국립대학교 체제를 바꾸는 중요한 문제를 날치기 방식으로 처리해야 하는가에 대한 항의인 것이다. 이런 상황에서 학생들의 대학시설 점거가 불법이라고 이들을 비난하는 것은 도무지 설득력이 없다.

우리 대학생들은 과거와는 다른 문화와 정체성을 지니고 있다. 학생들의 집회나 항의의 현장에 가보면 과거 80년대 학생운동의 규율중심의 하향식 집단주의와는 전혀 다른 감수성으로 현재와 미래에 대해 진지하게 토론하고, 시위인지 축제인지 잘 알 수 없을 정도로 자신들의 문화를 즐기고 있다. 이들은 민주주의적 원칙에 충실하고 이념적으로 유연하며 자신의 생각과 감정을 솔직하게 드러낸다. 이들을 비판하려면 문제의 소지를 제공한 날치기 처리에 대한 정치적 책임을 물은 이후에 해야 할 것이다.

지난 20세기 후반기의 학생운동이 권위주의체제와 민주주의의 문제였다면, 21세기 학생운동의 부활은 한편으로는 신자유주의에 의한 계급적 양극화, 다른 한편으로는 지식국가의 창출과 관련된 현상이다. 고등교육정책의 근본적 전환을 요구하는 젊은이들에게 정부와 대학당국은 좀더 유연하고 진지하게 응답을 하지 않으면 안된다.

전남일보 2011.6.20. 전일시론

지성의 전당서도 외국인 따돌리나

외국인 유학생 10만 명 시대를 눈앞에 두고 있다. 출입국·외국인정책 통계에 따르면 9월말 현재 외국인 유학생은 어학연수자 19,000여 명을 포함해 93,000여 명이다. 2006년 말 38,000여 명이었던 것을 감안하면 불과 5년 만에 2.6배가량 증가한 셈이다. 이들 중 약 70%가 중국 출신이고 다음은 몽골 베트남 일본 미국 순이다. 모국어별로 보면 90% 이상이 비영어권 출신이다. 일부 대학에서 외국인 유학생을 유치하기 위해 영어 교수인력을 확보하고 영어 강의과목을 늘리는 정책을 취하고 있지만, 이는 방향을 잘못 잡은 것이다. 이들은 한국어와 전공지식을 배워 자국에 진출한 한국계 기업에 취업하는 데 도움을 얻기 위해 한국에 유학을 온 경우가 많다.

외국인 유학생 10만명 차별 겪어

외국인 유학생이 급속하게 증가하는 것은 구조적으로 보면 한국경제의 국제적 위상의 변화에 따른 취업 기회의 확대, 한류로 표현되는 역동적 한국문화산업의 해외 진출 효과에 의한 것이지만 한국 대학들의 적극적 유입정책이 작용한 것이기도 하다. 현재 외국인 유학생이 1,000명 이상인 대학은 9개 대학이고 서울대에는 998명이 재학하고 있다. 이 10개 대학 중 서울대와 고려대에는 대학원생이 학부생보다 많다.

　　외국인 유학생이 직면하는 가장 큰 어려움은 언어능력의 차이에서 발생하는 학업 수행의 어려움이지만 문화적 차이에서 발생하는 일상생활상의 곤란함도 이에 못지않은 장애요인이다. 재정 지원이 없거나 취약한 경우 이들이 겪는 어려움은 가중된다. 이들은 아르바이트로 부족한 학비를 메워야 하므로 학업에 열중할 수 없고, 또 열악한 조건의 아르바이트 경험은 학업에 대한 흥미를 잃게 하기도 한다. 외국인 유학생 실태조사에서 나타났듯 이들은 학교나 아르바이트 현장에서 다양한 형태의 소외와 차별을 겪고 있다.

유학생들이 겪는 소외와 차별의 가장 직접적인 이유는 한국문화에 오랫동안 내재해온 외국인 혐오증이라고 할 수 있다. 흥미롭게도 외국인 차별이나 멸시는 언어나 인종에 따라 다르게 나타난다. 그러나 최근 국제결혼에 대한 한국인들의 급속한 태도 변화가 시사하듯 외국인 유학생들에 대한 편견과 차별도 본질주의적 설명만으로는 부족하며 좀 더 신중한 접근이 필요하다. 외국인 유학생에 대한 태도는 제도적 요인과 함께 그들의 한국어 능력에 따라 달라지기 때문이다.

외국인 유학생들에 대한 차별을 시정하고 편견을 없애기 위해서는 지금까지의 양적 확대정책에서 질적 관리정책으로 전환할 필요가 있다. 우선 외국인 유학생을 받아들일 때 한국어 능력과 한국문화에 대한 최소한의 이해능력을 검증한 후 입학 허가를 하는 제도를 도입하고, 연구생제도를 두어 최소한의 한국어 능력과 전공분야 기초적 소양을 쌓은 후 전공 학업에 임할 수 있도록 해야 한다. 이들의 한국어 능력 배양은 일률적인 교육과정보다는 희망 전공별로 구분해 예비학습 형태로 진행하는 것이 효율적이다. 외국인 학생에 대한 글쓰기 지원을 한국인 학생이 담당하는 것도 좋은 방안이다.

한국어 능력 검증후 입학 허가해야

우수한 학생을 유치하고, 일단 입학한 학생들이 학업에 전념하게 하려면 이들에 대한 재정적 지원의 확대가 필요하다. 외국인 유학생에게 주는 장학금은 정부와 기업이 분담하되 학문적 목적을 가진 대학원의 경우 정부가 보다 적극적으로 지원하고, 취업 목적의 유학생은 해당 국가에 진출한 기업이 적극 지원할 필요가 있다. 특히 경제적으로 어려운 국가의 우수 학생에게는 파격적 지원이 필요하다. 이것은 한 세대 이후 달라질 한국의 세계적 위상을 염두에 두는 장기적 투자일 뿐 아니라 인류 공동발전의 이념에도 부합하는 것이기 때문이다.

동아일보 2011.11.25.

학자가 꿈인 사회, 우리에게는 불가능한가?

오는 8월, 강사법 시행을 앞두고 학계에서 학문생태계를 정상화해야 한다는 목소리가 커지고 있다. 대학 시간강사들의 열악한 처우를 개선하기 위하여 많은 사람들이 고민하고 분투한 결과가 원래의 취지와는 달리 다수 시간강사의 대량해고로 나타나고, 이것이 학문후속세대의 단절을 가속화하여 학계가 황폐해질 수 있다는 우려 때문이다.

문재인 대통령은 2017년 기초연구에 대한 국가투자를 임기 내에 2배 수준으로 확대하겠다고 약속했고 그 약속대로 과학기술분야 연구비가 지난 2년간 상당히 증가하였다. 그러나 인문사회계 연구지원 예산은 그다지 증가하지 않았고, 이 때문에 학계의 우려가 커지기 시작했다. 이런 점을 의식하여 정부는 지난 4월 5일, 인문사회 학술생태계 활성화 방안을 발표했는데, 지난주에 국회에서 열린 토론회가 보여주듯이 많은 사람들이 이를 환영하면서도 좀 더 구조적이고 장기적인 처방이 필요하다고 생각하고 있다.

한 나라의 품격을 상징하는 학문체제는 지식을 생산하는 연구와 이를 재생산하는 교육으로 이루어진다. 우리의 현대사를 돌이켜보면, 한국의 학문체제는 분단체제의 형성에 따른 이념적 정당성 경쟁에 이바지하고, 국가형성에 필요한 인력을 우선 양성하는 교육정책에 의해 주조되었다. 1970년대에 이르러 공업화에 필요한 인력양성체제가 주도하기 시작했고, 모든 국민들은 사회적 상승이동의 열망 때문에 자녀들의 교육에 매달렸다. 물론 그 종착역은 대학입시였다.

정부나 국민 모두 입시교육에 매달리는 동안, 교육의 원천인 학문연구는 상대적으로 방치되었다. 정부는 학문의 이념성에 민감했지만, 창의적이고 공익적인 지식을 생산하는 정책 대신, 따라잡기식 경제성장에 필요한 지식을 외부에 의존하는 정책을 선호했다.

한국의 대학원 정책은 1975년 서울대학교의 종합화를 계기로 체계화되었는데, 그것은 과거의 일본식 대신 미국식 대학원 제도를 도입하는 것이었다. 이러한 제도전환은 1980년대의 대학 팽창기를 맞아 매우 성공적인 결과를 보여주는 듯했다. 그러나 1998년 IMF 사태 이후, 실용적이고 자격증을 따는 학문에 우수한 학생들이 몰리고, 학문발전의 기반이 되는 기초학문을 외면하는 경향이 커지면서 한국의 학문생태계가 교란되기 시작했다. 이로부터 20년이 지난 현재 우리 학계가 처한 현실은 매우 우려스럽다. 우리 사회의 미래를 짊어져야 할 우수 인재들이 기초학문을 연마하는 대학원을 외면하고 있을 뿐 아니라, 어렵게 박사학위를 받아도 교수직을 얻기 위하여 너무 많은 시간과 비용을 지불해야 한다.

한국에서 시간강사는 대학에서 이루어지는 강의의 약 절반을 담당하는 사람들로, 자신이 하고 싶은 연구는커녕 최소한의 생활조차 보장이 되지 않는 상황에 처해 있는 사람들이 많아서 이들의 처지를 개선하는 것은 우리 학계의 오랜 숙원이었다. 2000년 이후 박사학위 소지자가 대학교수직보다 훨씬 많아지면서, 적절한 기회를 얻지 못한 인재들이 이곳저곳을 강사로 전전하는 경우가 많아졌다.

근래에는 수도권 중심의 대학 발전과 인구감소로 인한 대학구조조정 때문에 학문생태계가 더 피폐해졌다. 이제 대학원에 진학하여 학문의 길을 간다는 것은 고행의 길을 선택하는 것이나 마찬가지가 되었다. 우리 대학들이 연구중심대학을 표방한 지 오래되었지만, 일부 대학을 제외한다면 대부분 학부를 중심으로 하는 교육중심대학이지, 대학원을 중심으로 하는 연구중심대학이 아니라는 점에 주목해야 한다. 국내 최고의 대학에서조차 박사학위를 받는 것이 곧 실업자의 길로 들어선다는 것을 의미한다면 더 말할 나위가 없다.

이제 우리는 한국사회의 문화적 성숙과 삶의 질이라는 맥락에서 학문정책과 대학정책을 재설계할 필요가 있다. 건전한 생태계를 위해서는 학문과 교육의 불균형, 기초학문과 응용학문의 불균형, 그리고 교수직을 가진 사람과 그렇지 못한 박사들 간의 심각한 격차를 고쳐야 한다. 오랫동안 우리 대학을 지배해온 선택과 집중이라는 논리를 극복하고, 대학원에서 수학하고 있는 학생들을 연구자로 바라보는 관점이 필요하다.

이를 위하여 장기적 관점에서 학문위원회를 설치하고 연구중심대학 제도를 본격적으로 도입하면서 그렇지 않은 대학에서는 대학원 공동운영을 모색해야 하며, 충분한 자격을 가진 박사학위 취득자들이 연구를 지속할 수 있도록 국가가 책임질 필요가 있다. 대학과 지방정부의 연구소, 그리고 기업 연구소간에도 활발한 소통이 있어야 한다. 공부와 연구가 좋아서 학문을 택한 사람들도 자신의 꿈을 실현할 수 있어야 하지 않겠는가?

아주경제 2019.4.21.

조국 태풍이 휩쓸고 간 자리에서

태풍이 할퀴고 간 들판이 휑하니 황량하다. 원래부터 생각이 완전히 다른 사람들이 작정을 하고 만든 것이어서 그러려니 했지만, 그 파괴력이 의외로 커서 오랫동안 생각을 같이 해 왔던 사람들을 갈라놓았다. 링링이 아니라 조국 이야기이다. 태풍의 눈은 자녀 교육과 재산 문제를 넘나들었고, 문제 해결 방안이 대학 입시제도 개혁으로 귀착된 듯하지만, 실현될지 알 수 없다. 후유증도 만만치 않다. 가족 구성원끼리도 서로 의견이 달라 싸운 사례가 주변에 허다하다.

   이 태풍은 권력의 정당성을 도덕성에 의지하고 있던 정부와 여당에 큰 상처를 남겼다. '강남 좌파'를 포함한 진보의 지지 기반이 많이 무너져 내렸고, 정치 자체에 대한 회의감도 커졌다. 보수 야당도 약하지만 상처를 입은 듯하다. 자신의 지지 기반인 중상류층에 대한 불신을 증폭시켰을 뿐 아니라 야당의 유력한 무기인 청문회 자체의 무용론을 확산시켰다. 더 큰 패배자는 국민들이었다. 자신들의 중산층 자화상을 미워하게 되었고, 더 안타까운 것은 이런 소용돌이 속에서 수많은 국내외적 도전과 우리의 대응 자세에 대한 자성의 기회를 상실해 가고 있다는 점이다.

성찰의 시간

사실 지금은 흔들리는 한국 사회의 국제적 위상과 현 정부의 정책 방향을 냉정하게 점검해 볼 시점이다. 지난 2년 반 동안 추진했던 북한의 비핵화와 남북 교류 협력을 통한 평화의 정착, 일자리 창출을 통한 성장 동력의 회복, 정부 출범 시 약속했던 분권과 협치. 이런 목표들이 얼마나 달성되었으며, 기대에 미치지 못했다면 무엇 때문인가, 미처 예상치 못했던 한일 갈등이나 오래 지속되고 있는 한중 불신을 어떻게 해소할 것인가, 남은 2년 반의 시간을 허투루 보내지 않게 하려면 시민들이 좀 더 차분해져야 할 필요가 있다. 연속적인 남북정상회담과 북미정상회담은 국내외적으로 평화 이벤트를 화려하게 연출할 수 있게 했지만, 제도화로 연결되지 못하면서 실속이 거의 없게 되었다. 미래를 위한 최소한의 조건인 개성공단과 금강산 관광의 재개도 아득하다. 결단의 기회를 놓쳤다는 자성의 목소리도 들린다.

필자는 정상회담을 통한 위로부터의 해결이라는 틀에 모든 것을 맡긴 것이 문제였다고 생각한다. 물론 가을바람이 불면서, 북의 최선희 부상은 북미 대화 재개 신호를 보냈고, 트럼프 대통령은 볼턴 보좌관을 해임하면서 이에 화답하는 자세를 취했다. 일본 대표단은 평양을 방문하여 관계 개선을 위한 장애물 제거 작업에 들어간 것으로 보인다. 한 달 후로 다가온 평양의 월드컵 예선 경기가 돌파구가 될 것으로 기대하는 사람들도 있지만, 분명한 것은 우리 정부가 문제 해결의 키를 다시 쥐려면, 밑으로부터 올라오는 힘과 옆으로 확산되는 힘을 한데 모아야 한다는 사실이다. 그래야 결단할 수 있다.

공정을 재정의해야

조국 태풍이 보여 준 공정성에 대한 범사회적 요구는 대단한 것이었다. 문제는 사회의 여러 집단들이 생각하는 공정성이 서로 다르다는 데 있다. 일부에서는 기회의 공정성을 말하고 일부에서는 능력에 따른 분배의 공정성을 말한다. 우리가 수많은 실험과 시행착오를 경험하면서 제도 개혁을 시도해 왔지만, 문제가 해결되지 않는 것은 구조적인 문제가 가로놓여 있기 때문이다. 다시 주목하게 된 대학 입시 공정성 문제의 원천은 입시제도 자체보다는 고등학교와 대학의 서열 구조에 있다고 생각되지만, 불행하게도 이 정부는 대학 구조 개혁과 학문 정책을 붙잡고 있는 손을 놓아 버렸다.

교육 개혁은 아래로부터가 아니라 위로부터 시작해야 한다. 공론화를 통한 연구중심대학의 육성과 연구중심대학 학부의 완전한 지역균형 선발도 한 가지 방안으로 보인다.

최근의 한국 정치는 갈수록 원한과 증오의 악순환에 빠져들어 가는 듯하다. 촛불 혁명에서 상당한 합의를 이루었고, 대통령 선거 국면에서 공약으로 제시된 분권과 협치의 정신은 어디로 갔는가? 최근 2년 반 동안 지방정부의 자율성이 제고되고, 장관들이 책임지는 구조가 정착되고 있다는 징후는 보이지 않는다. 모든 권력이 예전처럼 청와대에 집중되어 있다면 그것을 어떻게 발전이라고 할 수 있겠는가?

다산포럼 2019.9.16.

에필로그: 〈영혼의 순례길〉과 봄을 기다리는 마음

죽기 전에 순례를 떠나고 싶다는 노인, 살생을 너무 많이 하여 업을 씻어야 한다는 젊은이, 출산을 앞둔 임산부와 어린 소녀, 이렇게 3가족, 11명이 설을 지낸 다음 날, '신들의 땅' 라싸와 성산을 향해 순례에 나선다. 이들은 취사도구와 옷가지, 텐트를 작은 트랙터에 싣고, 삼보일배, 오체투지를 하면서 장장 2,500km의 길을 걷고 또 걸었다. 이들이 고향 마을을 떠난 지 얼마나 시간이 흘렀나, 날씨가 풀려 강물이 흘러넘치고, 지나는 마을 곳곳에 꽃이 가득했을 때, 이들은 옷을 갈아입고 머리를 가다듬었다. 그때 이들을 맞이한 꽃은 무엇이었을까? 중국의 장양 감독이 만든 다큐멘터리 영화 〈영혼의 순례길〉 이야기이다. 서로를 다독이며 조금씩 앞으로 나아가고, 순례 도중에 아이를 낳거나 성산 수미산에서 노인이 목숨을 거두는 일을 당하면서도 담담하고 평온한 이들의 모습은, 인간이 가진 영성의 고귀함과 숭고함을 느끼게 했다.

매화에 관한 추억

광양 소학정에 매화가 피었다는 소식이 들리더니 연이어 순천 금둔사의 납월매도 피었다는 소식이 들린다. 아직 서울 근교의 산비탈 응지에는 잔설이 남아 있지만, 작은 냇가를 채우는 물소리가 제법 졸졸거린다. 우리가 마음을 모아 집중할 수 있다면, 봄이 오는 소리는 이보다 더 치열하다는 것을 알게 된다. 꽁꽁 얼었던 얼음이 갈라지는 소리에 깜짝 놀라고, 눈이 녹아 물가에 떨어지는 소리가 이마를 때린다. 약간 과장하자면, 매화 눈 터지는 소리는 또 어떤가.

남녘으로부터의 화신은 매화에 관한 나의 기억을 상기시킨다. 첫 번째 기억은 일본 미야기현에 있는 조선매화에 관한 것이다. 1990년대 중반, 나는 센다이의 도호쿠대학을 방문한 길에 일본의 3대 경승의 하나로 일컬어졌던 마쓰시마(松島)에서 얼마 떨어지지 않은 곳에 있는 즈이간지(瑞巖寺)를 방문했다. 조선 매화를 보기 위한 것이었다. 한쪽은 홍매, 또 한쪽은 백매, 늙었지만 옆으로 누워있는 자태가 대단했다. 이들은 임진왜란에 참전했던 센다이지방의 영주 다테 마사무네(伊達政宗)가 1593년 창덕궁 선정전에서 가져간 것으로 알려져 있다. 이 와룡매를 보고 나는 처음으로 매화의 기품이 대단하다는 것을 느꼈지만, 400년전의 전쟁을 생각하며 몹시 착잡한 심정이었다. 그 후 몇 년이 지나지 않아 이 매화의 자목들이 화해의 의미로 남산 안중근의사 기념관 앞에 심어졌다.

두 번째 기억은 2003년 봄에 보았던 섬진강의 매화에 관한 것이다. 나는 전남대학교 교정에서 봄이 올 때마다 대명매의 우아한 자태를 감상하곤 했지만, 하동 호암마을과 광양 매화농원에서 본 백매와 홍매의 아름다움은 또 다른 것이었다. 특히 희다못해 푸른 기운이 감도는 청매가 뿜어내는 향기는 너무 신선했다. 섬진강 강변에 깔린 향기에 취해 나는 너무 쉽게 다짐을 해버렸다. 서울에 가더라도 꼭 일년에 한번, 3월 중순에는 반드시 이곳을 찾겠노라고. 그러나 번잡스러운 서울생활은 이 다짐을 지키지 못할 약속으로 만들었고, 덤으로 약속을 지키지 못했다는 심리적 부담감까지 안겨주었다.

순례하는 마음으로

코로나 3년의 어려움이 약간 아물고, 우크라이나 전쟁 1년을 지나면서, 올해는 약간 편안한 마음으로 봄을 맞을 수 있을 것이라고 기대했지만, 현실은 항상 우리의 기대를 벗어나는 듯하다. 일상적인 정쟁은 차치하고라도, 미중갈등에 따라 한반도와 대만을 둘러싼 신냉전의 기운이 심상치 않은 데다가 튀르키예의 대지진 소식은 우리들의 마음을 심란하게 하기 때문이다. 그럴수록 사회적 지혜를 모으고, 우울한 마음을 달랠 수 있는 방법을 찾아야 한다.

〈영혼의 순례길〉에서 순례단이 만난 어느 마을의 노인장은 이렇게 말했다. "순례는 타인을 위해 기도하는 길이야. 모두의 안녕과 행복을 먼저 빌고, 그 다음에 자신의 소원을 비는 것이지." 올 봄에는 그의 말대로, 순례하는 마음으로 섬진강을 거슬러 오르는 여행을 하고 싶다. 호사가들은 호남 5매나 산청 3매를 거론하기도 하지만, 아련한 기억이나 상상을 자극하기 때문에 아름다운 꽃 하나라도 만날 수 있다면 큰 보람이 될 것이다. 정년을 하고 나서야 비로소 20년전의 약속을 지킬 수 있을 것 같아서 다행이다.

저자 약력

학력

1980　서울대학교 사회학과 졸업
1982　서울대학교 대학원 사회학과 졸업 (석사)
1991　서울대학교 대학원 문학박사

주요경력

2020.12 ~ 2022.12　진실·화해를위한과거사정리위원회
2019.10 ~ 2020.12　서울대 아시아연구소 동북아센터장
2019. 7 ~ 2020.12　국가인권위원회 정책자문위원
2019. 4 ~ 2020.12　국가보훈처 정책자문위원
2019. 3 ~ 2020.12　국방부 군 인권 자문위원
2019. 3 ~ 2020.12　국가인권위원회 인권 100년사 발간위원회 위원장
2018.12 ~ 2020.12　시도지사협의회 남북교류협력특별위원회 위원장
2018. 8 ~ 2020.12　경기연구원 이사
2018. 8 ~ 2020.12　외교부 한반도분과 정책자문위원
2018. 7 ~ 2020.12　통일부 한독통일자문위원
2016. 5 ~ 2018. 3　서울대 통일평화연구원 원장

2016. 2 ~ 2016. 5 베를린 자유대 방문교수
2015. 1 ~ 2015. 5 세계인권도시포럼 기획위원장
2015. 6 ~ 2017. 6 한국냉전학회 회장
2015. 1 ~ 2016.12 한국구술사학회 회장
2014. 4 ~ 2016. 3 제주 4.3평화재단 이사
2014. 1 ~ 2016. 4 서울대 아시아연구소 동북아센터장
2013.12 ~ 2015.10 서울대학교 평의원회 의장
2013.11 ~ 2013.12 서울대 평의원회 부의장
2013. 9 ~ 2014. 2 서울대 사회학과 학과장
2011.11 ~ 2013.10 서울대 평의원회 환경문화복지위원장
2011. 3 ~ 2012. 4 서울대 민주화를위한교수협의회 의장
2010. 1 ~ 2010.12 비판사회학회 회장
2009. 3 ~ 2011. 8 서울대 사회학과 학과장
2009. 3 ~ 2012. 2 민주화운동기념사업회 한국민주주의연구소 소장
1995. 1 ~ 1999.12 한국노총 중앙연구원 연구원
2009. 3 『기억과 전망』 편집위원장
2009. 1 ~ 2012.12 한국제노사이드연구회 회장
2009. 1 ~ 2009.12 비판사회학회 부회장
2008. 8 ~ 2010. 1 규장각 한국학연구원 부원장
2008. 7 대만중앙연구원 방문교수
2007. 8 ~ 2008. 6 시카고대 방문 교수
2006. 3 ~ 2007. 6 규장각한국학연구원 기획연구부장

2006. 5 ~ 2007. 8 서울대 통일연구소 통일연구실장
2005. 5 ~ 2007. 7 대통령소속 친일반민족행위진상규명위원회 위원
2004. 1 ~ 2005.12 한국사회사학회 회장

2006. 4 ~ 현재 서울대 사회과학대학 교수

2003. 7 ~ 2006. 4 서울대 사회학과 부교수

2001. 9 ~ 2002. 8 일본 교토대학 대학원 문학연구과 외국인공동연구자

1999. 4 ~ 2001. 3 전남대 호남문화연구소 소장

1996. 9 ~ 1998. 8 전남대 사회과학연구소 소장

1993. 7 ~ 1994. 6 Harvard – Yenching Institute Visiting Scholar

1985. 3 ~ 2003. 7 전남대 사회학과 전임강사, 조교수, 부교수, 교수

1983. 8 ~ 1985. 2 서울대 사회학과 조교

논문

2019.9 The Militarization of the Border Area and the Cold War Landscape: the Possibilities and Limitations of its Peaceful Use, *Journal of Asian Sociology* 48 – 3, 287 – 319.

2018.9 냉전 – 분단 경관과 평화: 군사분계선 표지판과 철책을 중심으로, 『황해문화』 100, pp.150 – 179.

2017.12 On the Ruins: Forgetting and Awakening Korean War Memories at Cheorwon, *Development and Society*, Vol.46. No.3, 523 – 555.

2017.8 정근식·김윤애·임수진, 북한에서 소련형 대학모델의 이식과 희석화, 『아시아리뷰』 7 – 1. 서울대 아시아연구소.

2016.11 정근식·김영숙, 일제하 소록도 자혜의원 설립 및 확장에 따른 토지수용과 주민저항에 관한 연구, 『지방사와 지방문화』 19 – 2, 219 – 260 ISSN 1229 – 9286

2016.10 Minju LEE and Keunsik JUNG, The Practice and Recording of Censorship in Colonial Korea: A Critical Review of the Chosoˇn Publication Monthly Police Report, *Sungkyun Journal of*

East Asian Studies Vol.16 No.2, 223 – 242. ISSN 1598 – 2661.

2016.8 Jung Keunsik, Freedom and Discipline : Seventy years since Liberation, the Creation of Citizens through Education, *Journal of Contemporary Korean Studies* 3 – 1.

2016.8 정근식·오준방, 동아시아에서의 탈냉전과 전장관광의 지속가능성: 진먼을 중심으로, 『아시아리뷰』 6 – 1. (Jung & Wu, De – cold War and sustainability of battlefied tourism in East Asia: A case of Kinmen, *Asia Review* 6 – 1)

2016.6 정근식·김란, 두 갈래길, 중국지원군 포로의 생애서사: 장저쓰(張澤石)와 류 지엔(劉純儉)의 구술사에 기초하여, 『구술사연구』 7 – 1, 한국구술사학회. (Jung and Kim, Two Ways: Oral history of Chinese POWs in Korean War, *Korean Journal of Oral History* 7 – 1)

2016.2 동아시아 '냉전의 섬'에서의 평화사상과 연대, 『아시아리뷰』 5 – 2, 서울대 아시아연구소. pp.211 – 232. (Peace and Solidarity in East Asian Cold Islands, *Asia Review* 5 – 2)

2015.12 鄭根埴, 韓國的民主化 轉型正義與過去清算, 《師大臺灣史學報》, (Keun – sik Jung, South Korea's democratization and transitional justice and "historical liquidation",)

2015.12 鄭根埴·吳俊芳, 金門的 (脫) 冷戰及民主化 : 著重於其雙重性轉換, 金門國家公園 編, 제5차 金門學 國際學術會議 論文集, pp.371 – 388.

2015.8 「임을 위한 행진곡: 1980년대 비판적 감성의 대전환」, 『역사비평』 112, 역사비평사. pp.252 – 277. (March for the loved: Turn of the critical sensitivity in 1980's, *Yeoksabipyung* 112)

2015.8 「냉전과 소련군기념비: 중국과 북한에서의 형성, 분화, 영향」, 『아

시아리뷰』5－1, 서울대 아시아연구소. pp.195－230. (Cold War and Soviet Army Monuments in China and North Korea, *Asia Review* 5－1) (*2015.6「소련의 2차 세계대전 기념비와 기억의 정치:'해방'에서 '우의'로」,『내일을 여는 역사』59, 도서출판 선인. pp.129－144.)

2015.5 Jung Keun－Sik, China's Memory and Commemoration of the Korean War in the Memorial Hall of the 'War to Resist U.S. Aggression and Aid Korea', *Cross－Currents: East Asian History and Culture Review* 4－1, University of Hawaii Press. 14－39.

2014.12 오준방·정근식,「금문도 냉전생태의 형성과 해체－지뢰전시관 형성의 경로를 따라서」,『사회와 역사』104, 한국사회사학회. pp.7－43. (O Junbang and Jung Keunsik, The Formation and Disintegration of Cold War Ecology in Kinmen: on the trajectory of buildup of museum, *Society and History* 104)

2014.12「일제하 대만 출판경찰과 검열텍스트」,『사회와 역사』104, 한국사회사학회. pp.207－259. (Taiwan Publication Police and Censorship Text under the Japanese Colonial Rule, *Society and History* 104)

2014.12 Kang Sung－Hyun & Jung Keun－Sik, "The Organization and Activities of the US Army Signal Corps Photo Unit: Perspectives of War Photography in the Early Stages of the Korean War", *Seoul Journal of Korean Studies* 27－2.

2014.6「중국 갑오전쟁기념관에서 보는 청일전쟁과 동학농민혁명: '1894년 동북아시아전쟁'의 개념화를 위하여」,『아시아리뷰』4－1, 서울대 아시아연구소 pp.39－71. (웨이하이, 유공도 청일전쟁의 기억을 찾

아, 정근식·신혜선 편, 『산동에서 떠오르는 동아시아를 보다』, 진인진. 2014.12 pp.51 - 75.)

2014.2 4·3의 기억과 재현, 그리고 다크 투어리즘, 『4·3과 역사』12 - 13 합본호. 263 - 316. (The Representation of 4·3 Memory and Dark Tourism, *4·3 and History* 12/13)

2013.12 한국사회사학 30년의 성과와 과제, 『사회와 역사』100, 한국사회사학회. (30 years of Korean Social History Studies: Accomplishments and Lessons, *Society and History* 100)

2013.11 사회적 타자와 소수자 연구, 『경제와 사회』100. 한국비판사회학회. (For the social others and minority study, *Economy and Society* 100)

2013.8 한국에서의 사회적 기억 연구의 궤적: 다중적 이행과 지구사적 맥락에서, 『민주주의와 인권』 13 - 2, 전남대학교 5.18연구소. pp.347 - 393. (The Trajectory of social memory studies in Korea: in the context of multiple transitions and global history, *Democracy and Human Rights* 13 - 2)

2013.6 전시체제기 검열, 선전 그리고 동원, 『상허학보』38, 상허학회. (Censorship, Propaganda and Mobilization during the Pacific War, *Sanghurhakbo* 38.)

논저

2019.12 정근식, 서장: 한국의 인권 100년, 『대한민국 인권 근현대사 1권: 인권의 사상과 제도』, 국가인권위원회. ISBN 978 - 89 - 6114 - 728 - 604330. pp.11 - 41.

2019.8 정근식, 그리피스의 은둔의 나라 텍스트 형성과정, 양상현 - 유영미 편, 『그리피스 컬렉션』, 눈빛.

2018.12 정근식 외 3, 『한국의 민주화운동과 국제연대』, 한울.

2018. 6 정근식, 체제전환과 개혁개방, 김병로 – 정근식외 공저, 『탈사회주의 체제전환과 북한의 미래』, 진인진.

2018. 3 정근식 외, 탈사회주의 체제전환과 발트3국의 길, 서울대 출판문화연구원

2018. 2 박경서·정근식, 평화를 위한 끝없는 도전: 박경서와 정근식의 사제간 대화, 북로그컴퍼니

2018. 2 정근식·채수홍, 소련형 대학의 형성과 해체, 진인진

2017. 12 정근식, 소록도 100년 한센병 그리고 사람, 백년의 성찰: 역사편, 의료편, 사진편, 소록도병원

2017. 4 장용석·정은미·정근식·김경민, 북한사회변동 2016, 서울대 통일평화연구원

2017. 3 김병로·정동준·정근식·천경효·최규빈·황창현, 북한주민 통일의식 2016, 서울대 통일평화연구원

2017. 2 정근식 등 9인, 2016 통일의식조사, 서울대 통일평화연구원

2017. 1 정근식, 북한의 대학: 역사, 현실, 전망, 진인진

2016. 12 정근식 등 8인, 2016 남북통합지수, 서울대학교 통일평화연구원. pp175.

2016. 10 정근식, 한국전쟁의 기억과 기념의 문화정치, 진인진

2016. 7 정근식·신혜선, 다롄연구: 초국적 이동과 지배, 교류의 유산을 찾아서, 진인진

2016. 7 정근식·김민환, 냉전의 섬 금문도의 재탄생, 진인진

2016. 6 정근식·강성현, 한국전쟁의 사진의 역사사회학, 서울대 출판문화연구원

2015. 8 Jung Keun – Sik, Das Bildungssystem in Südkorea, in Lee Eun – Jeung·Hannes B. Mosler (Hrsg.), Länderbericht orea,

Bonn: bpb, 2015. pp.314 – 325.

2015. 4 정근식·헬렌 리·김민환·정영신, 포위된 평화, 굴절된 전쟁기억: 히로시마만의 군항도시 구레연구, 서울대 일본연구소(제이엔)

2014.12 Kang SungHyun & Jeung Keun – Sik, "The Organization and Activities of the US Army Signal Corps Photo Unit: Perspectives of War Photography in the Early Stages of the Korean War" *SEOUL JOURNAL OF KOREAN STUDIES* 27 – 2. 규장각한국학연구원.

2014.12 오준방·정근식(교신저자), 금문도 냉전생태의 형성과 해체 – 지뢰전시관 형성의 경로를 따라서, 『사회와 역사』104, 한국사회사학회.

2014.12 일제하 대만 출판경찰과 검열텍스트, 『사회와 역사』104, 한국사회사학회.

2014.12 정근식·신혜선 편, 『산둥에서 떠오르는 동아시아를 보다』, 진인진.

2014.11 구인회·정근식 편, 『노숙 문제의 현실과 대응:한국과 일본의 비교』, 서울대학교출판문화원.

2014.8 紅野謙介·高榮蘭·鄭根埴·韓基亨·李惠鈴 共編, 『檢閱の帝國: 文化の統制と再生産』, 東京:新曜社.

2014.7 정근식·채규태 책임편집, 『소록도 100년의 기억: 국립소록도병원 100년 역사자료집』, 국립소록도병원.

2014.6 중국갑오전쟁박물관에서 다시 보는 동학농민혁명과 청일전쟁: 1897년 동북아시아전쟁의 개념화를 위하여, 『아시아리뷰』4 – 1, 서울대 아시아연구소. pp.39 – 71.

2014.5 「동아시아의 냉전·분단체제의 형성과 해체: 지국적 냉전하의 동아시아를 새롭게 상상하기」, 임형택 편, 『한국학의 학술사적 전망 2』, 소명출판. (pp.41 – 76).

2013.12 「학생운동연구를 위한 방법론적 모색」, 이호룡·정근식 편, 『학생운동의 시대』, 선인. (pp.17 – 59).

2013.12 한국사회사학 30년의 성과와 과제, 『사회와 역사』100, 한국사회사학회.

2013.11 사회적 타자와 소수자 연구, 『경제와 사회』100. 한국비판사회학회.

2013.8 한국에서의 사회적 기억 연구의 궤적: 다중적 이행과 지구사적 맥락에서, 『민주주의와 인권』13 – 2, 전남대학교 5.18연구소. pp.347 – 393.

2013.8「コリアン·ディアスポラの形成と再編成」, 松田素二·鄭根埴 編, 『コリアン·ディアスポラと東アジア社会』, 京都:京都大学学術出版会. (pp.1 – 21)

2013.6 「우즈베키스탄의 민족국가만들기: 20년의 궤적과 전통의 재구성」, 전경수 편, 『우즈베키스탄으로부터 배운다』, 민속원.

2013.6 전시체제기 검열과 선전 그리고 동원, 『상허학보』38. 상허학회.

2013 사회사업에서 사회복지로: '복지' 개념과 제도의 변화, 〈사회와 역사〉, 한국사회사학회

2013 한국에서의 사회적 기억 연구의 궤적: 다중적 이행과 지구사적 맥락에서, 〈민주주의와 인권〉, 전남대학교 518연구소

2013 전시체제기 검열, 선전, 그리고 동원, 〈상허학보〉, 상허학회

2013 『기억과 표상으로 보는 동아시아의 20세기』, 경인문화사 – 공편저

2013 『코리안 디아스포라와 동아시아사회』, 京都大學學術出版會 – 편저

2013 『한국과 대만의 사회변동비교 연구』, 나남

2013 『Colonial Rule and Social Change in Korea, 1910 – 1945』, Univ. of Washington Press – 공편저

2007 광주민중항쟁에서의 저항의 상징 다시 읽기, 〈기억과 전망〉, 민주화

운동기념사업회

2007 오키나와 한센병사에서의 절대격리체제의 형성과 변이: 미군정의 영향을 중심으로, 〈역사와 사회〉, 한국사회사학회

2007 민간인학살사건 진상규명을 위한 활동의 현황과 과제, 〈제노사이드 연구〉, 한국제노사이드학회

2006 병영문화와 군대인권, 〈한국사회과학〉, 서울대 사회과학연구원

2006 『8.15의 기억과 동아시아적 지평』, 선인 – 편저(신주백)

2006 도서과의 설치와 일제 식민지출판경찰의 체계화, 1926–1929, 〈한국문학연구〉, 동국대 한국문학연구소

2006 『항쟁의 기억과 문화적 재현』, 선인 – 공저(나간채, 박찬식)

2006 질병공동체의 해체와 이주의 네트웍, 〈사회와 역사〉, 한국사회사학회

2006 기억의 문화, 기념물과 역사교육, 〈역사교육〉, 역사교육연구회

2006 『식민지의 일상: 지배와 균열』, 선인 – 편저(공제욱)

2005 한센병, 고통의 기억과 질병정책, 〈국사편찬위원회 구술사료선집1〉, 국사편찬위원회

2005 일제하 검열과 검열관, 〈대동문화연구〉, 성균관대 동아시아학술원

2005 일제말기 소록도갱생원과 이춘상사건, 〈역사비평〉, 역사문제연구소

2005 『고통의 역사: 원폭의 기억과 증언』, 선인

2005 항쟁기억의 의례적 재현, 〈민주주의와 인권〉, 전남대학교 5.18연구소

2005 대한민국 5.18: '광주의 전국화' 명제를 다시 기억함, 〈기억과 전망〉, 민주화운동기념사업회

2005 시간체제와 식민지적 근대성, 〈문화/과학〉, 문화과학사

2005 민주화운동에서의 폭력의 제도적 청산, 〈사회과학연구〉, 서강대 사회과학연구소 – 공저(정호기)

2005 Colonial Modernity and the Social History of Chemical Seasoning in Korea, *Korea Journal*, 유네스코한국위원회

2005 The Memories of August 15 Reflected in Korean Anniversaries and Memorial Hall, *The Review of Korean Studies*, 한국정신문화연구원

2004 『지역전통과 정체성의 문화정치(Local tradition and cultural Politics of Identity)』, 경인문화사 - 공저

2004 『해조류 양식어촌의 구조와 변동(The Structure and its Changes of the Seeweeds cultivatings regions)』, 경인문화사 - 공저(김준)

2004 『기억투쟁과 문화운동의 전개』, 역사비평사 - 공저

2004 『한국형 인권지표의 모색』, 경인문화사

기간별/매체별 기사 목록

1990년대

동아일보		
연설따로 청중따로	1992.3.14.	총선 표밭에 서서

한겨레신문		
잠들 수 없는 망월동/진정한 민주화로 5월항쟁 계승을	1992.5.21.	시론
더 깊고 멀리 흐르는 광주	1992.12.13.	대선 길목에서

미디어 오늘		
정치드라마의 의의와 한계	1995.11.29.	

한겨레21		
소록도 80년과 부끄러운 시대	1996.5.23.	논단
한-약분쟁과 미래의 삶	1996.6.13.	논단
국회개원과 양비론의 극복	1996.7.11.	논단
언론으로부터의 '해방'	1996.8.8.	논단
시대착오와 철학의 빈곤	1996.9.5.	논단
지역개발, 표가 왕이다	1996.10.10.	논단

광주매일		
위기의 정치, 정치의 위기	1997.1.8.	아침세평
5.18묘지 성역화사업	1997.2.5.	아침세평
선거 계절병 북풍	1997.3.5.	아침세평
북한 기아상태와 한국정치	1997.4.2.	아침세평
21세기 '5월'을 생각하며	1997.5.8.	아침세평

부산일보		
재벌개혁과 지역주의	1998.8.26.	부일시론
서울론, 부산론	1999.7.17.	부일시론
사할린 한인 정책과 지방정부	1999.8.5.	부일시론
'동티모르 학살'과 세계시민	1999.9.11.	부일시론
잊혀지지 않는 가을	1999.9.30.	부일시론

2000년대~2010년대 초반

경향신문		
5월 '광주로의 초대'	2000.5.2.	시론
정상회담과 장기수 송환	2000.6.6.	시론
우리사회 화해모델을 찾자. (화해문화 찾아가기)	2000.7.11.	시론
'의료폐업' 냉소를 넘어서	2000.8.12.	시론
패러디의 사회학	2000.9.17.	정동칼럼
평양감사 불놀이	2000.10.17.	정동칼럼
인권법, 대통령 결단내려야	2000.11.21.	정동칼럼
정치권이 버려야할 유산	2000.12.27.	정동칼럼
킬링필드와 앙코르 유적	2001.1.27.	정동칼럼
비뚤어진 富와 권력세습	2001.3.14.	정동칼럼
역사왜곡 의원들 '5.18 성명'	2001.4.30.	정동칼럼
문화도시 만들기 허와 실	2001.5.29.	정동칼럼
日한센병 인권운동의 교훈	2001.6.28.	정동칼럼
북. 일수교와 과거청산	2002.9.16.	시론
전쟁의 그림자와 평화	2002.10.17.	시론
대학 입시제도의 '폭력성'	2002.11.21.	시론
한국형 낙관주의를 위하여	2002.12.30.	시론
국제사회 일원이 된다는 것	2003.2.3.	시론
서열주의와 적재적소	2003.3.10.	시론
이라크 전쟁, 우리의 전쟁	2003.4.9.	시론
反권위와 예의 사이에서	2003.5.3.	시론
'불법 정치자금' 단숨에 깨자	2003.12.11.	시론
5.18 민주항쟁 30주년에 부쳐	2010.5.17.	시론

시민의 소리		
소록도를 다시 생각하며 (문화유산으로 바라보는 소록도)	2001.9.6.	투데이 오늘
선진적 문화도시를 위하여	2003.3.29.	투데이 오늘
5월문화운동의 성과를 위하여	2003.5.24	투데이 오늘
참된 지방시대를 위하여	2003.7.14	투데이 오늘
3대 개혁특별법과 지역의 비전	2003.10.18.	투데이 오늘

한국일보		
화해 그리고 양심의 문제	2003.10.2.	아침을 열며
분노의 바그다드박물관	2003.4.17.	아침을 열며
동북아 평화번영의 방일외교를	2003.5.29.	아침을 열며
지방대 지방혁신의 핵으로	2003.5.8.	아침을 열며
소록도를 다시 생각함 (역사박물관, 소록도를 다시 보며)	2003.7.10.	아침을 열며
자기결정의 중요성	2003.7.31.	아침을 열며
미-일의 원폭 상징정치	2003.8.21.	아침을 열며
역사의 희생자 소리 들어줄 때	2005.12.5.	한국시론

중앙일보		
미국 박사 위주 교수채용 바람직한가	2005.1.24.	내 생각은…

동아일보		
지성의 전당서도 외국인 따돌리나	2011.11.25.	시론

전남일보		
1971년 봄을 회상하며	2011.3.28.	전일시론
인권도시헌장의 4대 원칙	2011.4.25.	전일시론
학생운동의 시대는 다시 오는가	2011.6.20.	전일시론
문화도시 광주, 소프트파워 키워야	2011.7.20.	전일시론
다시 광복절을 맞으며	2011.8.15.	전일시론
민주성지에서 인권도시로 - 광주인권헌장 선포에 부쳐	2012.5.21.	

2019년~2020년대

아주경제		
2019년 시민적 평화운동의 현주소	2019.2.12.	
소록도를 생각하며 쿨리온섬을 걷다	2019.3.21.	
학자가 꿈인 사회, 우리에게는 불가능한가?	2019.4.21.	
민주인권기념관 건립을 구상하며	2019.6.11.	
DMZ와 접경지 관광, 체감할만한 매력 만들기	2019.7.12.	
광복절에 다시 생각하는 '보훈'의 과제들	2019.8.15.	
대중저항을 가볍게 여긴 대통령의 끝	2019.9.19.	
무관중.백마.금강산...김정은의 연말 게임	2019.10.31.	
우산과 가면	2019.11.26.	
한국관광산업의 경쟁력	2020.1.14.	
질병재난 극복을 위한 사회적 제언	2020.2.25.	
엄마 품 동산에서	2020.3.11.	
코로나총선, 민심이 말해준 5가지 사실과 2가지 충고	2020.4.16.	
낮은 연단 아래에서	2020.5.20	
평화를 위한 전쟁기억의 딜레마	2020.6.28.	
잔인했던 8월의 마지막 열흘	2020.8.31.	
손흥민과 그의 시대	2020.9.23.	
화해로 가는 길, 골령골에서	2020.10.26.	

다산포럼/광주일보		
서유진과 5월운동	2019.5.21.	
한센 인권의 날 제정을 제안하며	2019.6.25.	
8월 6일의 히로시마를 생각하며	2019.8.5.	
조국 사태, 태풍이 휩쓸고 간 자리에서	2019.9.16.	
아, 슈리성, 불타버린 류큐왕국의 혼	2019.11.5.	
베를린의 쇼네바이데에서	2019.12.10	
영화〈남산의 부장들〉이 남긴 쓸쓸함에 대하여	2020.1.28.	
코로나사태와 저활성 사회가 남길 숙제들	2020.3.17.	
포스트 코로나 19, 세가지 쟁점	2020.5.12.	
위험사회의 도래: 재난 취약성과 회복탄력성	2020.7.7.	
코로나 제2차 파도와 사회의 지구력	2020.9.8.	

보리밥나무의 추억과 안식기도	2020.11.2.	
진실과 화해로 가는 길	2021.6.7.	
전쟁 유복자들이 부르는 이름, 아버지!	2021.9.7.	
새해의 소망	2022.1.17.	
벽오동 심은 뜻은	2022.4.5.	
서산개척단, 그 배후에 있는 폭력을 생각하며	2022.5.28.	
백장미와 공작초	2022.7.26.	
그 많던 친구들은 어디로 갔을까?	2022.10.4.	
다시 위령비를 세우며	2022.12.4.	

뉴스매거진 21		
사회적 거리두기 유감	2020.4.2.	

대학지성 In & Out		
'복지'라는 이름의 진실 앞에서	2022.8.31.